ADVANCED KAIZEN

CLAUDEMIR Y. ORIBE
Membro homenageado
pelo CB-25 da ABNT

ADVANCED KAIZEN

O método de análise e solução de problemas na manufatura enxuta e em outros contextos

ALTA BOOKS
EDITORA
Rio de Janeiro, 2022

Advanced Kaizen

Copyright © 2022 da Starlin Alta Editora e Consultoria Eireli.
ISBN: 978-65-5520-822-1

Impresso no Brasil – 1ª Edição, 2022 – Edição revisada conforme o Acordo Ortográfico da Língua Portuguesa de 2009.

Dados Internacionais de Catalogação na Publicação (CIP) de acordo com ISBD

O69a   Oribe, Claudemir Y.
         Advanced Kaizen: o método de análise e solução de problemas na manufatura enxuta e em outros contextos / Claudemir Y. Oribe. – Rio de Janeiro : Alta Books, 2022.
         320 p. : il. ; 16cm x 23cm.

         Inclui bibliografia, índice e apêndice.
         ISBN: 978-65-5520-822-1

         1. Administração. 2. Método. 3. Análise. 4. Solução de problemas. I. Novais, Thiago. II. Título.

2022-559   CDD 658
                CDU 65

Elaborado por Vagner Rodolfo da Silva - CRB-8/9410

Índice para catálogo sistemático:
1. Administração 658
2. Administração 65

Todos os direitos estão reservados e protegidos por Lei. Nenhuma parte deste livro, sem autorização prévia por escrito da editora, poderá ser reproduzida ou transmitida. A violação dos Direitos Autorais é crime estabelecido na Lei nº 9.610/98 e com punição de acordo com o artigo 184 do Código Penal.

A editora não se responsabiliza pelo conteúdo da obra, formulada exclusivamente pelo(s) autor(es).

Marcas Registradas: Todos os termos mencionados e reconhecidos como Marca Registrada e/ou Comercial são de responsabilidade de seus proprietários. A editora informa não estar associada a nenhum produto e/ou fornecedor apresentado no livro.

Erratas e arquivos de apoio: No site da editora relatamos, com a devida correção, qualquer erro encontrado em nossos livros, bem como disponibilizamos arquivos de apoio se aplicáveis à obra em questão.

Acesse o site www.altabooks.com.br e procure pelo título do livro desejado para ter acesso às erratas, aos arquivos de apoio e/ou a outros conteúdos aplicáveis à obra.

Suporte Técnico: A obra é comercializada na forma em que está, sem direito a suporte técnico ou orientação pessoal/exclusiva ao leitor.

A editora não se responsabiliza pela manutenção, atualização e idioma dos sites referidos pelos autores nesta obra.

Produção Editorial
Editora Alta Books

Diretor Editorial
Anderson Vieira
anderson.vieira@altabooks.com.br

Editor
José Ruggeri
j.ruggeri@altabooks.com.br

Gerência Comercial
Claudio Lima
claudio@altabooks.com.br

Gerência Marketing
Andrea Guatiello
andrea@altabooks.com.br

Coordenação Comercial
Thiago Biaggi

Coordenação de Eventos
Viviane Paiva
comercial@altabooks.com.br

Coordenação ADM/Finc.
Solange Souza

Direitos Autorais
Raquel Porto
rights@altabooks.com.br

Assistente Editorial
Gabriela Paiva

Produtores Editoriais
Illysabelle Trajano
Maria de Lourdes Borges
Paulo Gomes
Thales Silva
Thiê Alves

Equipe Comercial
Adriana Baricelli
Ana Carolina Marinho
Daiana Costa
Fillipe Amorim
Heber Garcia
Kaique Luiz
Maira Conceição

Equipe Editorial
Beatriz de Assis
Betânia Santos
Brenda Rodrigues
Caroline David
Gabriela Paiva
Henrique Waldez
Kelry Oliveira
Marcelli Ferreira
Mariana Portugal
Matheus Mello

Marketing Editorial
Jessica Nogueira
Livia Carvalho
Marcelo Santos
Pedro Guimarães
Thiago Brito

Atuaram na edição desta obra:

Revisão Gramatical
Alessandro Thomé
Leonardo Breda

Capa
Marcelli Ferreira

Diagramação
Lucia Quaresma

Editora afiliada à:

Rua Viúva Cláudio, 291 – Bairro Industrial do Jacaré
CEP: 20.970-031 – Rio de Janeiro (RJ)
Tels.: (21) 3278-8069 / 3278-8419
www.altabooks.com.br — altabooks@altabooks.com.br
Ouvidoria: ouvidoria@altabooks.com.br

SOBRE O AUTOR

Claudemir Y. Oribe é consultor e facilitador de programas de treinamento em gestão organizacional, sobretudo nas áreas da qualidade, RH, produção e melhoria contínua.

Sua participação nos primeiros projetos de melhoria remontam à década de 1980. Os planejamentos tiveram enormes impactos em produtos, serviços, atendimento a clientes e na redução de custos. E com isso, Claudemir foi agraciado com algumas premiações, o que transformou a melhoria em seu tema de interesse.

Participou de programas de treinamento sobre "TQC" e "TPS" pela AOTS no Japão, possibilitando colher experiências diretamente de pessoas que vivenciaram esses dois movimentos naquele país. Essa experiência possibilitou a absorção dos elementos que compõem esses dois modelos, para também complementar com suas pesquisas constantemente ativas sobre o "MASP" e a metodologia envolvida.

Ministrou treinamentos sobre "MASP", "PDCA", ferramentas da qualidade, cronoanálise e metodologias correlatas ao "TQC" e *"Lean"* para empresas como Vale, Grupo Amaggi, BRFoods, ESAB, Fiat-GM Powertrain, Líder Aviação, ArcelorMittal, Thyssenkrupp CSA, Case New Holland, Oi, TIM, Furnas, Solar (Coca-Cola), Aperam, Aurora, Yamana Gold, Sumidenso, Fundação Fritz Muller, Castrolanda, Petronas, Santa Amália, Lafarge, Energisa, Real Café, Magna Seating, Vale Manganês, Kromberg&Schubert, Construtora M. Roscoe, CIE Autometal, Grupo Elizabeth, dentre muitas outras nas dezenas de eventos abertos e *"In-Company"*.

Foi gerente industrial e gerente da qualidade da Algar Bull Computers & Communications, tendo desenvolvido e fomentado diversos projetos de melhoria sempre bem-sucedidos.

Foi diretor de grupos de estudo da União Brasileira da Qualidade — UBQ, jurado da Convenção Mineira de CCQs e conferencista em diversos congressos nacionais e regionais nas áreas de gestão, qualidade e RH.

Foi colunista sobre "MASP/Kaizen" na revista *Banas Qualidade* durante oito anos, tendo publicado mensalmente sobre diversos aspectos do método que, para ele, é a melhor alternativa metodológica para a solução de problemas sistêmicos e complexos do ambiente técnico.

Engenheiro eletricista pelo INATEL, com especialização em Consultoria Organizacional pelo Sebrae (Ânima). Pós-graduado em Engenharia Econômica. Titular MBA como executivo pela Fundação Dom Cabral e mestre em Administração pela PUC Minas.

Lattes: <http://lattes.cnpq.br/1852264148949214>.

DEDICATÓRIA

Aos meus pais, Iracy e Joaquim Oribe. Gratidão por uma vida de amor, sacrifícios, esforço e dedicação.

Aos meus filhos, Lais, Lucas e Leandro. Que este livro sirva de exemplo para feitos ainda maiores.

À Malu, a enviada de Deus que veio para iluminar nossa existência em um dos momentos mais difíceis de nossa história.

AGRADECIMENTOS

A gratidão é um dos mais belos sentimentos que uma pessoa pode demonstrar. Ao contrário do amor, sobre a gratidão você exerce domínio e pode decidir manifestá-la, não importando quanto tempo depois.

Às lideranças que me introduziram na arte da gestão da qualidade e aos apoiadores que fomentaram minha participação em diversos projetos de melhoria de grande impacto, particularmente do Groupe Bull no Brasil: Vitor Manuel Fernandes Silva, Aurélio Takeshi Iwasa *(in memoriam)* e Alberto Augusto Perazzo *(in memoriam)*.

Fabiola e Steve Gilbert, por terem me acolhido em sua casa em Montreal, Canadá, para os estudos de preparação dos primeiros textos que deram origem a esta obra.

Gilvam Ferreira, pela amizade, parceria fraterna e revisão apuradamente atenciosa das partes referentes ao contexto automotivo.

Professor Ugo Ibusuki, da Universidade Federal do ABC. *Sensei* Hiroaki Kokudai, Vagner Agostinho da Daimler e Silvano Ângelo de Almeida da Caterpillar, pela revisão técnica junto dos comentários que facilitam a leitura e o entendimento.

The Association of Overseas Technical Scholarships — AOTS, pelas valiosas oportunidades de estudar o Total Quality Management — TQM e o Sistema Toyota de Produção — TPS no Japão.

Hayrton Rodrigues do Prado Filho e Fernando Banas *(in memoriam)*, pelo espaço concedido por mais de oito anos para escrever e compartilhar meu conhecimento sobre MASP e Kaizen.

Instrutores parceiros da Qualypro — particularmente Alexandre de Souza Lopes —, pelo companheirismo, pela parceria e pela admiração recíproca, que me fizeram aprender e persistir.

Clientes e participantes de meus cursos de treinamento que desde a década de 1990 me prestigiam, a serviço de inspiração para aprender e melhorar meu trabalho.

Minha família, que cedeu e continua a ceder o tempo precioso de convivência para pesquisa, estudo, preparação de material didático e artigos utilizados para a elaboração desta obra.

SUMÁRIO

Prefácio 1	xiii
Prefácio 2	xv
Apresentação	1

CAPÍTULO 1: O LEAN MANUFACTURING

1.1. Introdução ao lean manufacturing	6
1.2. Os sete desperdícios	11
1.3. Outros tipos de desperdícios	17
1.4. Tipos de problemas	20
1.5. Fundamentação da Manufatura Enxuta	25
1.6. Questões para discussão e aplicação	31

CAPÍTULO 2: PROCESSOS DE RESOLUÇÃO DE PROBLEMAS

2.1. Importância da solução de problemas	34
2.2. A estruturação dos métodos de resolução de problemas	43
2.3. As abordagens resolutivas	51
2.4. O kaizen na manufatura enxuta	68
2.5. Questões para discussão e aplicação	75

CAPÍTULO 3: O MASP

3.1. Definição e origem do MASP	78
3.2. O Conceito que Sustenta o MASP — Ciclo PDCA	80
3.3. Relação entre o Kaizen, PDCA e MASP	81
3.4. O MASP Passo a Passo	84
3.5. O MASP e as Ferramentas	132
3.6. Por que o MASP é tão eficaz na solução de problemas	146
3.7. Por que o MASP é mais eficaz do que a Ação Corretiva Típica	149
3.8. Quantos PDCAs tem um MASP	151
3.9. Questões para discussão e aplicação	152

CAPÍTULO 4: APLICAÇÃO DO MASP

4.1. Preparação e participação de reuniões	156
4.2. Tipos de Problema para Aplicação do MASP	159
4.3. Identificando os componentes básicos de um problema	160
4.4. Melhoria da produtividade com MASP	166
4.5. Eventos Kaizen com MASP	175
4.6. Kaizen e MASP em problemas com fornecedores	177
4.7. O MASP em Programas de Trainees	181
4.8. Empreendedorismo com MASP	183
4.9. Fazendo inovação com o MASP	185
4.10. Fazendo um mundo melhor com o MASP	187
4.11. Ferramentas Tecnológicas para o Kaizen	190
4.12. O ROI dos projetos de melhoria com MASP	195
4.13. Questões para discussão e aplicação	200

CAPÍTULO 5: GESTÃO DA MELHORIA

5.1. O papel da liderança para o sucesso da aplicação do MASP — 202
5.2. Como propor um projeto de advanced kaizen — 205
5.3. Dez dicas para implantar melhoria contínua em sua empresa — 208
5.4. Estruturação de Equipes de Resolução de Problemas — 210
5.5. Condições necessárias para a realização do kaizen com MASP — 214
5.6. Como ensinar pessoas comuns a usar o MASP — 216
5.7. Apoio de Consultores em Programas de Kaizen — 219
5.8. Gerenciamento de Equipes: monitorar é bom, medir é melhor — 222
5.9. Como apresentar um projeto de Kaizen — 226
5.10. Escalabilidade em Competências *Lean* e Kaizen — 228
5.11. Questões para discussão e aplicação — 246

APÊNDICES

Apêndice A: Abordagens Resolutivas — Modelo completo — 249
Apêndice B: PDCA: conceito ou método? — 251
Apêndice C: Os MASPs de diferentes autores — 253
Apêndice D: Ferramentas de Análise e Solução de Problemas — 263
Bibliografia — 283
Notas — 287
Índice — 299

PREFÁCIO 1

Gostaria de iniciar a apresentação deste livro com a frase: A metodologia MASP funciona (ponto). Tenho certeza disso.

Logo após o treinamento, me lembro muito bem de uma missão recebida para resolver um problema de mais trinta anos de uma determinada fábrica. Eu, engenheiro recém-formado, não tinha todo o conhecimento técnico do assunto. E é aí que está a magia do MASP: faz você superar todas esses empecilhos. Aliás, as dificuldades são geradores de facilidades para a solução do problema de qualquer organização. Cada fase da metodologia foi seguida com todo o rigor por meio do envolvimento de todas as pessoas e de todos os processos. Nada foi subestimado. Tudo foi considerado importante pelo grupo de trabalho. Muita disciplina e perseverança eram importantes para o bom andamento nas etapas. Muito conhecimento foi adquirido pela empresa. Vale relatar que tivemos que restabelecer o nosso "quadrado" para poder ir ao nosso "vizinho". E depois buscar dados e fatos fora da empresa, onde foram necessários para fechar esse caso. Enfim, a causa-raiz foi descoberta, e o problema foi resolvido.

Considero muito importante para todos os gestores e líderes o uso do MASP para resolver problemas complexos, como também para a estratégia de desenvolvimento de pessoas.

O livro *Advanced Kaizen* é um fantástico livro de gestão. Claudemir Oribe detalha todos os aspectos, as aplicações, os comportamentos e conhecimentos vividos em sua trajetória profissional. Cada parte da publicação em "Lean Manufacturing", "MASP", "aplicação do MASP" e "Gestão do Advanced Kaizen" foi claramente apresentada com muitas ilustrações e experiências práticas certeiras, que ajudarão nas melhores tomadas de decisões da organização. Claudemir Oribe foi muito atento sobre esses pontos. Teve todo o cuidado de escrever com muita técnica, aliada a uma vasta pesquisa bibliográfica. O livro é magnífico, incluindo até seus apêndices.

Assim, parabenizo Claudemir Oribe por esta obra-prima que ajudará a eternizar o conhecimento MASP para toda a humanidade.

Jonathan Tadahiro Kaneko
Operations and Maintenance Director
Líder Aviação

PREFÁCIO 2

Este livro, *Advanced Kaizen*, aborda o tema com grande amplitude e profundidade, demonstrando o conhecimento teórico e experiência prática do autor, resultado de anos de estudos e pesquisas aplicados em seu cotidiano.

Como diz o ditado, "A necessidade é a mãe da criação". Os japoneses enxergaram em sua escassez a necessidade de serem eficientes, combatendo os desperdícios para formar uma filosofia de trabalho como o Sistema Toyota de Produção (TPS), o "Lean Manufacturing".

Advanced Kaizen relata, por meio de demonstrações, as correlações de várias teorias e ferramentas, envolvendo o papel da liderança, o aproveitamento de potencial humano e a psicologia de satisfação de ver um problema resolvido. Aplica-se o conceito também dentro da Toyota, onde o sistema enxuto de produção já está implantado.

Do amplo ao geral, o livro vai adentrando a solução de problemas, correlacionando o "PDCA" do "Deming" para o Método de Análise e Solução de Problemas (MASP) com extraordinária maestria.

Assim, o autor nos ensina a existência de vários métodos de solução de problemas. Além de que, o sistema é flexível. Vemos a importância do passo a passo de cada etapa. Desde o reconhecimento da existência do problema, a sua exata identificação, com a finalização focada na padronização. Faz-se referência ao Ohno quando ele menciona as organizações que acreditam não ter desperdícios; na verdade, têm ao menos sete.

E por ser amplo e flexível, o autor demonstra a aplicabilidade do *Advanced Kaizen* em várias áreas, como nas indústrias, para clientes, fornecedores, *trainees*. E em áreas de recursos humanos, na melhoria de produtividade, e também nos problemas administrativos.

O assunto é bastante profundo, porém o autor apresenta os conceitos de forma bastante convincente e envolvente, de modo que seja agradável de ler.

Reflete exatamente a característica do Claudemir Y. Oribe: simples, agradável e profundo conhecedor!

Com certeza este livro trará a inspiração e a amplitude de visão para a solução de problemas e tomadas de decisões a muitos dirigentes ou responsáveis de sua gestão.

Vale a pena ler!

Eiki Shimabukuro
Presidente da Associação AOTS do Brasil

APRESENTAÇÃO

Meu primeiro contato com a gestão da qualidade foi participando de projetos de melhoria. Conseguimos feitos históricos mesmo com pouco treinamento na área, com uma abordagem baseada em números, tendo obtido resultados impressionantemente fantásticos no quesito melhoria e satisfação de clientes. Apenas alguns anos depois me deparei com toda a metodologia envolvida no MASP, e o que parecia apenas bom-senso fez muito mais sentido. Existe uma extensa gama de recursos metodológicos que estão ao alcance de qualquer um. Por isso, tudo o que envolve o MASP é inclusivo, participativo, flexível. E sobretudo, é potencialmente muito eficaz para resolver problemas complexos nas empresas. Mesmo em cursos de curta duração, o bom uso do método tem resultados surpreendentes (ver Figura 0.1). Por isso, é muito fácil se apaixonar por esse método. Quanto mais se usa ou se estuda, mais se gosta dele.

Este livro é o resultado de décadas de aplicação, pesquisa, estudo e ensino sobre o MASP. Como há pouca literatura sobre ele, a transferência de conhecimento tem se dado especialmente por meio de treinamento interno ou empresas de consultoria. Então, este livro tem a pretensão de fechar ao menos parte da lacuna e ser uma referência àqueles que precisam, se interessam e se dedicam ao aprofundamento no tema.

O Capítulo I explora as origens e bases fundamentais do *Lean Manufacturing* e os elementos que fizeram esse modelo de gestão emergir como estratégia de sucesso empresarial. Procurou-se elencar os domínios conceituais e os componentes que formam esse importante arcabouço metodológico.

O Capítulo II aborda como os problemas são normalmente tratados nas organizações, inclusive naquelas que adotam o *Lean*, e oferece um entendimento sobre as dinâmicas dos processos de resolução, servindo de referência para o desenho de estratégias no tratamento da infinidade de tipos de problemas com que as empresas lidam no dia a dia. Além disso, é apresentada uma série de argumentos para defender o MASP como método ideal para resolver problemas técnicos complexos.

O Capítulo III apresenta o MASP, sua origem e sua relação com o PDCA e a filosofia Kaizen. Cada etapa do MASP, tal como seus passos subjacentes, é explicada de diversas formas, com perguntas, orientações e alertas para os erros típicos. Também são apresentados argumentos para comprovar a eficácia superior do MASP em relação a algumas abordagens mais simples e menos estruturadas.

No Capítulo IV são discutidos alguns dos aspectos práticos para a aplicação do MASP em situações regulares e específicas, o que pode auxiliar o leitor ou usuário a adaptar o método em suas situações particulares. O capítulo fecha dando orientações para o cálculo do retorno do investimento em projetos bem-sucedidos de melhoria, que com o MASP quase sempre é bastante elevado.

O Capítulo V aborda a gestão da atividade de melhoria e como potencializar o resultado por meio de treinamento efetivo, criação de um ambiente favorável ao Kaizen, a gestão e o apoio das equipes de melhoria. O capítulo encerra com uma discussão sobre escalabilidade em competências *Lean*, indicando uma proposta de modelo que pode ser benéfico para classificar o grau de conhecimento e experiência nessa importante metodologia.

Ao final de cada capítulo são apresentadas questões para discussão e algumas sugestões para aplicação prática. As atividades podem ser úteis àqueles que desejam estudar e se aprofundar um pouco mais na metodologia.

Finalmente, há os apêndices, que procuram contribuir com o entendimento mais amplo do MASP pela exposição de diferentes métodos QC-Story. Um recurso-base do MASP no Brasil, bem como fazer alguns esclarecimentos sobre o PDCA, suas abordagens resolutivas e as ferramentas da qualidade. Com relação às ferramentas, em função da extensão desse tema, não seria possível explorar em profundidade cada uma delas, então optou-se por prover uma explicação minimamente necessária para o entendimento da concretização e objetivação de cada passo das etapas.

Há muito tempo queria escrever sobre o tema. Material não faltava, ainda mais depois de quase cem artigos redigidos, uma dissertação de mestrado e muitas versões de apostilas e materiais didáticos. Este livro fecha um ciclo e abre outro, pois ainda há muito o que falar, escrever e trabalhar na resolução de problemas.

O Fórum Econômico Mundial tem publicado nos últimos anos relatórios de pesquisas sobre o futuro do trabalho, denominados *The Future of Jobs*. Neles são apontadas as maiores competências para os profissionais do futuro em todos os segmentos econômicos, e a capacidade de resolver problemas está sempre nas primeiras posições das competências mais valorizadas. Esse é um assunto recorrente, com o devido potencial de alavancar carreiras. Então, resolver problemas não é simplesmente uma questão de natureza organizacional, tem a ver com o bom uso do potencial humano, a alavancagem da carreira e a satisfação entusiástica de ver um problema crônico resolvido, o que marca a vida profissional de qualquer pessoa.

Espero que este livro seja útil e agradável de ler, principalmente se for para estudos, e que possa mudar a vida dos leitores que tiveram a oportunidade de apreciá-lo.

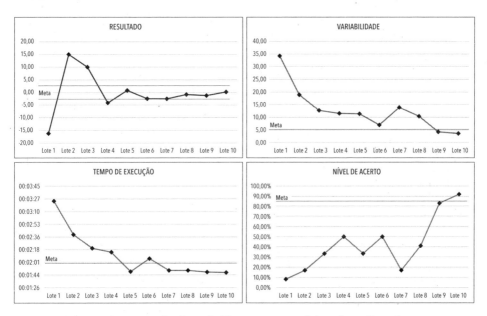

FIGURA 0.1. Resultados obtidos nos exercícios de aplicação em curso de curta duração

Acerca dos formulários disponibilizados na internet

Formulário de Proposta de Kaizen: serve para reunir informações mínimas para justificar, propor e aprovar a criação de um grupo de melhoria ao tratar de um problema crônico e razoavelmente complexo.

Plano de Controle de Indicadores: serve para detalhar um indicador que tenha sido escolhido para gerenciar equipes de Kaizen. Cada indicador deve ter um formulário completamente preenchido, para que haja clareza sobre como o indicador será construído e apresentado.

5W2H para Identificação de Problemas: serve como um exercício para a boa e completa caracterização de um problema, com os critérios do 5W2H.

CAPÍTULO 1

O LEAN MANUFACTURING

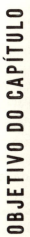

O objetivo deste capítulo é rever o histórico da metodologia de manufatura enxuta, de modo a explorar sua fundamentação e suas influências para possível construção conceitual e estruturação metodológica.

A compreensão deste capítulo é essencial para que se entenda o estudo por trás do cenário em que o processo de melhoria se insere, mesmo que isso possa acontecer também como consequência de outras iniciativas ou de outros modelos de gestão.

1.1. INTRODUÇÃO AO LEAN MANUFACTURING

Temos assistido ultimamente a uma grande popularização dos conceitos e das práticas de manufatura enxuta, tradução da expressão inglesa *lean manufacturing*.[1] A manufatura enxuta é um modelo de gestão cuja filosofia é fazer a coisa certa, no momento certo, usando apenas a quantidade minimamente exata de recursos necessários. Ser enxuto significa ser ausente de perdas de qualquer natureza, beirando quase a perfeição.[2] Os resultados dessa filosofia de trabalho são muitos e impactam cada elemento do processo, dentro e fora da cadeia de valor, sobretudo as pessoas.

Conseguir a obtenção de tal resultado, e com regularidade, é uma tarefa que tem tirado o sono dos gestores, e não apenas da indústria. Já os outros segmentos econômicos começam a se interessar e a reproduzir suas práticas à medida que a concorrência aumenta, as margens caem vertiginosamente e a sobrevivência é ameaçada. Os métodos de trabalho usuais até então não conseguem mais sustentar a permanência. Quanto mais ocorre o crescimento do negócio em um mundo progressivamente competitivo, mais aberturas inovadoras existirão.

Dessa forma, depois de décadas de desenvolvimento e evolução, finalmente o mundo empresarial dirige um olhar atento aos motivos que levaram uma pequena empresa do interior do Japão a se tornar uma das organizações de maior sucesso no mundo industrial: a fabricante de veículos japonesa Toyota.

A Toyota foi a empresa que desenvolveu a manufatura enxuta, embora nem sequer tenha criado a denominação *lean manufacturing*.[3] O conceito foi identificado por pesquisadores de várias partes do mundo quando empreenderam um estudo aprofundado para decifrar os motivos da elevada competitividade da Toyota. Após a pesquisa, esses profissionais ajudaram a difundir o método pelo mundo.

O sucesso da indústria japonesa de veículos começou a se destacar a partir da década de 1980, quando passou a incomodar as grandes indústrias norte-americanas, tidas até então como impérios industriais imbatíveis e imortais. Por isso, muitas vezes os carros japoneses eram motivos de piadas, tanto que foram retratados como veículos de *loosers* (perdedores) nos filmes norte-americanos daquela época. Isso mudou drasticamente quando a indústria local foi perdendo vendas e acumulando prejuízos enquanto as montadoras japonesas colecionavam sucessos.

No início de 1985 foi iniciado um movimento no prestigiado Massachussetts Institute of Tecnology — MIT, destinado a reexaminar a tecnologia e a competitividade da indústria automotiva norte-americana. Esse estudo, levado a cabo em todo o mundo e conduzido de forma isenta e imparcial, percorreu os corredores dos principais fabricantes mundiais, além de se debruçar sobre dezenas de pesquisas acadêmicas. O objetivo foi o de levantar as práticas de gestão, bem como os elementos distintivos da indústria japonesa, oferecendo análises comparativas e explicações para o fenômeno de crescimento ameaçador que se desenhava.

Para muitos céticos em 1990, o que parecia ser uma falsa promessa do que os japoneses tinham a oferecer ao mercado maduro e baseado em motores V8 acabou deixando os fabricantes alarmados. Naquele ano, o Honda Accord foi o carro mais vendido nos Estados Unidos. E de lá para cá, a penetração japonesa não parou de crescer vertiginosamente.

Os fabricantes japoneses têm nove entre os vinte veículos mais vendidos nos Estados Unidos.[4] Feito maior fez o Camry, que desde 1997 tem sido o carro mais vendido, também nos Estados Unidos, só perdendo a posição em 2001 para o Corolla, também fabricado pela Toyota. De um pequeno fabricante de teares em uma ilha do Japão há cem anos para uma empresa quase falida após a Segunda Guerra Mundial, a Toyota ultrapassou todas as grandes marcas europeias ocidentais para alcançar o topo da lista dos maiores fabricantes de automóveis, com mais de 10 milhões de unidades fabricadas ao ano.

As conquistas não param por aí:

- O Corolla é o carro mais produzido na história, com mais de 40 milhões de unidades vendidas em todo o mundo. Quase o dobro do segundo lugar, o Volkswagen Beetle, conhecido no Brasil como Fusca.

- Em 2002, a Toyota entrou no segmento de luxo com o Lexus, e já no primeiro ano bateu a Mercedes-Benz nos Estados Unidos. Na temporada, foi o carro de luxo mais vendido no mercado.

- Em 1997, a Toyota foi a primeira indústria a lançar um carro de propulsão híbrida — gasolina e energia elétrica — em escala comercial: o Prius. O carro foi um sucesso imediato, e hoje, mesmo depois de lançamentos dos concorrentes, a família Prius compõe 48% da frota norte-americana de carros híbridos.[5]

- A marca Toyota lidera a lista de marcas mais valiosas da indústria automotiva, com um valor que se aproxima de US$30 bilhões,[6] seguida por BMW, Mercedes-Benz e, bem atrás, Honda, Ford e Nissan.

- A fabricante tem seus veículos sendo premiados recorrentemente dentre os mais confiáveis nos Estados Unidos e tem emplacou seis colocações distintas entre as onze categorias que disputou no ano de 2016.[7]

- Mesmo após a crise dos recalls de quase 10 milhões de veículos, envolvendo o recall devido à questão do pedal do acelerador e ao airbag — que mais tarde se revelou falsa — a empresa continua emplacando resultados fantásticos com 3 carros entre os 10 mais vendidos no mundo. O Corolla continua em primeiro lugar, com quase 1,2 milhão de unidade vendidas em 2018.[8]

Diante de tantas evidências, é inevitável indagar e observar o que tem sido feito por essa organização para se tornar um gigante, não apenas em produzir bens de consumo, mas também em desenvolver pessoas.

A origem do Sistema Toyota de Produção

A manufatura enxuta, no presente, está se estendendo para outros segmentos econômicos, como hospitais, construtoras, bancos, aviação, serviços públicos e até nos escritórios. Profissionais, organizados em comunidades presenciais e virtuais, estão empenhados em aprender e disseminar os conceitos, as filosofias, os métodos e as técnicas envolvidas. O *lean* é um arcabouço metodológico que foi construído ao longo de décadas, destinado a um único propósito: maximizar a satisfação do cliente por meio do combate obsessivo aos desperdícios dos processos produtivos.

Para um leitor menos atento, o *lean* pode parecer uma forma diferente de dizer a mesma coisa, uma vez que outros modelos de gestão parecem se destinar ao mesmo propósito. De fato, existem muitos pontos de convergência na metodologia, sobretudo nos aspectos relacionados à gestão da qualidade. No entanto, os fundamentos originais da manufatura enxuta são diferentes da gestão tradicional em vários aspectos, o que faz dela um novo paradigma no mundo administrativo. Talvez o principal rompimento seja a ideia de que a produção em massa é mais econômica. Essa premissa, baseada na gestão de custos e nas práticas do fordismo, foi desconstruída na produção enxuta devido a vários fatores que limitavam as indústrias japonesas do pós-guerra a acessarem os recursos abundantes que as companhias norte-americanas tinham.[9] O conceito de lote econômico veio abaixo com o novo paradigma do lote único e foi viabilizado com a redução do tempo de preparação do processo.[10] E não adianta fazer contas para provar que produzir mais é mais barato, pois os argumentos e pressupostos são colocados em xeque diante das novas provocativas ideias de redução radical do custo fixo. Daí a necessidade, por exemplo, de fazer uma mudança rápida do processo — equipamentos ou ferramentas — para produzir um produto diferente, de maneira a não ter que absorver o custo dessa operação que nada agrega de valor ao produto. Dessa forma, produzir de forma enxuta e sem erros é uma solução decorrente e natural, embora talvez não tão óbvia naquele momento em que o modelo foi desenvolvido.

O curioso e interessante é que boa parte de toda a metodologia da manufatura enxuta se desenvolveu a partir das viagens de seus criadores, particularmente Kiinichi Toyoda e Taiichi Ohno, às fábricas de automóveis nos Estados Unidos. Décadas atrás, era comum ouvir que os japoneses procuravam empresas norte-americanas para copiar suas práticas e seus projetos de produtos. Se assim

Capítulo 1: O Lean Manufacturing 9

fosse, as fábricas e produtos japoneses seriam iguais às norte-americanas. Contudo, na verdade, o que inspirou os pioneiros japoneses não foram as soluções, mas sim os problemas com que eles se depararam. Acostumados a fazer muito com pouco e a aproveitar os recursos ao máximo, as perdas na produção e a ineficiência observados nas visitas às empresas norte-americanas deixaram os japoneses estarrecidos. Lendo a história e os princípios de manufatura enxuta na literatura, não é raro encontrar as palavras "crime"[11] e "mal" para qualificar os desperdícios de todo o tipo, os quais eles encontraram nas fábricas norte-americanas sem que ninguém se desse conta. Esses aspectos negativos são decorrentes da produção em massa e do pressuposto básico de que o preço cai na medida em que a produção aumenta.

A questão seminal se dá diante da constatação de que os pioneiros da Toyota não tinham os recursos e nem as características mercadológicas para adotar a produção em larga escala. Matérias primas eram escassas, e o mercado era pequeno e exigia produtos diversificados. A estratégia de comprar em grandes lotes não funcionava bem. No caso, a Toyota chegou a passar metade do mês comprando peças e a outra metade produzindo os carros, em uma montanha de estoques.[12]

Assim, praticamente tudo do que prega a manufatura enxuta é decorrência de uma filosofia de trabalho que nasceu a partir da privação de dinheiro e de recursos, além de uma experiência traumática de produzirem mais do que poderiam vender.[13] A necessidade foi a grande mãe da criação do Sistema Toyota de Produção,[14] e o aprendizado obtido se tornou valioso ao longo das décadas seguintes devido à competição e a guerra de preços no mercado. Os custos decorrentes das perdas não podem mais ser absorvidos pelos produtos e serviços. Os clientes não estão mais dispostos e nem precisam pagar pela ineficiência, afinal, produtos e serviços de boa qualidade a preços progressivamente mais baixos estão sendo ofertados a toda hora. Logo, as empresas que não se adaptarem podem ter sua sobrevivência seriamente comprometida. Para esses casos, a produção enxuta pode não ser apenas um modelo alternativo de gestão de operações, mas a única saída para continuar existindo no mercado.

Por isso, quem está acostumado com a abundância dificilmente consegue produzir seguindo um conceito de manufatura enxuta. Os critérios de decisão em todas as atividades organizacionais são bem diferentes nessas situações, e os desperdícios são facilmente ignorados sob as elevadas margens de lucro. Como consequência, desenvolve-se nas pessoas um senso comum de passividade, mesmo diante de problemas mais graves, que, pelo uso contínuo de processos frouxos, se perpetua no ambiente de trabalho e nas práticas de gestão.

O caso contrário, quando uma empresa empreende esforços para melhorar seu desempenho por meio da manufatura enxuta, ocorre porque tal empresa está diante de uma ameaça real ou imaginária, provocando um movimento

10 Advanced Kaizen

para tirar a liderança e as pessoas daquela situação confortável. Uma das primeiras ações que a empresa deve realizar é iniciar um processo de mudança de mentalidade coletiva para semear o pensamento enxuto em cada uma das pessoas. O que a manufatura enxuta propõe vai contra muitas coisas do senso comum, denotando algo com feições revolucionárias.[15] Portanto, trata-se de uma mudança de paradigma da gestão de operações construídas a partir das deficiências dos sistemas de produção anteriores.[16]

O que acontece no trabalho tradicional é que muitas pessoas não conseguem mais reagir aos problemas, e os desperdícios passam a ser considerados normais. Os livros sobre manufatura enxuta estão repletos de relatos de discussões com empregados, supervisores, gerentes e até donos de empresas, evidenciando a dificuldade de enxergar as perdas óbvias diante dos próprios olhos. Há de se reconhecer, no entanto, que algumas delas não assim são tão óbvias, por exemplo, como ocorre com os custos de operação, cujos sintomas são percebidos muito tempo depois.

Muitas culturas estão impregnadas do desejo de acumular para não haver falta, sobretudo a ocidental. Esse hábito tem suas raízes prováveis na agricultura, onde é preciso guardar para vencer as estações do ano sem passar fome ou para esperar preços melhores para vender a produção. Dessa maneira, as pessoas têm a confiança de que estão fazendo o certo, e de certo modo podem provar isso. O Sistema Toyota de Produção procura demonstrar que o custo global é superior, incluindo todo o custo para ter e manter esse estoque. Tudo isso sem contar o esforço e tempo dispendidos em seu monitoramento de gestão, que poderiam ser usados para produzir outros produtos ou fazer melhorias. Portanto, não é difícil compreender a dificuldade de implementação dessa mentalidade na cultura ocidental, para a qual ter é sinônimo de poder e status.

Por isso, o Sistema Toyota de Produção é denominado produção enxuta e, em suma, caracteriza pouco, bom e a tempo. Poderia ter sido também denominado de sistema de produção leve, limpo ou efetivo, enfim, algo que consiga retratar uma mentalidade absolutamente funcional em todos os sentidos.

Então os desperdícios exercem um papel propelente para que um movimento de melhoria aconteça. Posto isso, é preciso dar atenção a eles, incluindo sua identificação, classificação, priorização e, evidentemente, seu tratamento posterior. Como problemas existem aos montes e são de vários tipos, eles precisam de uma diversidade metodológica ampla para serem abordados, cada qual da maneira correta. Assim, a liderança deve dominar essas técnicas para utilizá-las com sabedoria, não desperdiçando aquilo que a empresa tem de mais precioso: o potencial das pessoas.

1.2. OS SETE DESPERDÍCIOS

Todos os processos têm perdas ou desperdícios, independentemente de sua natureza, seu tamanho ou segmento. Mesmo as empresas consideradas referências na implantação de manufatura enxuta também as têm. Os desperdícios estão presentes mesmo que não possamos vê-los ou senti-los. Eles aparecem e crescem naturalmente, como ervas daninhas, e voltam a aparecer mesmo sendo eliminados. Dizem que gatos têm sete vidas. Os desperdícios têm mais, pois parecem eternos.

A manufatura enxuta só existe porque os desperdícios existem. Isso inclui o que existe em toda a metodologia. Taiichi Ohno, o criador da manufatura enxuta, teria identificado sete tipos de desperdícios que qualquer empresa tem.

Veja quais são:

- Superprodução
- Excesso de estoque
- Tempo de espera
- Movimentação
- Transporte
- Defeitos
- Superprocessamento

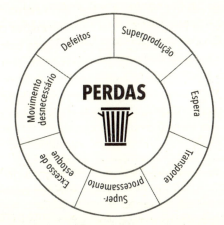

FIGURA 1.1. Os Sete Desperdícios da Manufatura Enxuta

Superprodução

A superprodução é a produção de itens acima da quantidade necessária, sejam das partes ou dos produtos inteiros. As empresas produzem em excesso devido a vários motivos. Em primeiro lugar, elas compram em excesso por causa da exigência de mínima quantidade de fornecedores ou às perdas por sucateamento, ajuste de máquinas, dano e extravio.

Essas perdas são consideradas tão normais para algumas empresas, que mesmo os clientes já se habituaram à situação e não se queixam mais.

Exemplos:

- Sobra do corte de couro na fabricação de sapatos.
- O vidro comprado na vidraçaria.
- Os legumes comprados nos supermercados e as comidas dos restaurantes.
- Os assentos vazios nos ônibus e aviões.
- Leitos sem pacientes nos hospitais (embora isso não seja comum no Brasil ultimamente).
- Os estoques de matérias-primas e produtos acabados.
- Os produtos que sobram nas lojas e não são vendidos.

Na filosofia lean, a empresa deve produzir apenas o que é demandado, nada mais, mas talvez até menos. Os lotes devem ser unitários. As perdas internas ou externas, de materiais e produtos, devem ser zero.

E quanto à possibilidade de perda de oportunidades de vendas e lucros pela indisponibilidade de produtos em estoque? Segundo Ohno, a superprodução é mais danosa do que a perda de oportunidade, pois é o que gera prejuízo de fato, enquanto a outra é apenas uma possibilidade.[17] Dessa forma, seria melhor perder oportunidade do que dinheiro.

Tempo de espera

O tempo de espera é o segundo desperdício, pois eleva os custos dos produtos e serviços. A espera acontece quando os funcionários ou equipamentos ficam ociosos aguardando materiais, conserto ou instruções.

A parada de qualquer recurso não agrega nada ao produto, além de custar dinheiro. Esse custo precisa ser pago, e quem pagará será o produto que foi produzido enquanto o recurso estava em uso. E o gasto quase sempre será muito maior do que o imaginado.

Exemplos de espera são:

- Processos posteriores aos gargalos em linhas de produção.
- Parada por falta de energia ou material.
- Parada por quebras de equipamentos.
- Simples falta do que fazer.
- Operadores que esperam o equipamento fazer alguma operação.

Capítulo 1: O Lean Manufacturing 13

- Aviões e passageiros em pátios de aeroportos.
- Salas de espera em consultórios.
- Filas de qualquer tipo.

Tempos de espera devem ser totalmente eliminados, bem como os gargalos nos processos. Isso alonga os prazos de entrega, incomoda os clientes e eleva os custos de operações. E não adianta transferir a espera para os fornecedores, pois eles também não terão como absorvê-los e acabarão transferindo o custo de volta na forma do preço daquilo que fornecem.

Assim, o gerenciamento das operações deve ser feito para que os recursos sejam 100% utilizados, por meio do planejamento de produção e de postos de trabalho, ou o que for bem próximo disso.

Transporte

O desperdício de transporte acontece tipicamente quando os materiais, prontos ou em processo, são levados de um lugar para outro para que passem por todas as etapas necessárias.

Transporte é uma atividade que não agrega valor, mas agrega custo, o que evidentemente se torna negativo. Nas palavras de Ohno,[18] custos não existem para serem calculados, mas sim para serem reduzidos. Afinal, ninguém conscientemente aceitaria pagar mais caro por um produto porque ele foi transportado, de processo para processo, em toda a linha de produção. Ou, ainda, por diferentes unidades produtivas localizadas distante umas das outras.

O transporte custa porque ocupa mão de obra e recursos de movimentação como veículos, empilhadeiras e carrinhos transportadores. Além disso, frequentemente o transporte ocasiona danos ao produto durante o manuseio ou deslocamento.

Há também um custo considerável por trás do transporte excessivo, que é o espaço ocupado entre os processos distantes entre si. As distâncias ocupam espaço físico, postos regularmente dentro de prédios e instalações em áreas nobres, de custo significativamente elevado.

A redução do transporte não é tarefa fácil, pois os fluxos e leiautes precisam ser estudados com muita profundidade. Os equipamentos precisam ser removidos e realocados, as transferências de materiais e de produtos em processo devem ser repensadas, e novas soluções devem implementadas para que todas as atividades que agregam valor sejam realizadas de maneira efetiva. A solução pode também exigir a substituição de equipamentos dedicados por flexíveis, para evitar a transferência de um processo a outro.

Processo

Os desperdícios de processo acontecem por superprocessamento ou processamento desnecessário. No caso, é a execução de uma etapa que não agrega valor, mas que provavelmente um dia alguém considerou como sendo necessária. Exemplos disso são:

- Limpezas.
- Aprovações.
- Conferências.
- Trocas de ferramentas (Set Up).

- Quaisquer etapas de processo que não deveriam existir.
- Atividades que não fariam falta se deixassem de ser realizadas.

São atividades comumente denominadas de "não agregam valor", uma expressão oriunda da expressão inglesa *NVAA — Not Value Added Activities*.

As atividades que não agregam valor geram custo, pois consomem tempo e energia, desgastam equipamentos e ferramentas e ocupam espaço físico.

As *NVAAs* devem ser identificadas como um dos desperdícios, e soluções para sua eliminação ou redução precisam ser idealizadas, planejadas e implantadas. Isso inclui aquelas que proporcionam uma qualidade superior àquela necessária para atender às necessidades e expectativas do cliente.

Excesso de estoque

Os estoques em excesso produzem vários problemas:

- Não são de graça, pois devem ser pagos, e por isso reduzem o capital de giro.
- Precisam de espaço físico e embalagens para serem acomodados.
- Ficam obsoletos ou perdem a validade.
- São danificados ou deteriorados naturalmente, ocasionalmente ou deliberadamente.
- Devem ser protegidos e abrigados.
- Precisam ser monitorados, controlados e inventariados.

Normalmente esses estoques existem para compensar outros problemas, tipo o planejamento do processo, o desbalanceamento, as perdas em processos, quebra ou ineficiência de equipamentos e até a falta de comunicação entre as diferentes áreas da empresa.

Os estoques podem estar no interno ou externo, na forma de:

- Matéria-prima, entregue ou não.
- Materiais ou produtos em processo.
- Produtos acabados ou semiacabados.
- Produtos entregues e não vendidos.

A redução do estoque depende do esforço coordenado entre as diversas áreas para eliminação de materiais em cada ponto de acúmulo, e não há como fazer isso sem um grande estudo e planejamento de toda a cadeia de valor. Portanto, trata-se de um problema complexo e deve ser tratado como tal. Um dos conceitos criados para fazer frente a esse desafio foi o da produção puxada. O formato desse planejamento tradicional se baseia no conhecimento dos roteiros de produção e tempos, perdas e lotes econômicos de cada atividade do processo. Então, o planejamento é empurrado para o processo para que haja um resultado satisfatório.

No processo de planejamento da produção pelo MRP[19] tradicional, o mecanismo é empurrado, ou seja, as demandas caminham no processo conforme as perdas e o tempo de cada etapa são produtivos. Na manufatura enxuta, a produção é puxada, o que significa a confecção tão somente do necessário em cada etapa e exatamente no momento preciso. Desta maneira, a técnica de *Kanban* é empregada para concretizar esse propósito.

No entanto, os benefícios de tal empreitada podem recompensar em muito os esforços, pois muito dinheiro alocado nesses estoques pode ser recuperado se ainda tiverem valor comercial. Mas mesmo se isso não ocorrer, existem ganhos potenciais com a redução de custos indiretos de manutenção desses estoques, o que pode ser também bastante promissor.

Movimentação desnecessária

A movimentação desnecessária decorre de um mal planejamento do posto de trabalho, forçando as pessoas a:

- Pegar.
- Buscar.
- Trazer.
- Levantar.
- Segurar.Girar.
- Andar.
- Apertar.
- Abaixar.

Enfim, uma operação mal desenhada exige que as pessoas produzam uma série de movimentos que poderiam ser reduzidos ao mínimo necessário, desejável para que o trabalho possa ser realizado com o mínimo de esforço e o máximo de bem-estar.

Frederick W. Taylor, a quem é atribuído o título de pai da administração, foi o criador de muita das técnicas de estudo no quesito tempos e movimentos. O conceito constitui a administração científica. Taylor propôs que os princípios da ciência fossem também aplicados ao estudo do trabalho para otimizar o uso da mão de obra e dos meios de produção. Taylor teve tanto sucesso com seu trabalho, que tudo o que desenvolveu foi amplamente disseminado e copiado em todo o mundo, indiferentemente do sistema político ou das crenças de qualquer natureza. Portanto, trata-se de uma metodologia que remete aos primórdios da gestão empresarial, quando esta nascia como disciplina acadêmica.

Reduzir as perdas dos movimentos desnecessários é importante para encolher o tempo de ciclo da tarefa e aumentar a quantidade de produtos que podem ser feitos nesse mesmo período, e isso se faz com medição de tempos com cronômetros e observação atenta dos postos de trabalho, procurando identificar tais movimentos que só contribuem para a fadiga das pessoas.

As técnicas de 5S e organização do posto de trabalho são frequentemente usadas com esse propósito.

Defeitos

Os defeitos nos produtos são desperdícios que a gestão da qualidade tem combatido há décadas em todo o mundo. Em uma definição comum, qualidade significa atender aos requisitos acordados do produto. A incidência de defeitos incorre em perdas que incluem:

- Sucateamento e geração de sobras.
- O retrabalho ou reprocesso.
- Reparos ou consertos.
- Atrasos.
- Consumo extra de material.
- Atividades de inspeção e controle.
- Aumento do tempo de ciclo da atividade.

Defeitos podem ser visíveis, ou não, e acontecer em vários lugares, com várias frequências e níveis de gravidade. Estudos estatísticos são fundamentais para compreender os fenômenos e análises de causa-raiz. Nesse caso, eles precisam ser empreendidos para localizar os pontos onde se originaram. Isso impede que evoluam e causem consequências indesejáveis.

1.3. OUTROS TIPOS DE DESPERDÍCIOS

Na literatura da manufatura enxuta, os sete desperdícios identificados por Taiichi Ohno são frequentemente relacionados como os pontos onde existem oportunidades de ganhos significativos. No entanto, essa quantidade não representa uma unanimidade. Os desperdícios podem ser de outros tipos além daqueles citados anteriormente. O próprio Ohno reconhece que não se lembra ao certo quem inventou isso e nem como o número sete teria sido estabelecido.[20] Essa premissa é válida sobretudo para as empresas do segmento de serviços, onde alguns desses desperdícios nem existem, enquanto desperdícios de outros tipos talvez sejam mais evidentes.

Jeffrey K. Liker, um dos autores mais referenciados na matéria, reconhece e aborda os sete desperdícios em suas publicações, mas inclui outro. O desperdício da criatividade humana. As empresas desperdiçam o potencial das pessoas para produzir benefícios tangíveis e intangíveis, além de perderem também a possibilidade de aprendizagem para as pessoas e para as organizações. O aprendizado é um fator essencial para a sobrevivência em um mundo cada vez mais competitivo e em permanente mudança.[21] Assim, a Toyota é enfaticamente descrita como uma organização que aprende.[22] Evidentemente isso depende do aprendizado das pessoas, e, desta maneira, é preciso resolver os problemas, uma vez que neles se concentram as maiores e melhores oportunidades de aprendizagem. Essa é uma questão realmente central na manufatura enxuta, pois revela a função bivalente da resolução de problemas na forma de ganhos quantitativos e qualitativos. Fora o aprendizado submetido para as pessoas e a própria organização.

Em uma mesma linha, Pascal Denis cita o problema de comunicação que inibe o fluxo de conhecimento, provocando os efeitos negativos comentados para além de frustração e oportunidades.[23]

Outro desperdício acontece fora do ambiente de trabalho, podendo consumir recursos tão grandes a ponto de destruir um negócio. Trata-se da possibilidade real de produzir algum produto ou serviço que não atenda às necessidades dos usuários.[24] Na história da administração existem muitos casos de conceitos fracassados que custaram muito caro às empresas que os produziram. Até mesmo uma mensagem publicitária compreendida de forma diferente daquela pretendida pode limitar a aceitação de um produto no mercado. Assim, esse desperdício se traduz no baixo aproveitamento da capacidade de satisfazer necessidades de clientes que não são atendidas. A Ford é um caso clássico disso em suas primeiras décadas de existência. Seu conceito de produto padronizado e barato foi insistentemente aplicado, porém, acabou sendo explorado, em sentido inverso, pela General Motors, que, além de produzir carros com cores variadas, também ofereceu conceitos alternativos por meio de diversas marcas.

18 Advanced Kaizen

Em uma perspectiva estratégica, Yasuhiro Monden incluiu o investimento desnecessário de capital, pois consome recursos dos acionistas que poderiam ser aplicados de maneira mais eficiente e produtiva. De fato, o elevado capital de giro necessário para sustentar elevados estoques intermediários é decorrente da superprodução, sendo o mais terrível dos desperdícios[25] na opinião de Taiichi Ohno. Logo, trata-se de um tipo de desperdício que deveria receber, ao menos em princípio, uma elevada atenção da direção corporativa e do conselho de administração, que são os representantes dos acionistas na gestão da empresa.

Dessa forma, a pluralidade de perspectivas acerca do desperdício está relacionada com as experiências, os vieses e com a abrangência com que cada especialista ou autor trabalhou na Toyota, variando do mais operacional ao mais estratégico. Masaaki Imai, outro autor relevante na arte do Kaizen, relaciona onze pontos de melhoria aos quais os gerentes devem ficar atentos:[26]

- Mão de obra.
- Técnica.
- Método.
- Tempo.
- Instalações.
- Dispositivos e ferramentas.

- Materiais.
- Volume de produção.
- Inventário.
- Lugar (espaço).
- Modo de pensar.

Esse agrupamento claramente tem pontos de convergência na famosa relação dos sete desperdícios de Ohno, no entanto, quem empreende esforços para adotar o conceito de manufatura enxuta em seu negócio não deve se ater a qualquer lista ou quantidade.

A empresa que deseja iniciar um processo de implantação de conceitos de manufatura enxuta deve refletir sobre a natureza de seu negócio e de seus processos, procurando identificar os tipos de perdas recorrentes. E com a conferência partindo, evidentemente, da lista de Ohno e seus seguidores. Um cuidado deve ser tomado para não excluir deliberadamente os desperdícios que existem, mas as pessoas não enxergam ou não querem enxergar. Essa atitude é muito combatida pelos autores, tendo a necessidade de também ser permanentemente combatida pela liderança e pelos especialistas *lean*. A melhor forma é acreditar, como pressuposto inicial, que esses desperdícios acontecem em qualquer atividade, de qualquer negócio.[27]

O quadro a seguir resume os desperdícios conforme os diferentes autores. Dos operacionais aos estratégicos e das pessoas aos processos.

Autor	Tipo de Desperdício
Taiichi Ohno	Superprodução
	Tempo de espera
	Transporte
	Superprocessamento
	Excesso de estoque
	Movimentação desnecessária
	Defeitos
Yasuhiro Monden	Excesso de recursos de produção
	Superprodução
	Excesso de estoque
	Investimento desnecessário de capital
Jeffrey K. Liker	Criatividade e aprendizagem
James P. Womack e Daniel T. Jones	Não atendimento às necessidades dos usuários
Masaaki Imai	Mão de obra
	Técnica
	Método
	Tempo
	Instalações
	Dispositivos e ferramentas
	Materiais
	Volume de produção
	Inventário
	Lugar
	Modo de pensar

QUADRO 1.1. Tipologia de Desperdícios Segundo Alguns Autores

Os desperdícios do Quadro 1.1 foram identificados por meio da perspectiva dos autores sobre a indústria automotiva, particularmente a Toyota. Para a implantação da manufatura enxuta, ou do pensamento enxuto, em outras organizações, do mesmo ou outro segmento, é preciso contextualizar ou identificar as perdas que são específicas da atividade. Essa tarefa pode ser fácil, se a natureza do trabalho for semelhante, ou mais difícil, se ela for muito diferente. Mesmo assim, esse é um exercício essencialmente seminal para a construção dos sistemas e das práticas que dão sustentação ao conceito do pensamento enxuto.

Desperdícios secundários

Os desperdícios não acontecem de forma isolada. Cada qual tem uma causa, provocando seu próprio conjunto de efeitos. Na verdade, existem muitas relações entre eles. Por exemplo, a superprodução provoca o aumento do estoque. Por sua vez, isso pode aumentar o tempo de transporte, devido à distância em que esse estoque é armazenado. Como impacto final, o custo é um dos mais perversos, já que retira a competitividade da empresa.

E além disso, Ohno destaca o que ele chama de desperdícios secundários, que são naturalmente decorrentes dos sete primários. A empresa precisa de carrinhos, empilhadeiras, contêineres, estantes e outros acessórios de acomodação e transporte para manter o movimento do estoque. Os produtos e materiais podem se deteriorar ao serem armazenados, necessitando de avaliação ou correção. Mais adiante, será necessária a aquisição de um sistema informático, como computadores, e especialistas em tecnologia de informação e gestão de materiais para administrar o estoque, e assim por diante. Então, um único desperdício tem um poder de propagação enorme, que se alimenta da ineficiência e gerar ainda mais desperdícios e, consequentemente, custos.

Todas as disfunções denominadas desperdícios são alvos em quantidade suficiente para desencadear incontáveis iniciativas de melhorias por todas as pessoas que compõem qualquer organização. É disso que decorre a necessidade de implementar a filosofia Kaizen, seja de maneira extensiva, como prega Ohno, ou intensiva, como será abordado mais adiante.

1.4. TIPOS DE PROBLEMAS

Existem várias formas de classificar problemas. Cada classificação olha os problemas de um ponto de vista, por isso enxerga algo diferente. Isso é normal quando se trata de tipologias, pois uma realidade precisa ser vista de vários ângulos para ser conhecida. Por exemplo, um animal pode ser mamífero, terrestre e doméstico. Outro pode ser mamífero, marinho e selvagem. As tipologias são importantes não apenas para compreender a realidade. O principal motivo de seu emprego em administração é a definição de procedimentos distintos para cada tipo de situação identificada, ou seja, apoiar a tomada de decisão.

Para efeito da manufatura enxuta e práticas de Kaizen, tem sido usual tratá-los pelas suas consequências, que são as perdas e os desperdícios. Quando se trata de perdas, a problemática se dá em torno da escassez. Já quando se trata do desperdício, ele acontece em torno do excesso.

Alguns problemas causam perdas, outros causam desperdícios, e ambos podem causar o mesmo impacto negativo. Geralmente eles têm origens diferentes e podem provocar consequências e impactos negativos de forma concomitante:

- **Perdas**: escassez.
- **Desperdício**: excesso.

Figura 1.2. Relações Causais das Perdas e Desperdícios

Como exemplo, se em um departamento tem uma equipe superdimensionada de dez pessoas e há trabalho para apenas 80% do quadro, então temos um desperdício de duas pessoas. A equipe naturalmente ajustará o ritmo à quantidade de trabalho, o que significa um ritmo mais lento. Se a empresa resolver deslocar quatro pessoas para outro departamento, tratará o desperdício, e ele aparentemente estará resolvido. Porém, provavelmente as seis pessoas restantes talvez não consigam entregar o trabalho à contento, havendo sobrecarga. Para tratar desse problema, a empresa pode modificar o processo, em vez de contratar mais duas pessoas para completar o quadro. Se ela fizer isso, tratará as perdas no processo.

Outro exemplo pode ser extraído do consumo de energia. Podemos ter desperdício com máquinas e lâmpadas ligadas sem necessidade. Além disso, o processo pode conter máquinas de baixo rendimento, trocas indesejáveis de calor e fugas na rede de ar comprimido, o que gera perdas. As perdas são as mais fáceis de serem observadas no ambiente de trabalho, mas os desperdícios não. Eles são mais difíceis de perceber, e por vezes até são ocultos deliberadamente.

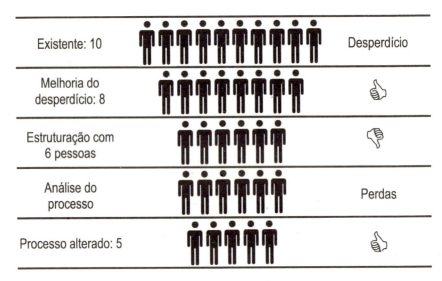

FIGURA 1.3. Distinção entre Perda e Desperdício

Embora no contexto da manufatura enxuta o tratamento de problemas se inicie pelas consequências — desperdício ou perda —, nada impede que durante a análise de uma situação indesejável eles sejam tratados apenas como problemas, uma vez que a análise irá revelar seus componentes causais. A questão maior em Kaizen não está relacionada na semântica ou nos métodos, mas na disposição de "ir" e "fazer". Mais adiante, chamaremos isso de atitude responsiva.

Os problemas para resolução com o MASP

Um problema é definido como o resultado indesejado de um trabalho.[28] Tanto perdas quanto desperdícios se enquadram perfeitamente nessa definição, uma vez que ambos são resultados indesejáveis. Dessa forma, do ponto de vista metodológico, perdas e desperdícios podem ser considerados apenas como problemas a serem resolvidos por meio de Kaizen. O que provavelmente deve acontecer é que as estratégias e as técnicas de solução sejam diferentes, bem como os pontos de investigação.

É evidente também que existem problemas para as quais já temos solução, enquanto para outros ainda não. A partir dessas possibilidades, a tipologia de Katsuya Hosotani é considerada como um esquema útil e válido para classificar qualquer problema, segundo o conhecimento existente sobre a causa e a solução.[29] Conforme a Figura 1.4, existem quatro tipos de problema sobre esse ponto de vista.

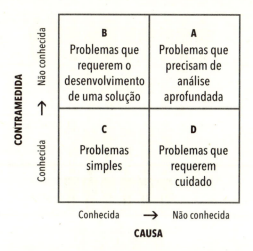

FIGURA 1.4. Os Quatro Tipos de Problema
Fonte: adaptado de Hosotani (1992)

Os problemas simples do tipo C são tanto causas quanto contramedidas evidentes, então eles podem ser resolvidos sem muito esforço, bastando aplicar os conhecimentos existentes com alguns poucos recursos. As soluções já estão prontas, ou seja, nenhuma investigação é necessária. Dessa forma, os problemas do tipo C, e apenas esses, são aqueles que facilmente podem ser definidos como a conhecida *"falta de alguma coisa"*. Por exemplo, a falta de sal, a falta de um parafuso, a falta de um padrão definido etc.

Já os problemas que requerem o desenvolvimento de uma solução (tipo B) são aqueles que dependem do desenvolvimento de algo novo para que sejam resolvidos, uma vez que se conhecem as causas, mas não as possíveis contramedidas. Algumas das doenças incuráveis, como a AIDS, se enquadram nessa categoria, porque o vírus já é conhecido, mas não há, por enquanto, meios de contê-lo para evitar a causa de tantos males aos pacientes acometidos da doença. Conhecer as causas de um problema é uma etapa fundamental para resolvê-lo. Então, se o problema se encontra nesse quadrante, um esforço analítico já foi empreendido, o que é um bom começo.

Por sua vez, os problemas do tipo D são aqueles dos quais se conhecem as ações necessárias para solucioná-los, embora suas causas sejam ainda ignoradas. Hosotani recomenda cautela nos problemas desse quadrante, pois as causas podem provocar outras consequências desconhecidas e perigosas. Além disso, as contramedidas podem ser eficazes apenas em um contexto específico, frequentemente aprendidas em contatos com outras pessoas. A contramedida conhecida também pode não funcionar se houver causas diferentes atuando alternadamente. A questão perigosa reside na ignorância dos mecanismos que levam certas causas a provocar problemas de uma forma misteriosa e, portanto, traiçoeira.

Finalmente, os problemas do tipo A são os desafiadores, pois são aqueles cujas causas e soluções são ambas desconhecidas. Dessa forma, Hosotani argumenta que é necessária uma abordagem analítica e científica, baseada em fatos e dados, coletados por meio de observação e ferramentas da qualidade. Problemas desse tipo não podem ser resolvidos com tentativas, pois isso pode consumir recursos e agravar o problema. Ohno denomina esse tipo de resultado — mudar para pior — de *Kaiaku*, que é o contrário do Kaizen.[30]

FIGURA 1.5. Caminho da Manufatura Enxuta: Tornando as Coisas Simples

O desenvolvimento da cultura da manufatura enxuta e do Sistema Toyota de Produção tem se empenhado muito nas últimas décadas para fornecer soluções gerenciais na melhoraria do desempenho das operações e dos resultados organizacionais. À medida que a metodologia determinou a aplicação de soluções para problemas típicos, ela se empenhou em elucidar tanto os problemas como o desenvolvimento das contramedidas. Dessa forma, Toyoda, Ohno, Shingo, Imai, entre seus seguidores, fizeram um movimento nos quadrantes de Hosotani, com intenção de tornar os problemas mais óbvios e, consequentemente, mais simples de serem resolvidos, embora seja trabalhoso do ponto de vista do esforço intelectual empreendido.

Assim, embora para os gerentes e profissionais iniciantes seja complexo e trabalhoso eliminar os sete desperdícios típicos, para os especialistas eles são considerados como problemas simples, visto que suas causas são conhecidas e já há soluções desenvolvidas. As ferramentas *lean* são técnicas genéricas de gestão. Elas evidentemente não fornecem soluções para questões de natureza essencialmente técnica, como os necessários para mudar ou ajustar equipamentos, acelerar reações químicas, filtrar impurezas, reduzir o consumo de combustível ou alongar a vida útil de rolamentos.

Existe uma família de problemas para os quais as estratégias de gestão apenas indicam o caminho, como é o caso da manufatura enxuta. Mas a análise e as soluções precisam ser desenvolvidas pelos próprios operadores, especialistas e gestores dos processos em que trabalham. São problemas de natureza técnica, que só podem ser resolvidos pelas pessoas que convivem com eles diariamente nos processos. Mas elas não podem ir de mãos vazias, tal qual nas tarefas do dia a dia, onde são empregados máquinas e instrumentos. Também é preciso se armar com recursos metodológicos para resolver problemas. Por isso, é necessário uma estruturação metodológica abrangente e consistente, capaz de enfrentar qualquer problema que apareça nesse tipo de contexto, razão da importância do MASP e de suas ferramentas na solução de problemas.

1.5. FUNDAMENTAÇÃO DA MANUFATURA ENXUTA

Diante do cenário de perdas e desperdícios, a proposta da manufatura enxuta é um conjunto consistente de princípios, soluções padronizadas e recursos metodológicos os quais permitem às empresas melhorar sua eficiência, seus custos e a satisfação das partes interessadas, tudo ao mesmo tempo.

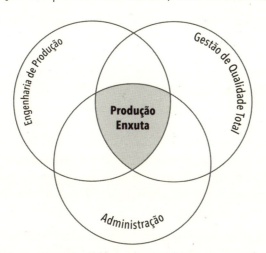

FIGURA 1.6. As Bases Disciplinares da Manufatura Enxuta

A manufatura enxuta reúne, alinha e concentra outras metodologias e disciplinas até então tratadas de forma isolada. Ou seja, cada qual com seu próprio conjunto de conhecimentos e propósitos. Portanto, o conceito é multidisciplinar. Talvez por esse motivo haja tantas dificuldades para compreender e incorporar sua mentalidade, seus princípios e propósitos. As pessoas têm a tendência natural de pensar de forma fragmentada e verticalizada, buscando compreender e defender seu próprio território.

Domínio da Administração

O *Lean Manufacturing* resgata diversas teorias e práticas da administração, a começar pela Administração Científica de Taylor, com o estudo de tempos e movimentos, e passando pela Administração Humanista, que posiciona o ser humano não como aquilo que ele deveria ser, mas por aquilo que ele realmente é.

A manufatura enxuta também incorpora aspectos da Administração por Objetivos, vindo da teoria institucionalista e da estruturalista. Dessa forma, um administrador que estude as práticas de manufatura enxuta poderá ver várias das teorias da administração inseridas em diversos pontos da metodologia, muitas vezes sob a denominação de "Toyotismo".

Domínio da Administração no *Lean Manufacturing*:

- Desenvolvimento de recursos humanos.
- Estudo de tempos e movimentos.
- Gestão por objetivos.
- Motivação.
- Cultura organizacional.
- Sistema de filosofias, políticas e valores.
- Gestão de equipes.
- Satisfação das pessoas.
- Inovação.
- Responsabilidade e autoridade.
- Treinamento e desenvolvimento de pessoas.
- Desenvolvimento de lideranças.
- Aprendizagem organizacional.
- Gerenciamento da cadeia de suprimento.
- Aprendizagem pela ação (*action learning*).

Domínio da Engenharia de Produção

A Engenharia de Produção se preocupa em produzir o necessário e gerenciar os recursos para que eles sejam bem aproveitados. Dessa forma, há uma otimização no aproveitamento dos meios, dos insumos e do custo com a operação. Alguns temas têm zonas de interseção com a administração, como é o caso do estudo de tempos e movimentos, mas outros são exclusivos dessa disciplina, como o estudo de leiautes, a gestão do chão de fábrica e as tecnologias de logística e produção.

Domínio da Engenharia de Produção dentro do *Lean Manufacturing*:

- Estudo de tempos e movimentos.
- Gestão do chão de fábrica.
- Gestão da cadeia de valor.
- Gestão da manutenção.
- Melhoria do posto de trabalho.
- Gestão de materiais e estoques.
- Gestão do custo de produção.
- Tecnologias de produção.

Domínio da Gestão da Qualidade Total

A Gestão da Qualidade Total tem a preocupação básica de satisfazer o cliente por meio do atendimento aos seus requisitos. O nome para isso é conformidade. Com o final da Segunda Guerra Mundial, o Japão adaptou as metodologias de gestão norte-americanas. Assim, o país desenvolveu sua própria versão da gestão da qualidade total segundo sua própria realidade. Por princípio básico, o *TQC — Total Quality Control* realça fortemente o papel das pessoas para a obtenção de uma qualidade superior. A Toyota decidiu adotar o *TQC — Total Quality Control* na década de 1960, por sugestão de sua afiliada — a Nippondenso — após o retumbante fracasso de tentar introduzir o Toyopet no mercado norte-americano.[31] A Toyota tinha problemas de qualidade, e o TQC foi a estratégia bem-sucedida que revolucionou a organização como um todo. O TQC talvez seja o domínio mais injustiçado composto no arcabouço metodológico do TPS, pois sua contribuição tem sido omitida por autores norte-americanos desde que começaram a escrever sobre ele.[32] Na verdade, o TQC foi a base do sucesso do TPS na Toyota, e as semelhanças entre as metodologias são tantas, que elas quase chegam, talvez com certo exagero, a ser consideradas equivalentes.[33]

Domínio da Gestão da Qualidade Total no *Lean Manufacturing*:

- Conceito do ciclo PDCA.
- Controle estatístico de processo e de produto.
- Análise de valor.
- Padronização do trabalho.
- Participação de todos (de onde se origina o termo "total", do Controle da Qualidade Total).

28   Advanced Kaizen

- Método de solução de problemas "QC-Story".
- Conceitos de melhoria contínua — Kaizen — e melhoria radical — Kaikaku.
- Grupos de melhoria e Círculos de Controle da Qualidade — CCQs.
- Ferramentas da qualidade.
- Meios de controle (instrumentos de monitoramento e medição).
- Programa 5S.
- Conceito: "fazer certo a primeira vez.
- Poka-yoke (dispositivos à prova de erros).
- Sistema de sugestões.

Outras influências

Além das metodologias que o *lean* incorpora dessas disciplinas, ainda há a inclusão de outro conjunto de ideias e práticas que foram concretizadas pela Toyota, por meio de seus fundadores e principais gestores, desde os primeiros anos de sua existência. O conceito de parada automática de máquina quando há um problema — denominado de *Jidoka* — é creditada ao fundador da Toyota, Sakichi Toyoda. Ele implementou essa ideia em teares da sua recém-criada fábrica. Toyoda ganhou muito dinheiro licenciando a patente de sua invenção, o que possibilitou alavancar seu negócio de fabricar carros.[34]

A cultura Toyota contribuiu na criação ou enfatização dos seguintes elementos — conceitos, técnicas e ferramentas — específicos e particulares:

- Comportamentos e filosofias próprias ou da cultura japonesa:
  - Pensar em longo prazo.
  - Decidir em consenso.
  - Perseverança.
  - Disciplina.
  - Paciência.
  - Mão na massa (sujar as mãos).
  - Simplicidade.
  - Não desperdiçar.
  - Humildade.
  - Respeito ao próximo.

- Técnicas para evitar defeitos:
  - *Monozukuri*.
  - *Jidoka* ou autonomação.
  - Sinalização *andon*.
  - O próximo processo é cliente.

- Produzir apenas o que é necessário:
  - Conceito do lote único.
  - Produção puxada.
  - *Just-in-time.*
  - *Kanban.*
  - Abastecimento por supermercado.

- Redução do lead times:
  - *Value Stream Mapping — VSM.*
  - Engenharia simultânea.

- Redução dos desperdícios:
  - Nivelamento da produção.

- Custo baixo com volume baixo:
  - Troca rápida de ferramentas.
  - Produção em lote único.

- Resolver problemas:
  - *Genchi gembutsu.*
  - Técnica dos 5 porquês.
  - Metodologia A3.

- Aprendizado contínuo:
  - *Genchi gembutsu.*
  - *Gemba walks.*
  - Decisão por consenso.
  - Controles visuais.

- Recursos humanos:
  - Valorização do ser humano.
  - Trabalho em equipe.
  - Flexibilidade do trabalhador.

Dessa forma, ao longo das décadas em que foram desenvolvidas, as três disciplinas que formam a manufatura enxuta foram sendo enriquecidas com um sistema particular de valores e práticas de gestão, e que se encaixam em cada uma delas, atuando de forma simultânea no desenho de cada produto, processo e atividade.

A composição das partes desses três conjuntos metodológicos é o que forma o conhecido Sistema Toyota de Produção: administração, produção e qualidade. Acrescidos de um sistema de valores e práticas particulares. Assim, a expressão é quase um sinônimo de manufatura enxuta, pois foi essa a denominação na obra que expôs esse sistema ao mundo no livro A Máquina que Mudou o Mundo.[35]

A Toyota soube aproveitar tudo o que havia nessas disciplinas e interpretá-las à sua maneira, como nenhuma outra organização, perseguindo os princípios com uma determinação inigualável. A vantagem da empresa em relação aos demais foi combinar a Gestão da Qualidade Total com tudo aquilo que compõe o Toyota Production System — TPS (Sistema Toyota de Produção).[36]

Ainda sobre as metodologias que incorporam a manufatura enxuta, outra que se apresenta com frequência na literatura e na prática empresarial é o *Lean Six Sigma*. Essa metodologia foi desenvolvida por empresas norte-americanas com propósitos semelhantes ao de algumas metodologias da gestão da qualidade. A metodologia Lean Seis Sigma não compõe originalmente a manufatura enxuta e nem o Sistema Toyota de Produção, embora esse seja um cruzamento natural, uma vez que existem propósitos e um sistema de ideias compatíveis em determinados pontos. No entanto, autores tradicionais da manufatura enxuta olham esse cruzamento com reservas,[37] talvez devido à complexidade da metodologia Seis Sigma, à supervalorização da competência em poucas pessoas e sua primazia pelas ferramentas estatísticas de alta complexidade. Assim, qualquer organização que se disponha a adotar a manufatura enxuta como modelo de gestão de operações ou do seu negócio não precisa necessariamente implantar um processo baseado na metodologia Seis Sigma ou *Lean Six Sigma*.

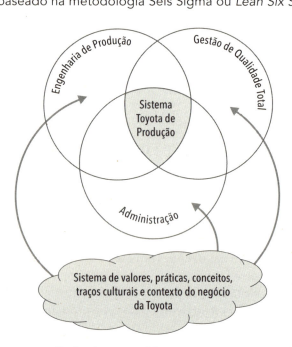

FIGURA 1.7. Influências Exercidas para a Construção do STP

A multidisciplinaridade é o que dificulta a compreensão e absorção da cultura *lean*, pois existem perspectivas variadas e distintas que precisam ser consideradas, fora a quebra radical de alguns paradigmas de gestão.[38] Além de que, existem ainda algumas características marcantes, aparentemente derivadas dos traços culturais japoneses, como a disciplina e a persistência obsessivas. Talvez por isso sua aplicabilidade em outros contextos regionais seja por vez colocada em dúvida devido às particularidades da cultura oriental, o que é rechaçado pelos idealizadores. No entanto, muitas das objeções ao sistema de produção enxuta não residem na questão da cultura regional, mas na mais pura e simples rejeição à mudança.

Há uma ideia errônea de que as empresas japonesas, e os japoneses de maneira geral, já incorporam a cultura, sendo enxutas por natureza. Se isso fosse verdade, Ohno e seus seguidores não teriam tantas dificuldades para implantar o modelo em seu próprio país.[39] As dificuldades estão por toda parte, e as objeções, em todo o mundo. A rejeição à mudança é um comportamento humano e, por seguinte, está inserida em qualquer pessoa, onde quer que tenha nascido, independentemente de sua cultura, formação e de suas experiências anteriores.

A maioria das empresas que precisam mudar só realmente consegue se houver uma pressão interna ou externa. Isso se deu também com a Toyota, que enfrentou uma grave crise na década de 1950, quando teve que demitir empregados e buscar dinheiro para se reerguer. Em muitos casos, isso prova que não é diante da bonança que os grandes desafios são vencidos, mas diante de um contexto ameaçador. Portanto, se há obstáculos para a implantação da manufatura enxuta, eles são superáveis ou contornáveis na medida em que a liderança empenhe esforços para sua adoção bem-sucedida.

1.6. QUESTÕES PARA DISCUSSÃO E APLICAÇÃO

Qual é a origem do Sistema Toyota de Produção? E por que ele foi denominado de manufatura enxuta?

a. O que significa produção puxada?

b. Quais são os sete desperdícios típicos identificados por Taichi Ohno?

c. Quais são os outros tipos de desperdícios identificados pelos outros autores?

d. Qual a diferença entre Kaizen e Kaikaku?

e. Segundo a classificação de Hosotani, quais são os tipos de problemas sobre os quais o MASP pode ser empregado?

f. Quais são as grandes disciplinas que formam a manufatura enxuta?

g. Qual a diferença entre perda e desperdício?

h. Por que o TQC pode ser considerado uma das principais origens do Sistema Toyota de Produção?

CAPÍTULO 2

PROCESSOS DE RESOLUÇÃO DE PROBLEMAS

OBJETIVO DO CAPÍTULO

O objetivo deste capítulo é traçar a importância da resolução de problema nas organizações, de modo a descrever a estruturação ordenada de etapas, apresentar alguns métodos de solução de problemas e como organizar um modelo baseado em quatro quadrantes distintos.

A importância do estudo deste capítulo serve para que o leitor compreenda e reconheça a existência de vários métodos com diferentes estilos de resolução, ao mesmo tempo em que defende o MASP para problemas crônicos, complexos e persistentes.

2.1. IMPORTÂNCIA DA SOLUÇÃO DE PROBLEMAS

"Faça ou não faça. Não existe isso de tentar."

Yoda, mestre Jedi de Guerra nas Estrelas

A resolução de problemas no Sistema Toyota de Produção é tratada como o processo de eliminação de perdas. Elas podem ser os sete desperdícios ou outros que venham a ser identificados. Embora resolver problemas tenha uma abordagem reativa, é o coração do processo de manufatura enxuta, pois tudo o que existe se destina a evitar ou tratar perdas de todo tipo.[1] E existem argumentos para sustentar essa afirmativa.

De um momento para outro, o que aconteceria se uma empresa resolvesse produzir exatamente o que os clientes pediram, usando a quantidade exata de material, e se comprometesse a entregar em um prazo correspondente à soma do tempo individual de cada etapa do processo? Provavelmente o prazo não seria cumprido, a quantidade pedida não seria produzida ou nem entregue, os processos mostrariam suas falhas e os conflitos tomariam conta da equipe. Enfim, todo tipo de problema apareceria, incluindo outros que nunca haviam se manifestado até então.

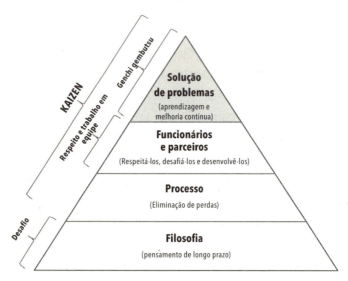

FIGURA 2.1. Os "4 Ps" do Modelo Toyota
Fonte: Liker (2005, p. 28)

Assim como pedras em um rio, apenas uma pequena parte dos problemas está visível. A grande maioria está oculta e não será vista até que a água baixe, ou seja, até que o sistema seja efetivamente colocado à prova.

A importância da resolução de problemas está enfatizada em tudo o que se fala, lê ou escreve sobre o Sistema Toyota de Produção. A obstinada busca pela melhoria aconteceu após a empresa resolver adotar o TQC como modelo gerencial e o PDCA como conceito básico de orientação para a criação de uma mentalidade que deveria estar presente em todos os empregados, a começar pela liderança. "Melhoria após melhoria" foi um tema disseminado à exaustão em diversas unidades da Toyota.[2]

O professor de Engenharia Industrial e de Operações da Universidade de Michigan, Jeffrey K. Liker, um dos maiores estudiosos do Sistema Toyota de Produção, identificou quatorze princípios que caracterizam o modelo Toyota. Conforme mostra a Figura 2.1, ele os classificou em quatro categorias, organizadas em uma representação em forma de triângulo.

No modelo dos 4Ps, a filosofia forma a base que consiste no pensamento de longo prazo. A eliminação de perdas no processo está logo acima, em segundo plano. Em terceiro plano está o respeito, o desafio e o desenvolvimento de parceiros e funcionários. Finalmente, o autor posiciona a solução de problemas no topo do modelo, se constituindo por aprendizagem e melhoria contínua.

Em 1991, quando a Toyota implantou um novo cargo de especialista técnico para satisfazer os desejos de crescimento das pessoas, de fato a habilitação dos candidatos se dava por meio de três habilidades fundamentais: habilidades manuais, capacidade de resolver problemas e desenvolvimento de pessoal. Das três, a capacidade de resolver problemas é a mais importante. Ela inclui a habilidade de estar ciente da existência dos obstáculos, analisá-los, eliminar a causa-raiz e obter as condições ideais de trabalho.[3]

Outra forma de perceber essa importância é pelo ponto de vista da melhoria contínua — Kaizen. Segundo Masaaki Imai, o Kaizen é a essência de qualquer estratégia de gestão japonesa, como o TQC — Total Quality Control, o Just-in-Time — um dos pilares do Sistema Toyota de Produção —, dentre outros.[4] Por isso, o Kaizen desempenha um papel relevante em todas elas. Fazer Kaizen é fazer melhorias, e isso implica resolver problemas de forma radical ou incremental.

Se o Kaizen pudesse ser feito sempre no estilo de Ohno — em minutos, no próprio ambiente de trabalho, sem a utilização de dados e sem gerar papel —, seria realmente fantástico, pois teria uma eficácia excepcional, além de uma eficiência esplêndida. No entanto, nem sempre é possível resolver problemas apenas usando os olhos e o raciocínio mental. Existem casos em que apenas os dados podem ajudar devido a sua invisibilidade, intermitência ou complexidade, razão de uma abordagem sistemática e estruturada que continua sendo fundamental.[5]

Abordagem sistemática para resolução de problemas

"Todos os melhoramentos de qualidade acontecem através de projeto a projeto e de nenhuma outra maneira."

Joseph Juran

Em japonês, a palavra "*muda*" caracteriza uma conotação às perdas. E na língua portuguesa, foi traduzida dessa mesma forma, ou como desperdício. Eliminar o *muda* deve se tornar a obsessão daqueles que adotaram a cultura *lean* como modelo de gestão. Então, para colocar tal objetivo em ação, é preciso compreender como isso deve ou pode ser realizado. Sejam os critérios, os métodos, as ferramentas e as outras definições metodológicas.

Conforme visto anteriormente, o modelo de gestão de operações, e da organização baseado na manufatura enxuta, se compõem de um conjunto amplo de conhecimentos disciplinares. Alguns conhecimentos podem ser abstratos, como os princípios, por isso precisam ser interpretados e compreendidos como regras gerais. A produção puxada pode ser citada como exemplo, já que o lote único e a decisão por consenso são princípios que regem o modelo Toyota. Se esses princípios não forem atendidos, o modelo é descaracterizado.

Os conhecimentos mais concretos se constituem das técnicas e ferramentas, que existem para realizar uma atividade necessária para operacionalizar um princípio ou parte dele. Esse tipo de conhecimento diz o "como fazer", que é fundamental para a ação. Por exemplo, na manufatura enxuta, o *Gemba*, o *Genchi gembutsu* e a análise de fluxo de valor são algumas dessas técnicas. Assim, toda técnica tem uma aplicação e utilidade bastante limitada dentro de um propósito. O caminho para a obtenção de um objetivo final é denominado de método, dado que justifica a execução de todo um conjunto de procedimentos. Na manufatura enxuta, existem vários métodos, como a resolução de problemas, a programação de produção e a análise dos tempos e movimentos das atividades.

Esses conhecimentos foram sendo desenvolvidos ao longo de décadas pelos praticantes, por meio de observações e experimentos, e descritos pelos estudiosos e autores. A manufatura é um modelo inovador, pois, para ser considerado assim, ele precisa dar certo, o que parece ter sido verdade para muitas organizações.

Uma parte absolutamente relevante daquilo a que a manufatura enxuta diz respeito é acerca do tratamento dos desperdícios, visto que algumas técnicas são destinadas a evitar, e outras, a eliminar desperdícios. A vantagem de implantar

Capítulo 2: Processos de Resolução de Problemas   37

a manufatura enxuta é que boa parte das soluções para evitar o desperdício é indicada pelos próprios criadores. Dessa forma, os praticantes têm à disposição um arsenal metodológico pronto para ser usado.

A literatura é bastante farta quando se trata das técnicas para prevenir os desperdícios, pois descreve e apresenta exemplos de onde elas foram implantadas.

Isso inclui, por exemplo:

- Melhoria contínua ou Kaizen.
- Sistema de sugestões.
- Andon.
- *Genchi gembutsu.*
- *Just-in-time.*
- *Kanban.*
- Abastecimento por supermercado.

- Mapeamento do Fluxo de Valor ou *Value Stream Mapping* — *VSM.*
- Troca rápida de ferramentas ou *Single Minute Exchange of Die* — *SMED.*
- Metodologia A3.
- *Gemba walks.*
- Controles visuais.
- 5S.

O fato de que essas técnicas estejam bem descritas, ou razoavelmente bem escritas, não significa que sejam mais fáceis de serem implantadas. Significa apenas que elas têm recebido mais atenção pelos autores.

As metodologias que carecem de mais pesquisas detalhadas são aquelas relativas aos estudos de tempos e movimentos, assim como a resolução de problemas complexos. Quanto ao primeiro tema, as técnicas basicamente são as mesmas estabelecidas há mais de oitenta anos por Frederick W. Taylor, Frank B. Gilbreth e seguidores. E evoluíram pouco desde então.

Quanto aos métodos de resolução de problemas, todos os autores da área da manufatura enxuta se dedicam a mencionar as soluções encontradas que seguem os princípios básicos, porém sem adentrar o método utilizado para chegar nas tais soluções. As apresentações metodológicas são lacônicas e se concentram na intervenção propriamente dita, não contendo os detalhes dos desdobramentos de cada melhoria, bem como os recursos metodológicos que foram necessariamente empregados para sua implantação. Embora Ohno fosse um pregador ferrenho do estilo de resolver problemas na hora e no local onde o trabalho é feito, ele não gostava de papéis ou dados, preferindo usar seu olhar atento, os fatos e sua capacidade analítica singular. Por isso, ele se caracterizava mais como um pregador e menos como um organizador de ideias, como foi Shigueo Shingo, por exemplo. Por esse motivo, Ohno-san deixou pouca coisa escrita, além de ser contra a realização de eventos para disseminar o Kaizen.[6]

38 Advanced Kaizen

Há de se considerar também que as publicações sobre o *lean* foram escritas por autores de referências, cuja distinção se deve à rica experiência, capacidade analítica única e formação acadêmica. Enfim, como uma competência singular. Além disso, na descrição do Sistema Toyota de Produção, batizada como *Lean Manufacturing* por autores norte-americanos, todo o desenvolvimento do TQC — *Total Quality Control*, foi injustamente omitido. E é neles que estão os fundamentos do controle estatístico do processo, o método de resolução de problemas *QC-Story* e as ferramentas da qualidade.

O Quadro 2.1, a seguir, permite verificar a semelhança entre os métodos e como eles são apresentados com nomes diferentes para muitas vezes designar a mesma atividade.

Método	Ciclo de resolução de problemas	História de Kaizen	Solução prática de problemas	QC Storyline	Processo estruturado de solução de problemas
Autor	IMAI (1988)	IMAI (1996)	LIKER (2005)	SUGIURA E YAMADA (1995)	MANN (2015)
P	1. Definição do problema 2. Análise do problema	a. Escolher o problema b. Entender a situação atual	1. Percepção inicial do problema 2. Esclarecimento do problema 3. Localização da área/ponto da causa	1. Introdução 2. Seleção do tema 3. Análise do fato	1. Identificar e definir o problema 2. Isole o problema e tome outras ações curativas 3. Envolver as pessoas bem informadas apropriadas
	3. Identificação de causas 4. Planejamento de contramedidas	c. Coleta e análise de dados para identificação da causa-raiz d. Estabelecer contramedidas	4. 5 porquês: investigação da raiz do problema	4. Análise do fator (procura das causas) 5. Plano de ação	4. Conduza a análise de causa
D	5. Implantação	e. Implementar contramedidas	5. Solução	6. Ação corretiva	5. Implementar a solução da causa raiz

(continua)

(continuação)

Método	Ciclo de resolução de problemas	História de Kaizen	Solução prática de problemas	QC Storyline	Processo estruturado de solução de problemas
Autor	**IMAI (1988)**	**IMAI (1996)**	**LIKER (2005)**	**SUGIURA E YAMADA (1995)**	**MANN (2015)**
C	6. Confirmação do resultado	f. Confirmar os efeitos das contramedidas	6. Avaliação	7. Confirmação do efeito	6. Monitorar e...
A	7. Padronização	g. Estabelecer ou revisar padrões h. Analisar os dados acima e começar a trabalhar nas etapas seguintes	7. Padronização	8. Fixar o efeito 9. *Post-mortem* e revisão dos problemas não resolvidos 10. Planos para o futuro	... revisar a solução conforme indicado pelos dados de desempenho

QUADRO 2.1. Comparativo de Métodos de Solução de Problemas entre Autores de Lean e Kaizen

Capítulo 2: Processos de Resolução de Problemas   41

No Quadro 2.1 é possível verificar a sobreposição que acontece entre as etapas se a quantidade mínima delas cair para menos do que sete. Algumas das atividades teriam que ser inseridas na mesma etapa, o que afetaria sua distinção e caracterização, dificultando a compreensão. Entretanto, apesar dessas pequenas diferenças, a convergência metodológica é evidente na análise comparativa dos métodos listados. Isso ressalta a legitimidade do MASP como recurso para a resolução de problemas de maior gravidade.

A omissão da influência do TQC na literatura da manufatura enxuta soma-se à possibilidade de os asiáticos terem um grau distinto de raciocínio analítico. O que parece ser natural e óbvio para eles é capaz de não ser para os ocidentais. Apenas nesses aspectos tem-se um conjunto de motivos para os quais a abordagem sistemática não ter sido razoavelmente descrita na literatura ocidental.

Por isso, o potencial de replicação de uma abordagem altamente intuitiva para pessoas comuns se torna bastante limitada, como usavam Toyoda, Ohno e Shingo em suas visitas às fábricas. Não apenas no contexto ocidental, mas também nas empresas japonesas que implantaram o Sistema Toyota de Produção. As resistências vinham de todos os lados: engenheiros de produção, operários, diretoria, sindicatos e até mesmo dos pares de Ohno nas próprias unidades da Toyota. Embora quase sempre superadas, elas custavam algum contratempo.[7]

Mesmo um engenheiro de produção que se dedique por décadas, acumulando conhecimentos e experiências, jamais pode conseguir raciocinar dessa maneira profundamente intuitiva apenas observando e fazendo análises puramente mentais, então seria mais útil adotar um método analítico que possa servir de referência para o pensamento ou estruturação de um projeto de melhoria.[8] É preciso estruturar e padronizar um método de resolução de problemas fácil e barato de aprender, para que possa ser utilizado por todos, dos simples aos mais complexos no contexto da manufatura enxuta.

O fato é que a literatura da manufatura enxuta cita inúmeras soluções dadas pelos seus criadores e disseminadores, como exemplos de um raciocínio enxuto, mas sem se dedicar a uma descrição detalhada do método em si. Adicione-se a isso o fato de esses métodos apresentarem diferenças sutis em sua construção, variando de autor para autor, conforme já mencionado, o que pode dificultar ainda mais seu entendimento e a posterior aplicação.

Tais fatos acabam por frustrar os praticantes e estudiosos mais atentos, que precisam implantar a resolução de problemas na empresa e não conseguem encontrar uma descrição do que seja esse processo efetivamente. A releitura das obras sobre o TQC é fundamental para complementar o entendimento completo sobre o *lean*, e por melhor que seja, não oferece os recursos metodológicos necessários de modo completo para melhorar todos os aspectos relacionados à gestão do processo e do produto.[9]

42 Advanced Kaizen

Além do mais, os Círculos de Controle da Qualidade — CCQ, os Círculos de Kaizen e os Kaizens sistemáticos, realizados por líderes de equipe e de grupo, foram implantados desde o princípio do TQC na Toyota. São considerados essenciais para a criação de uma cultura de melhoria, para lidar com problemas que não podiam ser resolvidos por meio de uma intervenção rápida.[10] No caso desses últimos — os líderes de equipe e de grupo —, a resolução de problemas fazia parte de suas descrições de cargo, e eles deveriam apresentar projetos de melhoria a cada quatro meses.

A aplicação do conceito do ciclo PDCA como pano de fundo para a estruturação dos métodos é algo que existe por consenso. E não poderia ser diferente. O PDCA é uma das maiores contribuições conceituais da qualidade como disciplina para a gestão organizacional.

A Toyota adotou com profundidade os ensinamentos de W. Edwards Deming,[11] incluindo o ciclo de Shewhart. Esse conceito foi reinterpretado pelos japoneses, que criaram uma maneira mais fácil de compreendê-lo, criando o PDCA.[12] O PDCA é o conceito original da manufatura enxuta do Modelo Toyota e do Sistema Toyota de Produção. Além disso, ele se constitui dentro de um conceito universalmente aceito e já conhecido por uma quantidade significativa de profissionais.

Portanto, um método que se proponha a resolver problemas no contexto de manufatura enxuta deve não apenas derivar do PDCA, mas se desdobrar em outros PDCAs menores para compor seus passos. Com isso, há a estruturação do pensamento necessário para determinar um caminho efetivo, com alto potencial de sucesso. Esse método é sem dúvida o *QC-Story*, como será visto mais adiante. No entanto, a denominação *QC-Story*, embora muito citada na literatura devido ao seu caráter histórico, não teria como ser adotada no Brasil. A tradução literal soa sem sentido. Na obra de Ishikawa, o método é apresentado como "histórico da qualidade".[13] Imai disseminou a expressão *Kaizen Story*,[14] enquanto o tradutor de Kume preferiu manter a denominação japonesa, *QC-Story*.[15] Já Campos batizou de Método de Solução de Problemas — MSP.[16] Porém, o nome que realmente "pegou" e se tornou mais conhecido em nosso país é Método de Análise e Solução de Problemas — MASP.

Dessa forma, para compreender o sucesso do Sistema Toyota de Produção, fica claro que é preciso também considerar o papel do TQC na empresa e, portanto, também de suas técnicas de resolução de problemas. Contudo, pouco ou muito pouco sobre isso foi escrito, assim, a disseminação e aplicação de um roteiro para resolver problemas — um método — não é apenas uma questão de natureza metodológica, mas de aprendizagem também. A sequência de etapas precisa ser científica e lógica o bastante para ser consistente, bem como suas ferramentas constituintes, fáceis de aprender e usar.

2.2. A ESTRUTURAÇÃO DOS MÉTODOS DE RESOLUÇÃO DE PROBLEMAS

"Os métodos são as verdadeiras riquezas."

Friedrich Nietzsche

Para resolver um problema, o empreendimento do esforço de resolução pressupõe a adoção de um método, mesmo que não haja plena consciência disso. O método é uma sequência de etapas e passos, ordenados de uma forma coerente e consistente, para a obtenção do propósito final. Em uma resolução de problemas, o método pode ser não estruturado, estruturado ou semiestruturado.

O adjetivo "estruturado" diz respeito ao conteúdo e organização metodológica. Isso significa que o método ou ferramenta tem maior ou menor quantidade de regras, etapas e passos para serem aplicados.[17]

Os métodos não estruturados não contêm etapas pré-definidas e podem ser utilizadas em diferentes atividades para a obtenção do resultado desejado. Ao resolver um problema, a pessoa chega a ter dificuldade em descrever a forma como isso foi feito, uma vez que as etapas foram realizadas na medida do que se julga necessário. Em métodos não estruturados não há uso extensivo de coleta de dados, pois se isso acontece, provavelmente é porque o problema se mostra mais complexo do que inicialmente percebido, necessitando mais objetivação. Portanto, é o caso de uma estruturação metodológica mais robusta. O caminho natural seria a mudança para um degrau imediatamente superior, para um método semiestruturado.

Assim, métodos não estruturados se aplicam a problema simples, em que a resolução se dá pela aplicação de um conhecimento existente. Ou a problemas que podem ser resolvidos pelas mãos, órgãos dos sentidos e algum bom senso. Embora mais fáceis de serem ensinadas, incorporadas e praticadas, as abordagens não estruturadas se dedicam a alvos menos desafiadores, focados na atitude humana para pequenos incômodos na execução de tarefas. Em problemas de natureza complexa, eles não têm uma confiança adequada, pois não há como prever ou saber antecipadamente o que será feito, o tempo necessário, bem como se os esforços e custos envolvidos são justificáveis ou não.

Os métodos estruturados são compostos por uma grande sequência de etapas e subetapas, fora as ferramentas que podem ser aplicadas repetidamente para a resolução de problemas de natureza semelhante.[18] A estruturação transfere confiança, pois os caminhos metodológicos são esclarecidos antecipadamente.

Além disso, os resultados anteriores legitimam o método estruturado como alternativa metodológica válida. Assim, o método estruturado tende a ser mais confiável em problemas complexos e com grande número de variáveis envolvidas do que o não estruturado. No entanto, exige a realização de muitas tarefas e atividades para a obtenção de confiabilidade e efetividade.

Já os métodos semiestruturados são aqueles que se posicionam de maneira intermediária, com algumas regras, etapas e ferramentas com algum grau de sofisticação. A existência de um conjunto de regras mínimas ocasiona maior liberdade para escolha de como o problema será resolvido em termos de sequência de atividades e ferramentas. Essa menor rigidez metodológica precisa ser compensada pela atitude e organização do usuário. Sem isso, o método semiestruturado se torna frágil. E mesmo que seus passos sejam seguidos, o resultado pode não acontecer como desejado. A vantagem desse tipo de método é sua simplicidade, o que facilita a aprendizagem e construção de formulários de acompanhamento e registro.

ASPECTO \ MÉTODO	Método não estruturado	Método semiestruturado	Método estruturado
Quantidade de etapas	2 a 4	6 a 8	7 a 14
Quantidade de subetapas	0	6 a 12	25 a 30
Tipo de problemas	Simples	Normal	Complexo
Duração da aplicação	Horas	Dias	Meses
Uso de dados	Muito pouco	Pouco	Alto
Confiabilidade para problemas complexos	Muito baixa	Baixa	Alta
Uso de ferramentas	1 a 2	2 a 5	5 a 15
Impacto	Baixo	Baixo/Médio	Muito alto
Treinamento — horas	2 a 4	4 a 8	16 a 40[19]
Exemplos	Ver e agir	Ação corretiva típica A3	MASP DMAIC/6 Sigma Shainin

QUADRO 2.2. Análise Comparativa de Estruturação de Métodos de Resolução de Problemas

A questão da estruturação do método está diretamente relacionada com a complexidade do problema a ser resolvido. Quanto mais complexo for o problema, mais estruturado deve ser o método de resolução.

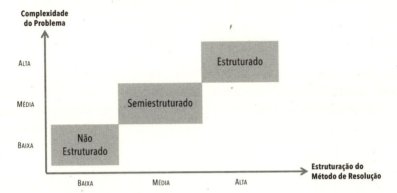

FIGURA 2.2. Relação entre Estruturação do Método e Complexidade do Problema

Uma alta complexidade do problema significa:

- Não existe compreensão prévia das regras que regem o comportamento do problema.
- As causas são em grandes quantidades.
- As causas e soluções são desconhecidas.
- As causas e soluções não podem ser facilmente identificadas por meio de simples observação.
- Tentativas malsucedidas de soluções que já foram feitas.
- As pessoas se sentem impotentes para resolver o problema.

Logo de início, é comum não se conhecer o grau de complexidade de um problema. Assim, o mais sensato seria tentar resolvê-lo por métodos menos estruturados, para depois ir adotando novas abordagens à medida que esses se mostrarem ineficazes.

No entanto, se há noção de que o problema é complexo, então as abordagens estruturadas devem ser adotadas de primeira, evitando mais perda de tempo junto das novas armadilhas da subjetividade e da intuição. Elas são típicas dos caminhos tortuosos da falta de sistematização não estruturada.

É preciso esclarecer que o contexto ou ambiente de aplicação pode conter outras abordagens para um olhar mais completo e abrangente. Além dos tipos de estruturação já descritos, a Figura 2.3 apresenta outros dois tipos particulares de estruturação: a normativa e orgânica.

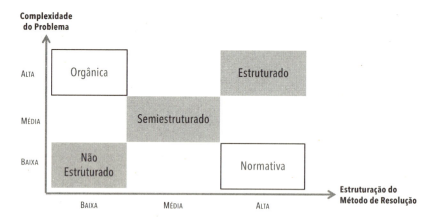

FIGURA 2.3. Estruturação Orgânica e Normativa

Uma estruturação normativa para tratar problemas acontece quando o processo de resolução precisa ser bem estruturado, mesmo diante da baixa complexidade do problema. Isso ocorre em situações de alto risco, no momento que existe potencial de impacto negativo em termos de vidas ou recursos. E também em ambientes altamente regulamentados. Dessa forma, mesmo as soluções aparentemente simples precisam ser validadas de maneira criteriosa para obter plena certeza de sua eficácia e de que não trarão consequências negativas caso sejam adotadas. Um exemplo é a definição de novos procedimentos para resolver reclamações de clientes ou melhorar a qualidade de um produto. A padronização das atividades é o melhor caminho metodológico para que novos processos se tornem estabelecidos, visando reduzir a incidência desses problemas e melhorar o desempenho do processo como um todo. Casos típicos da estruturação normativa também acontecem no ambiente público, onde a presença de regras formais impõe um elevado grau de conformidade. Isso faz com que mesmo os processos simples demandem um longo tempo para serem implantados.

A estruturação orgânica se refere a um método para resolução de problemas de alta complexidade, porém realizada com baixo nível de rigor na estruturação metodológica. Esse tipo de abordagem ocorre quando seus componentes são discutidos todos ao mesmo tempo, sem um ordenamento metodológico claro,[20] incluindo as causas, consequências, os impactos e as soluções. O processo de resolução acontece por meio do debate entre as pessoas envolvidas, buscando um equilíbrio entre as partes pela busca de uma solução consensual para a obtenção do maior resultado possível. Tais discussões são típicas do ambiente político ou estratégico. Os aspectos técnicos são apenas uns dos elementos considerados na análise, e até ignorados frequentemente diante de disputas de poder, barganhas e outras prioridades destinadas a harmonizar as relações entre os envolvidos. O ambiente social exige uma dinâmica de participação e construção de entendimento e consenso, cuja evolução acontece no decorrer do próprio debate, embora amparada metodologicamente. Dados e informações concretas são minimamente apresentados e analisados. O resultado pode ainda ser uma solução distante do ideal e não otimizada, mesmo que aceita pelo grupo envolvido.

Como os problemas são de todos os tipos, o correto seria que uma organização tivesse vários métodos de resolução à sua disposição, dos menos aos mais estruturados. Assim, há o emprego daquele mais adequado para cada tipo de problema. Essa riqueza metodológica possibilita alternativas que se ajustam melhor à natureza dos problemas, acarretando um processo mais harmonioso no processo de melhoria. Por outro lado, a tentativa de usar uma estruturação errada pode ocasionar um desajuste com consequente perda de tempo, desentendimentos, discussões intermináveis, frustração e insucesso, evidentemente.

Com relação à manufatura enxuta, os métodos de resolução mais poderosos são derivados do PDCA, pois têm maior ou menor grau de estruturação, que podem variar segundo o autor ou até mesmo dentro de uma mesma obra.[21] Ohno reconhece a existência de tipos de Kaizens que começam pelas operações manuais e passam pelo equipamento até chegar ao processo.[22] Isso reflete os diferentes graus de estruturação desenhados ao longo dos anos e dos diferentes estudiosos. Evidentemente, as ocorrências não ajudam a compreender a rotina de passos metodológicos para chegar a um mesmo tipo de resultado e nem a mentalidade estruturada que está por trás de cada um. Logo, o ponto comum nos diferentes métodos é o conceito do PDCA. Assim, qualquer método utilizado é assimilado de forma eficaz quando bem compreendido.

Mudança do método de resolução

Mudanças do método durante a resolução de problemas não são apenas necessárias, mas também desejáveis. É preciso reconhecer a limitação do método que está sendo utilizado após tentativas malsucedidas, ao invés de insistir com ele. Infelizmente não é o que ocorre,[23] e isso ocasiona perda de tempo e agravamento do problema.

Evidentemente, é melhor acertar da primeira vez, definindo a *priori* o método para o problema em questão. Porém, se isso não ocorre, a melhor alternativa é trocar de método. Esse artifício deveria ser mais considerado no processo de resolução de problemas, pois representa uma postura estratégica frente às novas condições que se apresentam durante o Kaizen. Ou seja, trocar de método quase sempre significa adotar um mais poderoso, elevando o grau de estruturação metodológica por meio do emprego de um método mais estruturado, como o MASP. Além disso, a estratégia pode incluir o encaminhamento do problema para uma discussão e resolução pela liderança. Ainda mais se as variáveis tiverem uma natureza estratégica ou potencial de impacto relevante.

A mudança de método pode acarretar a transferência do problema para pessoas ou equipes diferentes, que são mais capacitadas do ponto de vista metodológico, instrumental e de poder de decisão. Isso se deve ao fato de que cada quadrante tem os atores organizacionais típicos, que por algum motivo ocupam aquele espaço metodológico. No entanto, se um ou mais dos quadrantes não estiver ocupado, o que significa estar definido e organizado para ser considerado como alternativa metodológica, a empresa tem poucos métodos de resolução. Isso provoca desajustes que se refletirão em dificuldades de conduzir o processo de resolução com insucessos fatais.

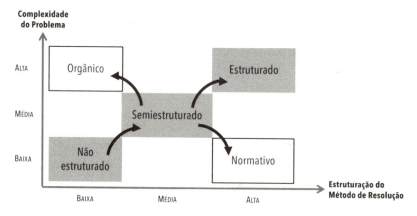

FIGURA 2.4. Movimentos de Mudança de Método

Exemplo de evolução no processo de resolução de um problema

Momento 1: Fase não estruturada

Um problema acontece em uma determinada área ou processo da empresa. O funcionário tentou resolver a situação. Depois de algumas tentativas malsucedidas, ele chama um responsável, supervisor ou encarregado, que dá novas orientações ou faz uma intervenção no processo, procurando restabelecer a condição normal.

Um suporte técnico — engenheiro, analista ou outro profissional especializado — é chamado para intervir. Uma solução paliativa ou ação de contenção do problema em uma etapa mais à frente é estabelecida para impedir que o problema avance, porém ele continua acontecendo, e os indicadores demonstram isso. Nada parece funcionar. Com o tempo, ele se torna crônico, e a empresa já convive com ele normalmente, inclusive absorvendo o Custo de Não Conformidade decorrente.[24]

Momento 2: Fase semiestruturada

Ao saber do problema, o responsável pela gestão da qualidade abre uma solicitação de ação corretiva. O formulário típico contém cerca de 6 a 10 etapas que compreendem atividades tais como:

1. Identificação do problema.
2. Ação de contenção ou de bloqueio.
3. Ação de correção sobre o efeito.
4. Análise das causas.
5. Definição da causa raiz.
6. Plano de ação.
7. Padronização da solução.
8. Verificação da eficácia das ações.
9. Aprovação/encerramento da ação.

O formulário é enviado para o responsável da área onde o problema acontece. Ele já havia tentado resolver o problema antes. O recebimento da solicitação da ação corretiva é visto como uma ameaça, e seu recebimento incomoda mais do que o problema em si. O responsável chama algumas pessoas para ajudar a execução da ação corretiva.

O processo de ação corretiva, instrumentalizada pelo formulário, não especifica quais ferramentas devem ser usadas e nem se os dados devem ser coletados. A análise é subjetiva, e a causa é determinada em consenso. Não há confirmação para validar a conclusão do grupo para uma ação ser determinada e executada. O problema melhora ligeiramente. O processo é dado como eficaz e encerrado.

Semanas depois, o problema reaparece e os indicadores voltam a piorar. O problema é redescoberto — por exemplo, em uma auditoria —, e o assunto volta à pauta do dia. As pessoas ficam irritadas ao ter o insucesso revelado publicamente. Uma nova solicitação de ação corretiva é aberta. Uma pequena confusão com uma movimentação se instala. Mexem aqui, mexem ali, mas as prioridades do dia a dia acabam por retirar as pessoas do trabalho de reanalisar o problema com mais profundidade. A ação corretiva da auditoria é fechada e enviada para a certificadora.

As estruturas, os processos e os recursos de convivência do problema são novamente instalados, e lembranças nas gerências sobre o problema acontecem nas reuniões de área. Planos de ação imediatos são solicitados. Eles são preparados às pressas e apresentados para a diretoria, que não muito depois esquece de sua existência diante de tantas outras prioridades. A gerência e os responsáveis pelos processos também. O problema parece ter desaparecido. Todos rezam para que isso seja verdade, mas ele continua lá.

Momento 3: Fase estruturada

Após meses ou mesmo anos de convivência com o problema, alguém finalmente decide tratá-lo de forma mais séria. O problema é escolhido para ser resolvido por uma equipe de melhoria contínua, devidamente treinada em métodos e ferramentas de solução de problemas, como o MASP.

O grupo começa fazendo a observação atenta no local onde o problema acontece nas mesmas condições em que ele aparece. Um processo sistemático, analítico e objetivo é adotado logo de início, e dados confirmatórios são coletados para comprovar as causas suspeitas.

O processo se repete até que duas ou três causas principais são descobertas, dentre as quais, uma em particular tem um elevado grau de correlação com o problema. Mesmo depois de descobrir essas causas, elas são testadas e confirmadas.

Ações são planejadas, aprovadas, compartilhadas, tomadas e acompanhadas. O resultado supera a expectativa inicial. Os processos são padronizados para que funcionem de forma a evitar a reincidência. Novos resultados que confirmam a estabilidade do processo são coletados. Os ganhos são medidos, calculados e enormes. Existe um ganho maior: o aprendizado obtido, que é um bem intangível, mas que não pode ser ignorado.

Casos como esse são relatados sobre a melhoria contínua à profusão nos anais de congressos, convenções e encontros, internos e externos. E essas pessoas parecem dotadas de onipotência ou têm uma crença insana em sua capacidade de acertar na primeira vez. Porque os problemas persistentes e reincidentes inundam o ambiente organizacional, e muito pouco se faz para combatê-los.

Métodos genéricos e específicos

Além do grau de estruturação, os métodos de resolução podem ter outra tipologia que depende de seu grau de especificidade. Métodos também podem ser específicos para um tipo de problema, se constituindo em procedimentos e rotinas de instrução, como consertar o motor de um carro, por exemplo. A vantagem de um método específico é extremamente fácil de ser reproduzido, desde que se esteja na mesma situação, pois até as ferramentas são indicadas em cada tarefa do processo. Já o lado negativo é que essa rotina só se aplica a esse tipo de problema. Portanto, quanto mais específico, mais limitado é seu uso. Se um mecânico sabe consertar o motor de um único modelo de veículo, ele não conseguirá fazê-lo quando estiver diante de um motor de outro fabricante.

Os manuais e procedimentos contêm rotinas específicas para tratar certos assuntos e que não podem ser facilmente transpostos para outras situações a não ser que contenham uma linguagem e abordagem comum, tornando-se, dessa forma, genéricos.

Capítulo 2: Processos de Resolução de Problemas   51

Logo, os métodos se tornam mais úteis à medida que são genéricos, podendo ser aplicados em diversas situações. Evidentemente, quanto mais genérico o método, maior sua abrangência na aplicação, sendo menor sua especificidade. Assim, o método genérico ganha em capacidade de aplicação, mas perde em especificidade, pois não consegue ser tão preciso na indicação de ferramentas necessárias.

Usando o caso mencionado anteriormente do conserto do motor, um procedimento genérico poderia ser elaborado para o conserto de todos os tipos de motores a combustão, quatro cilindros, carburados e com ignição por bobina e distribuidor. Nesse caso, o método faria menção aos elementos comuns a todos os tipos, sendo específico apenas eventualmente, quando houver pequenas variações nos modelos de motores que requeiram alguma instrução particular.

O MASP — Método de Análise e Solução de Problemas é um método estruturado e genérico, pois pode ser empregado da forma que está em problemas complexos, geralmente de natureza técnica. No entanto, pequenas mudanças podem ser feitas para que haja ajustes melhores em alguns contextos específicos, possibilitando uma compreensão mais fácil, além de uma aplicação mais consistente e rápida.

Os ajustes podem ser feitos nas suas etapas, nas subetapas ou nas ferramentas adotadas, acrescentando ou alterando esses elementos básicos. Os casos típicos são discutidos mais adiante.

2.3.   AS ABORDAGENS RESOLUTIVAS

"Não há só um método para estudar as coisas."

Aristóteles, filósofo grego

Existem diversas formas de resolver um mesmo problema. Basta observar uma reunião entre várias pessoas para constatar que para um mesmo problema, cada participante propõe algo a mais do que apenas outra ideia. Cada forma de abordar um problema contém uma tratativa que pode ser diferente em sua essência.

As estratégias paliativas não serão tratadas aqui, porque evitam ou contornam problemas, e nem aquelas que apenas minimizam consequências em impactos, embora sejam alternativas a serem consideradas no meio gerencial.

Tanto em gestão da qualidade quanto na manufatura enxuta, as pessoas devem enfrentar os problemas, procurando sua eliminação ou redução. As formas de resolver um problema caracterizam as abordagens resolutivas. Uma abordagem significa que um determinado estilo está sendo empregado. E ele é mutuamente exclusivo, ou seja, se um estilo é escolhido, os demais são preteridos, pelo menos enquanto se permanece naquela abordagem. A mudança de abordagem caracteriza uma dinâmica, o que é normal e desejável na resolução de problemas, pois enriquece os processos mentais envolvidos e aumenta as chances de chegar a uma solução ótima.

Segundo o modelo que será apresentado, as categorias básicas para classificar métodos para resolver problemas dependem de duas variáveis: o estilo de análise e o de tomada de decisão. Análise e decisão são processos mentais que reconhecidamente compõem e se alternam durante a resolução de problemas.[25] Cada qual tem dois estilos distintos e opostos:

- **Análise:** pode ser subjetiva, objetiva ou algo entre essas duas características.
- **Tomada de decisão:** pode ser sensorial, racional ou também algo posicionado entre essas duas características.

As variáveis citadas não se constituem em estados ou condições puras e não são mutuamente exclusivas. São eixos em que um estilo se dirige mais ou menos em direção a um lado ou outro, adquirindo diferentes graus de um extremo ou de outro.[26] A combinação dessas quatro possibilidades é o que forma as abordagens resolutivas.

Além disso, a análise tende a ser um processo de expansão de ideias, pois ela se torna melhor à medida que mais alternativas são consideradas. Já a tomada de decisão é um fenômeno oposto, de síntese, pois se trata de uma escolha dentre as alternativas, buscando convergência sobre aquela que seria a melhor.

Análise subjetiva *versus* Análise objetiva

A análise do problema, suas causas, consequências, e tudo mais que o envolve, pode ser feita de maneira subjetiva ou objetiva.

A análise subjetiva é baseada em interpretações humanas. A coleta de dados para uma análise subjetiva é feita conversando com as pessoas, levantando impressões e opiniões que possam ser relevantes. Dessa forma, uma análise subjetiva pode necessitar de confirmações e verificações para prover uma confiança apenas razoável, mas tem a vantagem de poder ser feita de forma muito rápida, até mesmo sem contato direto com o local do problema. No entanto, ela pode sofrer as influências das idiossincrasias, do comportamento, dos temores, dos interesses pessoais, do momento, do contexto global, dos filtros e da interação social. Enfim, uma série de condições humanas presentes no momento da análise.

Exemplos de análise de natureza subjetiva: análise de mensagens publicitárias, estilos de roupas etc.

ANÁLISE
Subjetiva ←————————————→ Objetiva

FIGURA 2.5. Estilos Extremos de Análise

Já a análise objetiva deixa de lado as opiniões para escutar o problema em si. Isso se faz por meio da coleta de fatos, evidências e dados de seus componentes. É preciso ir ao local e observá-lo de perto. Algumas informações só podem ser obtidas por meio de medições, e para isso pode ser necessário o emprego de instrumentos confiáveis. Dessa forma, uma análise objetiva tende a ser mais precisa. Porém, os recursos necessários podem não estar disponíveis, as variáveis podem não ser mensuráveis e a mensuração em si pode demandar tempo.

Exemplos de análise objetiva: análises feitas a partir de resultados de medição realizados sobre peças, resultados de exames de sangue de um paciente, leitura de um termômetro etc.

Uma análise pode estar em um ponto entre esses dois extremos,[27] tipificando uma maneira mais ou menos objetiva ou subjetiva de analisar uma situação. Ela se torna mais objetiva à medida que inserimos dados, evidências e informação concreta. Isso é o que define um processo de objetivação. Pode também se tornar mais subjetiva à medida que priorizamos opiniões e interpretações humanas, caracterizando um processo de subjetivação.

Tomada de decisão sensorial *versus* Tomada de decisão racional

Para realizar um processo de mudança, não é suficiente apenas analisar, como acontece na resolução de problemas. É preciso também acrescentar os processos de tomada de decisão para que as escolhas sejam feitas entre as alternativas existentes.

FIGURA 2.6. Estilos Extremos de Tomada de Decisão

54 Advanced Kaizen

No processo de resolução de problemas, muitas decisões são tomadas envolvendo causas, soluções, caminhos e outras partes de natureza operacional. As decisões podem ser sensoriais ou racionais.

As decisões sensoriais são aquelas que acontecem por meio do simples estímulo dos sentidos. Os seres humanos têm cinco sentidos básicos: audição, visão, tato, olfato e paladar. Decisões sensoriais se baseiam na simples comparação da percepção com um padrão de referência estabelecido pela experiência, intuição ou pelo conhecimento. A título de exemplo, a percepção pode ser algo que tenhamos ouvido, como a opinião de um especialista, ou visto, como uma recomendação lida na internet. Essa percepção será mentalmente comparada com aquilo que houver na memória. Na falta desta, pela sensação positiva ou negativa que nos leva a decidir por isto ou aquilo. A decisão tomada seguirá aquilo que parecer mais certo ou o que parecer menos errado. Como analogia bastante familiar, as decisões sensoriais acontecem frequentemente ao comprar um produto em uma loja, devido ao contato com o ambiente e os vendedores. O vendedor deseja fazer com que você compre, e para isso, ele usará a maior quantidade de estímulos sensoriais. Por exemplo, se fosse em uma loja de ar-condicionado, haveria elogios ao produto e uma bela embalagem. Existem lojas que perfumam o ambiente para estimular vendas. Fabricantes de automóveis estão atentos quanto ao cheiro de carro novo, sendo um potencial para influenciar na decisão de compra. Carros usados são sempre lavados antes da venda para parecerem melhores do que realmente são. Enfim, nossa vida está repleta de situações em que os recursos sensoriais estão sendo usados para influenciar nossa decisão.

Outros exemplos de decisões sensoriais: decidir pela compra de um carro baseado em uma opinião de alguém; escolher um candidato devido à sua boa aparência; promoções em lojas.

Já as decisões racionais se baseiam nas razões e nos motivos que justificam esta ou aquela escolha. A comparação não é feita com base nas experiências anteriores, e nem na intuição, mas na comparação dos atributos de cada alternativa. Para tomar uma boa decisão racional, é preciso que a alternativa escolhida vença as demais na maioria dos critérios de decisão, podendo ser até mesmo aquela que contraria a intuição ou a opinião alheia. Em uma decisão racional, os porquês são claros, podendo ser justificados por argumentos que fazem todo o sentido para o decisor. Além disso, as decisões racionais tendem a maximizar os ganhos e minimizar os esforços necessários para adotar uma escolha. Em um contexto de manufatura enxuta, esses ganhos e esforços estão relacionados à competitividade da empresa e ao sucesso do negócio.

Da mesma forma que a análise, os estilos de tomada de decisão não são mutuamente exclusivos. Ambos os estilos podem estar presentes para influenciar a decisão na tomada, podendo ocupar uma posição intermediária no eixo, sendo, portanto, mais ou menos sensorial ou racional.

O modelo das abordagens resolutivas

A combinação dessas duas variáveis — análise e tomada de decisão — formam um modelo de matriz 2 x 2 com dois eixos perpendiculares, denominado de "abordagens resolutivas". O propósito desse modelo é servir de *framework* para categorizar e posicionar cada tipo de método em um dos quatro quadrantes possíveis, segundo sua natureza intrínseca. A matriz 2 x 2 é uma ferramenta simples de compreender e possibilitará a visão muito clara de cada método, bem como as dinâmicas envolvidas nos processos de solução de problemas.[28]

Basicamente, as abordagens podem ser de quatro tipos, conforme mostrado na Figura 2.7.

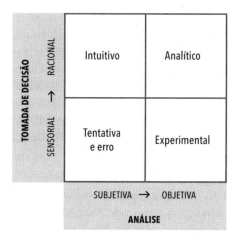

FIGURA 2.7. As Abordagens Resolutivas

Abordagem tentativa e erro (análise subjetiva e tomada de decisão sensorial)

Durante a análise, o indivíduo considera apenas aquilo que ouve, vê, cheira e sente. Enfim, esses estímulos são interpretados formando julgamentos, alternativas e reações, segundo critérios próprios.

A alternativa normalmente escolhida é aquela que foi a comparativamente melhor dentre as ouvidas. Ou aquelas que ainda não foram tentadas. Não há uma avaliação profunda nas razões para a tomada de decisão, mas uma confiança naquilo que se percebe como sendo certo, pois "alguém disse que funciona". Se não funcionar, tenta-se uma alternativa, e outra após outra, até que sejam esgotadas.

Frases típicas proferidas pelas pessoas que usam esta abordagem:

- *"Você devia tentar isso" ou "Vou tentar isso".*
- *"Tente isso e veja o que dá."*
- *"Eu acho que..."*
- *"Sinto que..."*
- *"Com certeza funciona."*
- *"Eu vi que estava assim, então eu..."*

Trata-se de uma abordagem muito rápida que serve para problemas pequenos e de baixo impacto, pois acontecem em uma infinidade de situações simples e corriqueiras no dia a dia. Por exemplo: colocar sal na comida, se vestir na frente do espelho, passar um móvel grande por uma porta, ajustar o volume da música ambiente, ajustar um equipamento mecânico etc.

A abordagem de tentativa e erro envolve riscos, já que os problemas nem sempre podem ser resolvidos apenas por respostas sensoriais. Em outras situações, como aquelas que envolvem riscos elevados ou questões éticas, como o experimento humano, essa abordagem não pode ser empregada. Os riscos devem ser mínimos e aceitáveis quando houver, porque essa abordagem só deveria ser empregada em problemas pequenos, de pouco impacto, que exigissem uma resposta tão imediata a ponto de se ignorar alternativas ou consequências.[29]

Abordagem intuitiva (análise subjetiva com tomada de decisão racional)

O indivíduo, que é uma pessoa com certo grau de experiência, capta algumas poucas informações para buscar as respostas às situações semelhantes em seu banco de dados mental. Se não as tem, ele articula mentalmente as diferenças entre uma situação e outra, procurando responder onde e por que aquilo é diferente e também qual é a saída que satisfaz seus critérios pessoais. Explicações, deduções e conclusões são traçadas mentalmente,[30] por isso, a intuição é também chamada de percepção extrassensorial, pois os elementos de análise estão predominantemente no cérebro, alimentados pela memória.

As alternativas escolhidas são aquelas que o indivíduo sabe que realmente são as melhores, ou tem motivos para acreditar nisso, embora nem sempre consiga explicar como chegou a essa conclusão. É um processo que acontece no intelecto da pessoa.

Frases típicas proferidas pelas pessoas que usam esta abordagem:

- *"Minha experiência diz que..."*
- *"Isso tem/não tem lógica porque..."*
- *"Já vi isso. Devemos fazer..."*
- *"Deixe-me pensar..."*
- *"Faça isso que funciona."*
- *"Fale mais..."*

É uma abordagem mais ou menos rápida, difícil de ser ensinada e aprendida. Quando se trata de problemas mais complexos, seu potencial de aplicação está restrito a um grupo menor de pessoas, que acumularam conhecimentos e experiências a tal ponto de darem soluções "de cabeça". Assim, usam seu raciocínio com algum esforço mental ou mesmo nenhum, dependendo da capacidade intuitiva da pessoa.

Mesmo que as decisões tenham sido aparentemente lógicas, racionais e fundamentadas na experiência do passado, elas contêm alguns riscos inerentes. Os problemas variam em sua natureza, novas condições são inseridas em problemas aparentemente semelhantes. Isso se dá porque o ser humano não é perfeito. Seu raciocínio e suas experiências são limitados, e por isso nunca alcançam uma racionalidade objetiva,[31] sobretudo em um contexto de permanente mudança social e tecnológica, quando não há referências anteriores e nem uma aparente lógica. Existe ainda o fato de a solução ser de difícil convencimento, pois a lógica intuitiva é pessoal, misteriosa, pouco estruturada e até por vezes sem sentido. Além disso, o intuitivo tende a acreditar demasiadamente em seu julgamento, dando abertura para crenças e superstições nas decisões tomadas.[32]

Conforme constatou Womack — o homem que acendeu a luz do Sistema Toyota de Produção ao mundo —, "[...] os gerentes tentarão qualquer coisa fácil que não funciona antes de tentar alguma coisa difícil, mas que funciona".[33] No entanto, o problema é quando a "coisa difícil" e cara também não funciona! Ohno faz muitos alertas sobre os riscos e perigos para as soluções prontas e condições impostas para que algo funcione bem, como automação, robôs, máquinas novas etc.

Abordagem experimental (análise objetiva e tomada de decisão sensorial)

A análise é baseada em evidências, dados concretos, mas o indivíduo precisa ver para crer na decisão. Para isso, é preciso construir um experimento ou simulação que realmente comprove a funcionalidade da escolha. A alternativa é válida após ser testada para ter sua eficácia comprovada. Antes da realização do experimento, o resultado é previsto e explicado por uma conjectura

58 Advanced Kaizen

absolutamente plausível e aceitável. Recursos precisam ser mobilizados, e a quantidade de experimentos é normalmente reduzida ao mínimo para que não haja desperdício.

A escolha ou descoberta é feita com base nos resultados comprovados por dados concretos. O experimento pode ser reproduzido, e o resultado deve ser o mesmo a cada nova experimentação. Por vezes, a compreensão completa do resultado pode acontecer apenas depois que o experimento é concluído, os resultados são coletados e a explicação é construída ou revisada.

Frases típicas proferidas pelas pessoas que usam essa abordagem:

- *"Se fizermos... então deve acontecer..."*
- *"A combinação disso e disso deve... que levará a..."*
- *"Vamos experimentar primeiro."*
- *"O que aconteceria se..."*
- *"Tenho que ver para crer"*

A abordagem experimental é muito eficaz, apesar de não muito rápida e nem tampouco barata. Entretanto, suas conclusões costumam ser definitivas. A experimentação contém raízes no empirismo inglês. Em termos de método, seu maior defensor provavelmente é Dorian Shainin, que desenvolveu o método Shainin de resolução de problemas, um método essencialmente de natureza experimental. Embora tenha sido criticado por não publicar seu método, Shainin afirma que seu método poupa e não consome mais tempo,[34] se considerarmos o tempo convivência e os insucessos seguidos.

Abordagem analítica (análise objetiva e tomada de decisão racional)

Trata-se de um processo investigativo, realizado por meio da coleta e análise de evidências para elaborar hipóteses plausíveis que precisam ser comprovadas em primeiro lugar. Nele, as opiniões servem apenas como ponto de partida, pois a análise compreende evidências concretas na forma de fatos e dados, e o indivíduo decide apenas se houver uma lógica consistente e convincente para amparar as decisões. Isso acontece quando os porquês estão claros e devidamente comprovados por meio de fatos verificados ou medições.

Frases típicas proferidas pelas pessoas que usam essa abordagem:

- *"Onde estão os dados que comprovam isso?"*
- *"Vamos coletar dados."*
- *"Faltam evidências..."*
- *"Temos que descobrir o que aconteceu."*

A abordagem analítica tende a ser mais eficaz, pois é derivada da metodologia científica. Nesse caso, ela realiza o passo a passo do processo de forma muito consistente e sempre com base em evidências concretas (fatos, dados e evidências). Pode parecer ser lento seguir esses passos, mas enquanto nas demais abordagens normalmente se executam vários ciclos para obtenção de um resultado satisfatório, esta é a abordagem que menos se repete durante a resolução do mesmo problema, pois tende a ser mais efetiva para problemas nos quais ela é aplicada, que são os de natureza mais complexa.

Dinâmica na resolução de problemas: caminho real e ideal

É possível visualizar e compreender a dinâmica dos problemas recorrentes por este modelo, bem como o caminho metodológico consistente para aproveitamento do potencial de cada abordagem e resolução dos problemas de forma mais efetiva.

Não há abordagem certa ou errada. Todas podem e devem ser consideradas para a melhoria. O que determina a escolha da abordagem é:

- O grau de complexidade do problema.
- O tempo disponível para conduzir a melhoria ou a mudança.
- O grau de aceitação dos impactos decorrentes dos erros.
- O grau de conhecimento necessário para definir uma ação.
- A disponibilidade de recursos para empreender experimentos e melhorias.
- O grau de competência das pessoas ou das equipes.

No entanto, a resolução de um problema deveria considerar a mudança de abordagem se a anterior não for bem-sucedida, o que raramente ocorre na vida real.

Após as frustrações de resolver por tentativa e erro, os problemas são encaminhados aos especialistas, que usam seu conhecimento e sua experiência para resolvê-los. Contudo, os problemas complexos exigem mais informação objetiva, assim, o correto seria partir para o quadrante analítico. Mas o que acaba acontecendo é o retorno à tentativa e erro, e nem sempre com um grupo maior de alternativas. Isso se tornou um vício nas empresas atualmente, visto que explicam os insucessos na tratativa de problemas reincidentes.

Um caminho metodológico consistente partiria da tentativa e erro, que é o meio mais rápido de resolver o problema. Diante do fracasso, o problema seria encaminhado aos especialistas para a aplicação de conhecimento, experiência e alta capacidade de raciocínio. Se essa abordagem não funcionasse, a equipe poderia planejar e realizar um experimento para descobrir situações específicas, como isolar o local ou mesmo identificar o ponto exato da causa. No entanto, talvez não seja possível fazer um experimento, pois eles dependem de uma grande mobilização. Dessa maneira, os processos podem parar e depender de recursos consideráveis para serem realizados. Então, nesse caso, o próximo passo é adotar uma abordagem analítica, onde se concentram os recursos metodológicos mais poderosos e com elevado poder resolutivo.

FIGURA 2.8. Vício na Resolução de Problemas

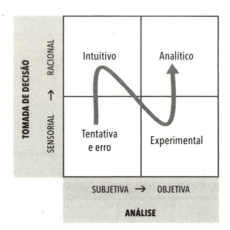

FIGURA 2.9. Dinâmica de Múltiplas Abordagens

É possível posicionar as estratégias de resolução de problemas existentes na manufatura enxuta e nas áreas convergentes de gestão da qualidade ao compreender o modelo. Por exemplo, o Método de Análise e Solução de Problemas — MASP.

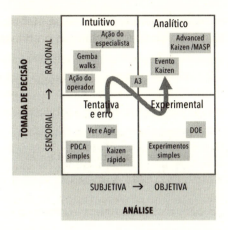

FIGURA 2.10. As Abordagens de alguns Métodos de Resolução de Problemas.

O modelo das abordagens resolutivas é uma estrutura útil para compreender onde se posicionam os Métodos de Resolução de Problemas, bem como as reações naturais e situações típicas para ajudar a definir o caminho metodológico, se os problemas forem persistentes. Os métodos e técnicas se posicionam nos quadrantes segundo sua natureza. O posicionamento não tem intenção de julgar a qualidade ou o mérito de cada método e nem pretende ser preciso em sua localização dentro dos quadrantes. Trata-se apenas de uma indicação, visando facilitar a compreensão da natureza desses métodos. Portanto, há o reconhecimento de sua natureza, suas características intrínsecas, seus usos, suas limitações e os riscos que cada um oferece ao ser escolhido como estratégia para solucionar um problema.

Nos quadrantes estão indicadas algumas intervenções — não estruturadas, semiestruturadas e estruturadas — referentes às técnicas e aos métodos para realizar melhorias na redução de perdas e desperdícios. A ilustração contempla os seguintes procedimentos:

- **Ação do operador:** intervenções realizadas em sequência para superar alguma dificuldade. É baseada apenas no conhecimento do trabalho. Em caso de insucesso, ele tenta até atingir seu próprio limite e esgotar as alternativas. E há interrupção da atividade (eventualmente sinalizar o posto — *andon*) para somente ter solicitação de ajuda. É aprendida no próprio trabalho no dia a dia.

    Exemplos: ajustar uma máquina, alterar uma tarefa, atender a um cliente.

- **PDCA simples:** melhoria informal feita a partir de alguma ideia, com um pouco de planejamento, sem formalização. Sua ação se fundamenta sobretudo nas atitudes do dia a dia a partir do conhecimento básico do conceito do PDCA. Essa ação não precisa ser necessariamente registrada,

62 Advanced Kaizen

e o resultado pode ser apenas perceptível aos olhos. Esse tipo de exercício também pode ser denominado como Kaizen orientado para a pessoa.[35]

Exemplos: fazer um conserto de um equipamento, realizar um pequeno evento, receber uma visita, fazer algo que há muito tempo não é feito, fazer algo simples, porém pela primeira e única vez.

- **Ver e agir:** é uma ação deliberada sobre um problema simples, fácil de compreender e que pode ser facilmente resolvido. É baseada na prontidão, na experiência e no bom senso. Também pode ser aprendida e praticada por qualquer pessoa, mesmo de nível operacional, para aplicação direta no local de trabalho, ou seja, no *gemba*. Aplica-se a problemas cujas causas e soluções sejam conhecidas ou facilmente identificadas. Sua aplicação pode ser informal ou formal, usando um formulário simples para registro. Qualquer sistema que estimula a apresentação de sugestões é basicamente um processo de ver e agir.[36]

Exemplos: pegar algo no chão, avisar um colega para colocar o EPI, socorrer alguém, alertar a segurança sobre um incidente, propor uma alteração em um procedimento.

- **Kaizen básico:** implementação de ideias formais e simples para resolverem problemas de baixa complexidade por uma única pessoa ou um grupo pequeno. O processo pode ser informal ou formalizado em um formulário, como em uma caixa de sugestões. Taiichi Ohno foi o maior incentivador e obteve muitos resultados usando esse método simples,[37] que poderia durar de minutos a algumas horas.[38]

Exemplos: implantar uma pequena melhoria no local de trabalho, melhorar um procedimento, mudar a sequência de realização de uma atividade.

- **Ação do especialista:** intervenção técnica baseada em experiência e conhecimento de engenheiros, químicos, médicos e outros profissionais especializados ou técnicos, quando chamados para verificar um problema no produto ou processo. A princípio, é uma ação intuitiva e informal, podendo haver formalização da solução apenas se algo significativo foi descoberto ou executado.

Exemplos: resolver uma parada no processo, dar uma solução para um problema, orientar pessoas, reprogramar máquinas, redefinir procedimentos e processos.

- **Gemba walks:** processo de aprendizado conduzido por *sensei* (professor, em japonês) ou consultores. Isso é feito diretamente no *gemba*. Os aprendizes são instigados a analisar problemas, dizer o que estão vendo, compreender a situação e indicar estudos ou soluções.[39]

- **A3:** método semiestruturado para resolver problemas de média complexidade, semelhante a uma ação corretiva convencional com algumas particularidades essenciais. É baseado no PDCA, pois suas variantes são

Capítulo 2: Processos de Resolução de Problemas   63

os métodos mais utilizados em empresas certificadas ISO 9001. Assim, a qualidade da ação depende muito da forma que o roteiro é seguido. A formalização do processo é feita por meio de um formulário padronizado em formato A3 (21 x 59,4 cm), que serve como registro e divulgação pública do feito.[40]

Exemplos alternativos: procedimentos de ação corretiva em formato A4 (SAC, RNC, 8D, CAPA etc) na forma de formulários padronizados em papel ou sistemas.

- **Experimentos simples:** são observações controladas para verificar o comportamento do processo e testar uma causa hipotética ou restringir a busca a uma parte menor. Experimentos devem se basear em conjecturas plausíveis e ser bem planejados para que atinjam seu propósito com o menor custo possível.

  Exemplos: colocar mais carga na máquina, testar em horários ou dias diferentes, testar um novo material, usar um equipamento de uma forma diferente.

- **Desenho de experimentos — DOE:** planejamento otimizado de experimentos entre diversas variáveis para encontrar a melhor combinação dentre elas. As técnicas mais conhecidas são as de Taguchi[41] e Shainin.[42]

  Exemplo: testar sementes e diferentes cultivos e manejos, ajustar equipamentos com múltiplas regulagens diferentes.

- **Evento Kaizen:** esforço concentrado e coordenado de uma equipe para provocar melhorias em um curto espaço de tempo. Também denominado de Seminário Kaizen, Kaizen Blitz ou Semana Kaizen. A ação pode durar de dois a cinco dias, mas esse tempo pode ultrapassar dois meses,[43] considerando a preparação prévia e o monitoramento dos resultados.

- **Advanced Kaizen:** processo bem estruturado, baseado em um método prescritivo com etapas bem definidas que tem alta objetividade (uso de fatos, dados e evidências concretas), bem como decisões fundamentadas em "porquês" claros. Por suas raízes históricas, que remontam aos primórdios do TQC, e pela sua estruturação consistente na facilidade de ensinar e aprender, o MASP é o melhor método para ocupar este quadrante em promoção das melhorias radicais.[44]

  Outros Exemplos: DMAIC Seis Sigma, QC-Story de outros autores, Teoria das Restrições, *Kepner Tregoe*, *TRIZ*.

- **Outros métodos:** outros métodos podem ser inseridos e posicionados na matriz de abordagens resolutivas. Por exemplo, o 8D da Ford, a pesquisa operacional, bem como roteiros de pesquisa baseados na metodologia científica. Esses últimos ocupariam posições de destaque no vértice superior direito. Ultimamente tem se propagado, sobretudo por fornecedores de software, um método denominado FCA, que significa Fato, Causa e Ação. Trata-se de um método que atribui certa prioridade à análise de causa-raiz em detrimento de outras etapas, apesar de sua construção minimalista. No modelo podem ser inseridos métodos de resolução de problemas particulares de cada organização, visando compor um portfólio metodológico abrangente, distinto e poderoso.

Como os problemas são de vários tipos, é preciso criar categorias que definam *a priori* a abordagem certa para cada problema, o que exige o emprego de várias abordagens. Isso possibilita a aplicação rápida de métodos, ferramentas e recursos específicos para cada caso. Especialistas, bem como responsáveis funcionais ou hierárquicos, podem ser designados e treinados com os métodos específicos para trabalhar em cada quadrante.

Independentemente do método, o conceito que está por trás de todos eles é o PDCA, que sustenta a prática e confere a todos um caráter pragmático, objetivando sempre a busca por melhores resultados.

O tempo na resolução de problemas e no Kaizen

Evidentemente, é desejável que a resolução aconteça de forma mais efetiva e no menor tempo possível. No entanto, o tempo exerce uma influência sobre a forma de resolver problemas, pois quanto mais tivermos dele, mais estudos e análises aprofundados poderão ser realizados. Ao contrário, idem: quanto menos tempo, menos estudos, mais saltos metodológicos e mais inferência serão empregados para cumprir um roteiro mínimo no prazo exíguo.

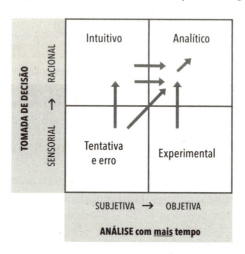

FIGURA 2.11. Dinâmica com Mais Tempo

No modelo das abordagens resolutivas, a existência de tempo razoável para a obtenção de um resultado maximizado pressupõe deslocamento em direção, ou um aprofundamento, no quadrante analítico.

Ao contrário também: a escassez do tempo determina o deslocamento para o quadrante intuitivo ou experimental, e apenas em última instância a tentativa e erro, pois os riscos precisam ser considerados.

Sobre a utilização de métodos mais simples — os que têm menos passos metodológicos e mais informalidade na aplicação —, cabe um alerta importante: há a crença de que os métodos mais simples são mais fáceis de usar, pois levam menos tempo, e são tão eficazes quanto os métodos considerados tidos como "mais complicados". Isso pode ser verdade para problemas que são naturalmente simples. Entretanto, a realidade é outra para problemas complexos e desafiadores. Esses problemas não podem ser resolvidos utilizando-se os conhecimentos existentes. Conhecimento novo precisa ser gerado para entender o processo e desenvolver soluções para a obtenção de resultados inéditos, como acontece na inovação. Esses processos são denominados de *Kaikaku* na metodologia japonesa,[45] mas podem ser chamados de Advanced Kaizen, haja vista que o termo Kaizen se popularizou no mundo todo como sinônimo genérico de "melhoria".

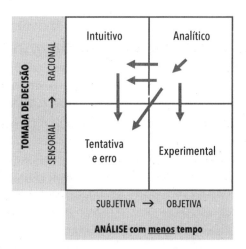

FIGURA 2.12. Dinâmica com Menos Tempo

A complexidade dos recursos e das estratégias — na forma de métodos e ferramentas mais sofisticadas — deve aumentar de acordo com o aumento da complexidade e dificuldade de resolver o problema, ou seja, reduzir o desperdício. Daí a necessidade de considerar um arsenal mais amplo de métodos, sobretudo para fazer Advanced Kaizen, ao enfrentar os problemas de difícil solução.

Outra alternativa seria a estruturação de um só método mais robusto, que seria simplificado à medida que os problemas ou desperdícios se tornassem mais simples e fáceis de resolver. No entanto, a construção e aplicação desse "canivete suíço" metodológico seria complexa na vida real.

Quanto à questão dos desperdícios e das perdas típicas identificadas na manufatura enxuta — superprodução, tempo de espera, transporte, superprocessamento, excesso de estoque, movimentação e defeitos —, os problemas fáceis de resolvê-lo; um PDCA simples ou Kaizen básico pode ser o suficiente. Mas uma boa parte é complexa, e pode exigir semanas ou meses de estudo e trabalho para ser compreendido e melhorado. Dessa forma, são projetos que exigem uma estruturação metodológica potente e consistente, como a que o MASP pode fornecer.

Um procedimento formalizado deveria conter técnicas e métodos para considerar todas as abordagens, visando definir, planejar, estruturar, desenvolver e avaliar melhorias nas empresas que implantam manufatura enxuta. Bem como as demais que adotam práticas sofisticadas de gestão. As melhorias podem ser obtidas por diversos meios, estruturas, métodos e pontos da organização. A melhoria por meio de Kaizen é função de todos, em um esforço constante, usando todas as estratégias possíveis, e cada qual destinada a um tipo de problema.

O que é mais rápido: uma abordagem intuitiva ou uma analítica?

Problemas acontecem o tempo todo, embora ninguém os queira por perto. Organizações não querem ter problemas. Eles aumentam as perdas, reduzem os lucros, desperdiçam energia e dinheiro. Pessoas não querem problemas. Eles causam tensões nas relações, propiciando uma sensação de impotência e perda de tempo. Problemas incomodam a ponto de as pessoas "darem tudo" para se verem livres deles. Essa ansiedade acaba influenciando a disposição delas em empreender o esforço necessário para sua análise e solução, e o resultado disso é a reincidência.

Problemas reincidentes são como pessoas desajustadas, que carregam problemas tidos como insolúveis e que retornam ao nosso convívio de tempos em tempos. "Lá vem ele de novo, reclamando da mesma coisa, procurando um lugar para se esconder na busca da mesma solução de sempre, que, aliás, já foi dada, mas nunca resolveu e nunca resolverá."

Parece que as pessoas desejam ardorosamente o desaparecimento do problema mais do que resolvê-lo. Assim, a esperança é que alguém tenha uma ideia milagrosa para eliminá-lo.

Capítulo 2: Processos de Resolução de Problemas   67

As primeiras tentativas são as intuitivas, pois são aparentemente mais rápidas porque se baseiam nas experiências das pessoas. Depois disso, vêm as ações corretivas, os tratamentos de não conformidades ou de anomalias, que são abordagens semiestruturadas, mas também baseadas nas ideias preconcebidas de soluções dadas no passado. Portanto, elas são intuitivas e pouco eficazes para problemas novos também. Por ser não estruturado, informal e sem uma organização clara de ideias, os caminhos da resolução intuitiva são tortuosos, fragmentados, percorridos desordenadamente aos saltos. Idas e vindas, algumas lacunas no raciocínio, não permitem uma eliminação criteriosa de hipóteses, que são ignoradas e descartadas sem testes efetivos de sua causalidade. Dessa forma, o indivíduo ou equipe se perde em uma pletora de possibilidades, opiniões, dados incompletos e resultados não conclusivos. Diante disso, a perda de tempo é apenas um prejuízo a mais.

O MASP é um método de resolução de problemas que tem várias definições e características. Suas propriedades conferem um viés científico, pois contém uma estruturação sistemática, permitindo que seja reproduzido da mesma forma em diferentes problemas e contextos.

Assim, executar quarenta ou cinquenta atividades, ou até mais, pode ser normal em um projeto de melhoria usando MASP. Isso pode parecer muito, sobretudo para problemas urgentes, o que levaria tempo demais. Será então que um projeto de melhoria com MASP é mais lento do que uma ação de melhoria mais informal e intuitiva? Por mais paradoxal que possa parecer, a resposta definitivamente é não.

Se forem somados os tempos transcorridos de todos os insucessos das tentativas intuitivas, o resultado serão meses ou talvez anos. Enfim, o que aconteceria se um método mais estruturado fosse utilizado?

Essa questão foi analisada na década de 1990 em um estudo realizado na GM, por ocasião do projeto do automóvel Saturn. Foram estudados cerca de 100 problemas, e 23 foram selecionados para análise. A conclusão foi a de que os métodos sistemáticos e estruturados, como o MASP, não apenas levaram a soluções mais robustas, mas demandaram menos tempo, se considerarmos o tempo decorrido desde o momento em que foi observado pela primeira vez até a solução definitiva. Em outras palavras, o tempo maior gasto na coleta, análise de dados e confirmação de hipóteses para descoberta da causa raiz é compensado pelo tempo desperdiçado em inúmeras tentativas infrutíferas, típicas das abordagens intuitivas.

Esse estudo é uma comprovação de que, em se tratando de resolução de problemas complexos, o caminho aparentemente mais curto de resolução, usando métodos não estruturados, é maior do que o tempo necessário para a aplicação de um método mais estruturado, como o MASP. Isso se deve à reincidência dos problemas causados por soluções precariamente discutidas e implantadas, que são bastante frequentes em ambientes corporativos.[46]

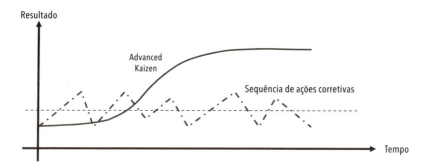

FIGURA 2.13. Comparação entre Advanced Kaizen e Ação Corretiva

2.4. O KAIZEN NA MANUFATURA ENXUTA

"As montanhas devem ser baixas e os vales devem ser rasos."

Taiichi Ohno

Resolver problemas em um contexto de manufatura enxuta é eliminar os desperdícios, o que, por sua vez, é fazer Kaizen. O sistema de produção *just-in-time*, que consiste em produzir apenas o que é necessário, força a eliminação dos estoques em processo. Por isso, ele leva o sistema produtivo ao limite quando implantado, evidenciando problemas de toda ordem. Assim, sempre há Kaizen a ser feito.

Uma analogia com isso pode ser feita comparando-se o volume de água de um rio. Quando as chuvas caem generosamente, a água é abundante e o nível está alto. A superfície é elevada, e as pedras estão submersas, facilitando a navegação e a exploração dos recursos.

FIGURA 2.14. Nível Elevado de Água de um Rio, quando os Problemas Não aparecem

Porém, quando a quantidade de água é baixa, a superfície desce, expondo as pedras e dificultando a navegação. Consequentemente, causa vários problemas, incluindo dificuldades na vida das populações ribeirinhas.

FIGURA 2.15. Nível de Água Baixo, quando os Problemas Emergem

Essa analogia simples revela que os problemas sempre existem e podem ser imperceptíveis em situações ou momentos de abundância, daí a necessidade de estar constantemente se preparando para esses momentos. Quando aparentemente não houver o que melhorar, é preciso tentar fazer a mesma coisa, porém gastando menos. Se não houver uma situação de ameaça que justifique mudanças, a liderança deve alertar para o perigo que a empresa corre se a equipe acreditar que está tudo bem e nada precisa ser feito. É preciso mobilizar as pessoas para Kaizen.

Taiichi Ohno, o criador do Sistema Toyota de Produção, conclama os trabalhadores a se empenhar fortemente nessa atividade por meio do aprendizado constante. O Kaizen deve ser feito mesmo quando as coisas vão bem e a empresa está rentável, pois, se a empresa está em uma situação precária, as saídas se resumem à redução de pessoal e de custos.[47]

Fazer Kaizen é como os gestores deveriam gastar pelo menos 50% de seu tempo. Mas isso não é fácil de ser conseguido, uma vez que as pessoas parecem ter a tendência natural a se afastar de problemas para trabalhar com folga, regras livres e soltas. Para um profissional típico, não é fácil manter os sentidos sempre atentos ou pensar em como fazer um trabalho mais efetivo em 100% do tempo. Por isso, a mentalidade das pessoas precisa ser mudada para que se transformem em mais inconformadas com o *status quo, assim elas* praticarão a melhoria como um hábito normal do dia a dia.

O Kaizen é muito mais do que a melhoria em si. Ele é o conceito mais importante da administração japonesa, que se desdobra em um guarda-chuva conceitual em que todas as estratégias de gestão estão ligadas.[48] O Kaizen deve ser tão íntimo às pessoas, que deveria se tornar um modo de vida.

Na manufatura enxuta, o Kaizen é realizado sempre no *gemba*, que significa "o verdadeiro lugar". Ou seja, é o local onde as coisas realmente acontecem. O termo *genchi genbutsu* também é encontrado na literatura para designar basicamente a mesma coisa.[49] Assim, apenas o termo *gemba* será empregado daqui para a frente.

Advanced Kaizen

Boa parte do que se escreve sobre a melhoria contínua dentro do contexto da manufatura enxuta procura disseminar a mentalidade e o pensamento analítico para fazer Kaizen. E o de resolver problemas de maneira intuitiva e informal pela simples exortação: "use o PDCA". De fato, o Kaizen se dá a partir de uma atitude proativa, por meio do uso da mente para analisar e resolver os problemas diante dos nossos olhos. Evidentemente, é muito difícil chegar e já ir resolvendo problemas de forma intuitiva, mesmo para um profissional experiente. Pode levar anos para que alguém chegue a esse ponto.[50] É preciso desenvolver uma mentalidade, incorporar o PDCA e adquirir o espírito de ser um aprendiz constante.

Kaizen é um termo amplo, podendo significar desde "pequenos ajustes" até "mudanças radicais". A distinção metodológica dessas duas abordagens é útil e pertinente, pois elas têm uma aplicação bastante distinta, incluindo o método, ferramentas, competências e tipo de interação na organização. Isso se comprova pelos preceitos da qualidade total, em que as melhorias são classificadas entre os tipos incremental — Kaizen — e radical — Kaikaku.

Na manufatura enxuta, o Kaizen não é apenas atividades a serem realizadas, mas a própria quintessência desse conceito. Seja nos sete desperdícios ou em outros alvos, a melhoria deve focar a qualidade, produtividade, o tempo ou a redução de custos de qualquer produto ou processo.

Kaizen, Advanced Kaizen e o MASP

O fato de Kaizen significar "melhoria contínua" pode fazer parecer que só existem melhorias incrementais nas empresas que adotam a manufatura enxuta. As melhorias radicais também fazem parte das atividades de implantação de *lean*, o que é, portanto, de Kaizen. Esses processos se dão por meio de metodologias sistemáticas, e se subentendem estruturadas em etapas que se diferem das não sistemáticas.

No gerenciamento da rotina — metodologia japonesa para gerenciar uma operação por meio da padronização —, a diferenciação das melhorias incrementais e radicais foram denominadas de PDCA para as radicais, e SDCA para as incrementais. No SDCA, o *Plan* é substituído por *Standardize*, que significa "padronize". Isso consiste em melhorar os padrões por meio de melhoria contínua. Portanto, há um conflito conceitual entre essas duas metodologias com relação ao tipo de melhoria que representa o PDCA, se radical ou incremental. No gerenciamento da rotina, o PDCA se refere à melhoria radical, enquanto na manufatura enxuta parece remeter à melhoria contínua/incremental quando citada.

Na verdade, logo após o treinamento dos empregados, a primeira melhoria a ser feita é uma melhoria radical.[51] A implantação da manufatura enxuta não começa com melhoria contínua. Ela começa, ou deveria começar, com melhoria radical, portanto, com Advanced Kaizen. Isso acontece quase sempre porque as empresas iniciantes têm um elevado potencial de melhoria, que evidentemente vai diminuindo com o tempo, à medida que ela continua melhorando.

É também recomendado que as melhorias radicais sejam obtidas logo de início, como estratégia para justificar os esforços de implantação da manufatura enxuta. Assim, deixará as pessoas — empregados e liderança — animadas para prosseguir e continuar buscando outras melhorias.

Como o PDCA se aplica para ambos os casos, e o termo *Kaikaku* é pouco conhecido, a opção é distinguir os dois tipos de Kaizen: Kaizen para "melhorias incrementais", e Advanced Kaizen para "melhorias radicais".[52] Taiichi Ohno, o pai do Sistema Toyota de Produção, descreve e prega fervorosamente a realização do tipo rápido, que ele chama de Kaizen básico.[53] A existência do adjetivo "básico", como estratégia de melhoria contínua, configura uma melhoria que acontece como uma reação rápida e momentânea, que dura alguns minutos ou poucas horas, por meio de uma intervenção atenta e informal. Além de que se existe o básico, subentende-se também a existência do oposto, o avançado. É disso que se trata este livro, o Kaizen feito com técnicas mais apuradas, para problemas que o Kaizen básico não foi capaz de resolver.

A Figura 2.16 representa os resultados positivos obtidos em iniciativas de melhoria radical e incremental. É possível verificar que a melhoria provocada pelo Advanced Kaizen tem uma angulação bem mais oblíqua do que a melhoria provocada pelo Kaizen normal. Isso significa que uma melhoria de resultado superior foi feita em um curto espaço de tempo.

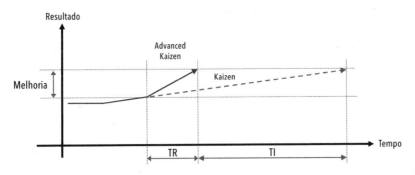

FIGURA 2.16. Diferença entre Kaizen e Advanced Kaizen

Para obter a mesma melhoria nos resultados, o Kaizen normal necessitaria de um tempo superior em relação a um Kaizen radical. E só se as melhorias incrementais forem bem-sucedidas.

No modelo mostrado na Figura 2.16, o tempo "TR", relativo ao tempo decorrido desde que a melhoria radical foi feita, é cerca de três vezes menor do que "TI". Esse é o tempo que a melhoria incremental levaria para atingir o mesmo resultado "x". Esse é um argumento muito forte que evidencia o valor das mudanças radicais.

Alguns problemas não podem ser solucionados apenas com um olhar atento diretamente no processo. Existem processos industriais que acontecem longe dos olhos, em alta velocidade ou restritos dentro de recipientes, reatores e câmaras. Além disso, alguns defeitos aparecem somente depois de meses ou anos de uso. Assim, sua análise pode depender de equipamentos sofisticados, análises de laboratório, experimentos e outras técnicas de investigação um pouco mais aprofundadas.

Os autores norte-americanos da manufatura enxuta parecem não gostar de tocar no tema do TQC sobre sua contribuição para o sucesso da manufatura enxuta. Dessa forma, as metodologias como o *QC-Story* acabam por ficar omissas nos textos e estudos. Alguns temas não têm como ser tratados sem o emprego de uma sistemática.[54] Os projetos envolvendo essa complexidade podem levar meses para serem concluídos.[55]

Embora os fenômenos mostrados na Figura 2.16 sejam plausíveis, o que acontece na realidade é um pouco diferente. As melhorias radicais não substituem as diversas melhorias incrementais. Na verdade, elas se complementam, pois são usadas em diferentes tipos de problema. Quanto mais difícil for o problema, mais metodologia, disposição e mobilização são necessárias.

Fazer Kaizen é a alma da manufatura enxuta. E ele não pode prescindir das melhorias radicais para ganhar tempo e estimular as pessoas a dar continuidade com seu esforço. Por isso, é fundamental fazer Advanced Kaizen.

O MASP como estratégia de Advanced Kaizen

"Não se deve ir atrás de objetivos fáceis, é preciso buscar o que só pode ser alcançado por meio dos maiores esforços."

Albert Einstein, cientista ganhador do Prêmio Nobel

As empresas adeptas das técnicas e dos métodos citados na Figura 2.7 — As abordagens resolutivas — como manufatura enxuta normalmente ensinam e aplicam:

- PDCA simples.
- Kaizen rápido, eventualmente denominado *Quick Kaizen*.
- *Gemba walks*.
- Método A3.
- MASP.

Capítulo 2: Processos de Resolução de Problemas   73

Talvez com exceção do MASP, todos os demais são bem descritos em livros e ensinados em cursos de formação acerca da manufatura enxuta. Todavia, a literatura técnica carece de descrições mais aprofundadas sobre como resolver problemas complexos. Ou de tratamento dos desperdícios mais difíceis, usando um PDCA desdobrado em mais etapas.[56] Os autores reconhecem a necessidade de um método e listam passos do QC-Story, mesmo que designados por outros nomes.[57] Os motivos para essa omissão — a descrição de um método de resolução de problemas mais estruturado — decorrem de diversos fatores.

Em primeiro lugar, as descrições do Sistema Toyota de Produção são feitas em um enfoque amplo, como conceito gerencial, sem se aprofundar nas técnicas. Em segundo lugar, as descrições de técnicas existentes frequentemente se concentram nos temas relacionados à gestão da produção — como cálculo do *takt time*, uso do *Kanban*, *Jidoka* etc — ou do Kaizen por meio de PDCA simples. Os *senseis* descrevem processos de resolução realizados com métodos pouco estruturados, porém com elevada capacidade intuitiva. O problema disso é que a intuição, além de ser uma competência escassa, não pode ser ensinada.[58]

Em terceiro lugar, a pouca descrição de métodos de resolução de problemas talvez já esteja feita com abundância na literatura japonesa, por autores renomados da área da Gestão da Qualidade Total — TQC. No entanto, isso não acontece no Brasil, um país ainda carente de literatura que aborde as metodologias de resolução de problemas com mais diversidade.

Finalmente, a ligação entre o TQC e a manufatura enxuta tem sido pouco abordada, conforme e devido aos motivos já mencionados anteriormente,[59] sobretudo por autores norte-americanos.

Dessa forma, pretendo contribuir para o preenchimento dessa lacuna ao descrever o desdobramento do PDCA como conceito original e fornecer o resultado na forma de um Método de Análise e Solução de Problemas — MASP específico para executar um Advanced Kaizen em um ambiente de manufatura enxuta.

As justificativas e vantagens do MASP como o método adequado para a execução de um Advanced Kaizen são várias:

- É o método citado na literatura de Kaizen e *Lean Manufacturing* (mesmo com outros nomes).
- É um método desdobrado diretamente do ciclo PDCA.
- É flexível, podendo ser desdobrado em diferentes configurações.
- Pode ser complementado com uma alta gama de ferramentas de acordo com o tipo de problema.
- Tem estrutura alinhada com a metodologia científica.
- É fácil e barato de ser ensinado e praticado.

- Sua lógica é fácil de ser compreendida e incorporada pelos empregados.
- É o método que já nasceu com o objetivo de aprender fazendo.
- Sua estruturação é convincente e persuasiva.[60]
- Longa experiência de aplicação no Brasil, que remonta à década de 1970, pelo menos.
- É uma das poucas metodologias da Gestão da Qualidade Total que permanece em uso até os dias de hoje.[61]

O MASP é o método ideal para a realização de melhoria radical em Advanced Kaizen e pode ser integrado a outras metodologias da manufatura enxuta. Como exemplo, o formulário A3, que pode ser empregado para cumprir a função de formalização e comunicação institucional. Os alvos de redução de perdas e desperdícios podem ser realizados com o MASP como pano de fundo. Esses temas deverão ser tratados mais adiante.

Para as empresas que não aplicam a manufatura enxuta como estratégia de operações, o MASP também é um método recomendado para a resolução de problemas complexos, também pelos motivos citados. Dessa forma, todas as orientações deste livro podem ser empregadas por qualquer empresa, de qualquer porte ou segmento, que precise ou queira desafiar seus colaboradores a enfrentar problemas complexos com mais determinação e poder de sucesso. Veja a Figura 2.17. Segmentos Econômicos com Histórico de Aplicação do MASPMASP:[62]

FIGURA 2.17. Segmentos Econômicos com Histórico de Aplicação do MASP

Capítulo 2: Processos de Resolução de Problemas   75

O MASP é um método consolidado e praticado por grandes corporações brasileiras, pois tem sido ensinado em cursos de curta duração por várias empresas de consultoria, tal como pelos praticantes internos dessas empresas e seus especialistas.

Isso acontece porque o MASP é relativamente fácil e barato de ser ensinado, aprendido e compartilhado. O fato por si só já se constitui em uma característica positiva desse método de resolução de problemas.

2.5. QUESTÕES PARA DISCUSSÃO E APLICAÇÃO

a. Qual é a importância de resolver os problemas no contexto da manufatura enxuta?

b. Qual a diferença entre a abordagem sistemática intuitiva na resolução de problemas?

c. Por que a resolução de problemas deveria caminhar de fases não estruturadas para fases mais estruturadas?

d. Quais os métodos de resolução de problemas mais comuns?

e. Quais são as duas principais variáveis para classificar problemas no modelo das abordagens resolutivas?

f. Por que há uma tendência natural das pessoas em se manterem nas abordagens de tentativa e erro e intuitiva?

g. Por que as pessoas naturalmente parecem evitar o emprego de uma abordagem analítica?

h. Por que uma abordagem analítica pode ser até mais rápida do que uma abordagem intuitiva?

i. O que caracteriza um Advanced Kaizen em relação ao Kaizen rápido baseado em atitudes?

j. (Aplicação) Releia seu procedimento de melhoria de sua empresa para verificar se há uma tipologia ao classificar os problemas e métodos específicos de cada tipo.

k. (Aplicação) Faça uma revisão do procedimento de melhoria de sua empresa para incluir uma tipologia na classificação dos problemas, e depois defina quais são os métodos específicos para cada tipo.

CAPÍTULO 3

O MASP

OBJETIVO DO CAPÍTULO

O objetivo deste capítulo é apresentar o MASP, junto de sua história e seu desdobramento, a partir de um conceito mais amplo: o ciclo PDCA. O capítulo se dedica ainda a apresentar e descrever o MASP etapa por etapa, e passo por passo, além de indicar algumas ferramentas da qualidade que, se bem aplicadas, garantem os passos bem dados em direção ao cumprimento efetivo das etapas e, portanto, do método todo.

A boa compreensão do método é essencial para que o usuário possa aproveitar seus recursos na minimização dos riscos no processo resolutivo e, assim, garantir a obtenção de melhorias radicais onde for aplicado.

3.1. DEFINIÇÃO E ORIGEM DO MASP

"Do presidente da empresa, nas suas tomadas de decisão, aos operários, nos círculos de controle da qualidade, todos devem utilizar este método."

Vicente Falconi Campos, uma das 21 vozes do século XXI (ASQ)

O MASP — interpretação acrônima de Método de Análise e Solução de Problemas — é um método de resolução de problemas adaptado a partir do sistema japonês denominado QC-Story, difundido a partir de uma leitura descritiva feita por Hitoshi Kume. Algo que vem sendo utilizado desde a década de 1980 no Brasil em Círculos de Controle da Qualidade — CCQs, e, por isso, mantém suas características originais, mas insere modificações que o tornam mais bem estruturado e fácil de compreender.

A divulgação no Brasil aconteceu no livro *TQC: Controle da Qualidade Total no Estilo Japonês*, de Vicente Falconi Campos, na forma de tabelas explicativas[1] (há a presença dele nos apêndices desta obra), assim como na tradução do livro de Hitoshi Kume, *Métodos Estatísticos para Melhoria da Qualidade*, de uma forma mais descritiva, ambos no início da década de 1990.

O MASP é um método que se caracteriza por ser:

- **Prescritivo:** mostra como se deve fazer uma melhoria.

- **Racional:** busca atingir o máximo de resultado com o mínimo de esforço.

- **Estruturado:** contém etapas e passos subjacentes formando um conjunto consistente.

- **Sistemático:** é um processo que pode ser aplicado repetidamente.

- **Objetivo:** fundamenta-se em dados, fatos e evidências concretas.

- **Flexível:** permite modificação na quantidade de etapas, passos e ferramentas.

Essas características fazem do MASP um método com certo grau de cientificidade. Isso o diferencia dos métodos de resolução que não compartilham desses mesmos atributos, menos científicos e aplicáveis a problemas mais simples ou urgentes, como o Kaizen básico, por exemplo.

A origem do MASP é mostrada de forma simplificada no diagrama da Figura 3.1.

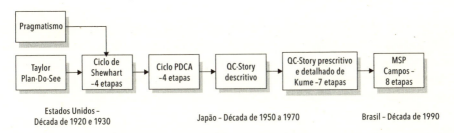

FIGURA 3.1. Histórico da Evolução do MASP

A Figura 3.1 mostra de forma sintética a origem do MASP, desde as três etapas básicas de Frederick W. Taylor — o pai da administração e suas influências pragmáticas — até a passagem pelo desenvolvimento do ciclo PDCA a partir da interpretação japonesa do ciclo de Shewhart.[2] Posteriormente, foi estruturado o QC-Story descritivo como referência para o relato de trabalhos de melhoria, tendo se transformado mais adiante em um método prescritivo para orientar como a melhoria deveria ser feita, e não apenas como ela deveria ser relatada.

No Brasil, o MASP foi introduzido na segunda metade da década de 1980, por autores japoneses. Tal como ocorrera no Japão, inicialmente não houve uma convergência em sua definição e descrição devido as diferentes interpretações sobre as etapas que deveriam compor o método. Além disso, houve dificuldades para traduzir o termo *QC-Story*, que significa literalmente "história do controle da qualidade". Muitas tentativas foram feitas para denominar o método, tais como "histórico da qualidade",[3] "ciclo de resolução de problemas"[4] e "*QC Storyline*".[5] Ou mesmo "sequência universal de atividades", feita por Juran.[6] As denominações foram feitas, mas conseguiram pouco sucesso em transmitir a relevância da sequência metodológica.

Na década de 1990, o método foi divulgado na literatura do professor Vicente Falconi Campos como "Método de Solução de Problemas — MSP",[7] mas a denominação mais conhecida é MASP — Método de Análise e Solução de Problemas.

3.2. O CONCEITO QUE SUSTENTA O MASP — CICLO PDCA

> "A adaptabilidade através do pensamento do PDCA é o que a Toyota busca, e não a cópia irracional de 'soluções enxutas'."
>
> Jeffrey K. Liker e James k. Franz

O conceito por trás do MASP é o ciclo PDCA, um acrônimo das quatro palavras inglesas: *"Plan", "Do", "Check"* e *"Act"*, que significam "Planejar, Fazer, Verificar e Corrigir". Trata-se de uma sequência de quatro etapas genéricas que servem para orientar, de forma macro, a realização de qualquer trabalho, do mais simples ao mais amplo. O PDCA é a interpretação japonesa do ciclo de Shewhart, que foi levado e apresentado ao Japão por Deming em 1950.[8]

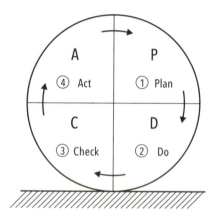

FIGURA 3.2. Ciclo PDCA

O PDCA está em uma hierarquia superior ao MASP. Isso o caracteriza como uma metaestrutura ou metarrotina. Uma metarrotina é um roteiro para a realização de algo que contenha etapas genéricas, globais, amplas e, portanto, pouco específicas.[9] Dessa forma, tanto o MASP quanto outros métodos construídos para outras finalidades normalmente usam o PDCA como estrutura fundamental básica para seu detalhamento. Ao adotar o PDCA como conceito, o MASP incorpora suas etapas essenciais, garantindo uma consistência estrutural de alto nível.

Além disso, essa adoção permite ao MASP adquirir um caráter pragmático, pois sua estrutura contém etapas que foram idealizadas para a obtenção de resultados. Cada uma delas contém subliminarmente esse propósito: o de chegar a um lugar claro, definido e pré-determinado. Não é por acaso que tantos outros modelos de gestão usam o PDCA como estrutura básica[10] para normas, métodos de desenvolvimento de software e de produtos.

Outro aspecto que advém da adoção do PDCA é o caráter contínuo. Para que a melhoria aconteça de maneira permanente, é preciso girar o ciclo constantemente. Isso significa iniciar e encerrar ciclos de melhoria sem interrupção, fazendo os ajustes necessários para adequar os processos e resultados conforme o momento exigir. Incorporar o PDCA é integrar uma atitude de permanente busca pela melhoria. Assim, o MASP pode e deve ser aplicado em sequência para o desenvolvimento das competências humanas e aumento da competitividade da organização, seja no mesmo problema, em outros ou em desperdícios.

Uma explicação mais detalhada sobre a razão de o PDCA ser definido como conceito pode ser encontrada no Apêndice B, "PDCA: conceito ou método?"

3.3. RELAÇÃO ENTRE O KAIZEN, PDCA E MASP

"A 'história de Kaizen' segue o PDCA."[11]

Massaki Imai

A estrutura do MASP não é única. Existem vários "MASPs". Isso acontece porque cada autor preferiu desdobrar o PDCA em uma certa quantidade de etapas metodológicas.[12] Além disso, o viés de cada um desses autores exerce uma influência para que certas etapas sejam mais ressaltadas do que as outras. As quantidades de etapas encontradas normalmente variam entre seis e quatorze, sendo mais frequente entre sete e oito. Ademais, tanto a quantidade de passos como sua distribuição entre as etapas também podem variar de autor para autor. São leituras de um mesmo método que não descaracterizam o MASP em sua essência.

O MASP de oito etapas é o mais comum. Talvez isso aconteça porque é onde há uma melhor acomodação das etapas metodológicas. A primeira versão publicada no Brasil, adaptada de Kume, já continha essa quantidade de etapas.

A realização de Kaizens mais avançados, visando melhorias radicais, desdobra o PDCA em oito etapas, conforme mostra a Figura 3.3.

FIGURA 3.3. Relação entre o Kaizen, o PDCA e o MASP

As pessoas parecem preferir processos simples e menos estruturados, o que significa ter menos etapas no método, e esperam que a redução de etapas reduza a quantidade de trabalho, o que não é verdade. Para uma resolução de problemas simples, as etapas e os passos podem ser reduzidos, mas isso desestrutura o método, o que o torna menos eficaz para problemas complexos. Desestruturar significa eliminar etapas ou passos subjacentes, exigindo do usuário uma complementação metodológica demasiadamente grande. Isso é um perigo, pois em poucas situações as pessoas estão atentas às fragilidades metodológicas em seus processos de trabalho.

Para uma melhoria consistente, todas as etapas com os passos teriam que ser executados de qualquer maneira em menos etapas organizadas por passos adjacentes. Em minhas pesquisas, percebi que isso acontece quando as etapas são menos de seis e os passos subjacentes são menos que três. Um MASP bem estruturado teria que ter no mínimo sete etapas, com cerca de vinte passos subjacentes distribuídos por elas.

A Figura 3.4 mostra o MASP com 8 etapas e 31 passos bem distribuídos, cuja disseminação vem sendo feita pelos praticantes em cursos internos, bem como nos cursos promovidos por consultores da área de gestão da qualidade e produção enxuta.

Capítulo 3: O MASP 83

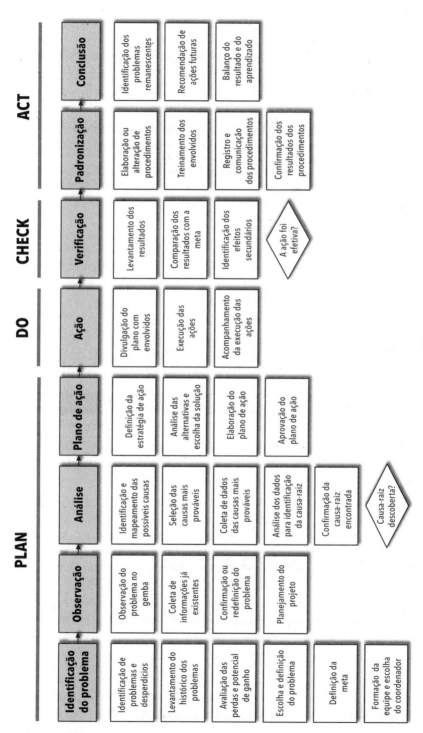

FIGURA 3.4. Diagrama *"Top-Down"* com Etapas e Passos do MASP

84   Advanced Kaizen

A Figura 3.4. Diagrama "Top-Down" com Etapas e Passos do MASPmostra como o conceito do PDCA foi desdobrado para se transformar em um método de solução de problemas. O *"Plan"* contém quatro etapas; o *"Do"* e o *"Check"*, uma etapa cada, e o *"Act"*, duas etapas.[13] Portanto, o desdobramento do PDCA acontece de forma lateral e subjacente, porque apenas as quatro etapas do PDCA não são capazes do que deve e precisa ser feito para se tratar um problema complexo. O PDCA é um conceito, e ele é abstrato como tal. Assim, o desdobramento desce um nível e transforma o processo em um método — o MASP.

À primeira vista, o conjunto pode parecer extenso, mas ele é facilmente compreendido e assimilado depois que o usuário compreende sua lógica. Essas etapas e os passos escritos em cartões e misturados são ordenados com baixo nível de erro por grupos de treinamento.[14]

O MASP apresentado tem uma estruturação metodológica consistente, adaptada aos preceitos da manufatura enxuta, e sua sequência tem bases concretas que remontam aos filósofos seminais da metodologia científica, como Galileu Galilei, Descartes e Bacon. A história da aplicação desse método remonta à década de 1950 no Japão e no resto do mundo. A experiência brasileira também não pode ser desprezada, pois inclui empresas que ainda são ou eram referências em suas áreas de atuação, como Vale, ArcelorMittal, Fiat Chrysler, CNH, BRFoods, Líder Aviação, Cemig, Petrobras, Gerdau, Banco do Brasil, dentre muitas outras.

É importante ressaltar que os relatos de resolução de problemas usando simplesmente o PDCA são comuns. Na verdade, o PDCA é o conceito geral que serviu de cobertura para algo mais abaixo. Em quase todos os relatos descritos de problemas resolvidos, inclusive na manufatura enxuta, se usou de fato o MASP ou outro desdobramento mais simplificado. Afinal, o PDCA só tem quatro etapas, nada mais, então, se for usado mais do que isso, é um desdobramento transformado em um MASP, na verdade.

3.4.   O MASP PASSO A PASSO

"Os milagres acontecem às vezes, mas é preciso trabalhar tremendamente para que aconteçam."

Peter Drucker, profeta da administração desdobramento do PDCA

O MASP foi concebido para responder às questões típicas de um grupo que pretende trabalhar na resolução de um problema complexo ou em desperdícios difíceis de eliminar. O caminho metodológico delineado não está lá por acaso.

Ele é consequência das indagações típicas que vão surgindo, desde o momento em que a necessidade de uma ação é identificada, até a certeza de que uma solução satisfatória foi definitivamente implantada.

Provavelmente, a principal indagação é: "Como devo começar?", "Como conduzir um trabalho de melhoria?" Essas questões mais amplas são respondidas pelo simples uso do MASP. Contudo, outras questões também vão sendo abertas, e quanto mais elas se desdobram em outras, mais um passo é criado para prover uma resposta metodológica adequada.[15]

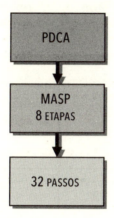

FIGURA 3.5. Desdobramento do PDCA

O MASP será apresentado em etapa por etapa, com o passo a passo, tendo como ponto de partida as questões primárias e secundárias normais para cada momento de um processo típico de resolução de problema. A resposta para isso são os passos metodológicos, incluindo suas ferramentas. Em seguida, será apontado como executar as atividades referentes àquele passo. O ponto de partida em qualquer processo científico é sempre a dúvida, nunca a certeza, por isso, a confiança se constrói à medida que o processo de resolução avança.

Esses passos orientam como a iniciativa de melhoria deve ser conduzida para se obter o máximo de consistência e potencial de sucesso, ou seja, maior resultado e aprendizado. No contexto do *lean*, a aprendizagem adquire uma importância primordial, pois uma organização enxuta é uma organização de aprendizado em sua essência.

Em cada etapa, são apresentados seus passos e as ferramentas típicas empregadas. Algumas ferramentas são predominantes, e outras são alternativas, podendo ser escolhidas entre as mostradas. O que define a escolha basicamente é:

- O grau de objetividade, em detrimento ao grau de subjetividade.
- O processo de coleta de dados: se em processos, produtos ou pessoas (relatos e depoimentos).

86 Advanced Kaizen

- O tipo de variável: discreta (contagem por frequência) ou contínua (medido em uma escala).
- Preferências ou orientações da organização.

Após as etapas, são apresentados os erros normalmente cometidos em trabalhos de melhoria e são indicadas as precauções que devem ser tomadas para impedir que esses erros sejam cometidos, bem como evitar que o esforço empreendido na resolução do problema seja desperdiçado, e o resultado, malsucedido.

As notas explicativas de rodapé são informações complementares que podem ser úteis para o usuário que procura esclarecimentos acerca de pontos específicos do MASP.

Atitude responsiva

"As discussões, por si só, não eliminam problemas."

Hitoshi Kume, ganhador do Prêmio Deming

A primeira coisa que precisa acontecer é alguém tomar a iniciativa de reduzir desperdícios e enfrentar problemas. Seja como parte de uma estratégia de desenvolvimento da organização, ou como uma resposta à incidência de desvios internos e externos. A implantação da manufatura enxuta é uma dessas estratégias, sendo o Kaizen a parte integrante desse processo. E o MASP a parte integrativa deste último.

É preciso reconhecer a existência de problemas. Embora possa parecer óbvio, nem sempre é o que acontece, tanto no contexto organizacional quanto também no pessoal. Quando as coisas vão bem, ou diante de situações estáveis e previsíveis, a liderança parece trabalhar e se entender muito bem. Os resultados são positivos, e nada parece precisar ser feito. Vários sinais reforçam e legitimam as ações, mesmo que o sucesso não seja consequência direta dessas ações, tidas como bem-sucedidas.

Mas, à medida que as mudanças se tornam mais constantes e a complexidade do ambiente competitivo aumenta, a capacidade da equipe gerencial é colocada em dúvida, principalmente para resolver problemas interfuncionais, complexos e críticos. Com muita frequência, a preocupação com a imagem e a autopreservação é maior do que a de resolver problemas.[16] Quando os problemas são complexos, aparentando ser embaraçosos ou ameaçadores, eles são simplesmente jogados para debaixo do tapete, enquanto o espírito de equipe vai para o ralo.[17]

FIGURA 3.6. Atitude Responsiva: Fazendo o PDCA Girar

Os gestores costumam ordenar a preparação em entrega de planos de ação mesmo quando reconhecem os problemas, como se as equipes já conhecessem as causas e soubessem o que fazer. Logo, basta apenas uma ordem para que isso tudo seja colocado no papel e resolvido! Esse é um dos maiores erros gerenciais conhecidos.[18]

A questão do papel do problema na agenda da liderança é algo que precisa ser revisto. Taiichi Ohno, o criador do Sistema Toyota de Produção, afirma que a única maneira de gerar lucro é melhorar o desempenho por meio de esforços de redução de custos, e isso se faz "Utilizando-se métodos verdadeiramente racionais e científicos para eliminar os desperdícios".[19] Para ele, quando a empresa está em situação ruim, tal condição reduz a capacidade das pessoas de gerar boas ideias e, assim, de ajudar. Portanto, é preciso fazer Kaizen também quando a empresa vai bem.

Atitude da liderança

Os gestores precisam engajar mais no compromisso com a resolução de problemas, e a primeira grande atitude é o reconhecimento e aceitação deles como oportunidades de desenvolvimento do negócio, da organização e das pessoas. Uma atitude responsiva assertiva é o que precisa ser incorporado para se construir uma cultura de melhoria contínua. É preciso trazer a responsabilidade para si, para apenas depois responsabilizar as pessoas das equipes. Isso se faz por comprometimento pessoal e mobilização de recursos, com esforços para incorporar a melhoria contínua, definindo políticas e diretrizes na condução de programas que coloquem o Kaizen como estratégia para atingir resultados. Mais detalhes sobre o papel da liderança serão abordados mais adiante.

Atitude objetiva

O desejo de participar de iniciativas para a melhoria e redução de desperdícios pode ser desenvolvido. No entanto, partindo do princípio de que as pessoas têm algum potencial criativo, existe um componente comportamental essencial e indispensável: a objetividade.

Isso pode ser natural para algumas pessoas, mas não é um comportamento bem distribuído. As pessoas tendem a querer soluções rápidas, eficazes e boas demais para ser verdade. Quantas e quantas vezes se ouve pelos corredores e salas de reuniões: *"Não precisa disso! É só..."*

A atitude objetiva é a humildade de reconhecer que não sabe e que precisa averiguar, estudar, aprender, descobrir.[20] Nos momentos certos, isso implica em renunciar a própria opinião. Para muitas pessoas, o ato parece significar a destruição do próprio ego. Contudo, o pensamento objetivo possibilitou ao ser humano deixar a idade das trevas para dominar as forças e os elementos da natureza, expandindo nossa existência àquilo que usufruímos, somos e temos no presente.

Mentalidade enxuta

Não é fácil convencer alguém a mexer em um processo que aparentemente está dentro das expectativas de funcionamento. Pois, se ele não incomoda, então está longe de ser uma prioridade. Por isso, também não é fácil fazer as pessoas enxergarem aquilo que não veem. E é ainda mais difícil convencê-las daquilo que é diferente daquilo que fundamentalmente aprenderam ou cresceram ouvindo.

Ohno relata as dificuldades para transferir suas crenças para a liderança, e isso não aconteceu sem discussões e repreensões públicas.[21]

É preciso criar e desenvolver nas pessoas uma mentalidade comprometida em fazer mais com menos. A de não acumular, usando o potencial individual para a redução de desperdícios, mesmo que os objetivos e metas estejam dentro do esperado. Isso passa necessariamente pela criação de um senso crítico apurado e livre dos paradigmas de outros sistemas de produção. É preciso se reinventar, redefinir o sentido do que é certo e errado ao preparar seus sentidos para observar de maneira diferente.[22]

A atitude responsiva age igual catalizadores em uma reação química, acelerando o processo. Tal como a decisão para melhorar e não desperdiçar. Dado isso, eles antecedem qualquer processo de melhoria e formam a etapa zero de um processo de resolução de problemas.[23]

Identificação do problema

"Um problema bem definido é um problema meio solucionado."

Charles F. Kettering, cientista e inventor norte-americano

Atributos	Descrição
O que é	• Escolha de um problema e estruturação de uma equipe para tratamento.
Objetivo	• Escolher o problema ou desperdício com o maior potencial de ganho. E as pessoas certas para tratá-lo.
Quem executa	• Se o objetivo for melhoria de fato: liderança ou gerência da qualidade; ou • Se o objetivo for desenvolvimento de pessoas: a equipe de CCQ.
Benefícios	• Maximiza o resultado. • Evita a escolha de problemas pouco relevantes. • Garante o motivo para atuar no problema escolhido e não em algum outro.
Critérios	• O problema escolhido deve ser aquele com maior potencial de ganho. • O problema deve ser um fato concreto e indiscutível. • O 5W2H ajuda a detalhar e clarificar o problema. • Deve ser escolhido um coordenador. E também pode ser útil a definição de um secretário para equipes ou projetos maiores. • A meta deve ser alcançável e mensurável. • Círculos de Controle da Qualidade — CCQs; o primeiro passo é a formação da equipe e escolha do coordenador. A equipe escolhe o problema e define a meta. • A equipe deve ser composta por pessoas competentes, seja com experiência no processo em que o problema ocorre, ou com habilidades no uso de ferramentas da qualidade. • A equipe deve conter entre três e oito membros.
Resultado esperado	• Ao final da etapa, devem estar definidos: • Um problema viável e com um elevado potencial de ganho. • Uma meta quantificável e o prazo para alcançá-la. • A equipe e o coordenador. • Outras responsabilidades (patrocinador e secretário). • Calendário de encontros e reuniões (desejável).

Advanced Kaizen

Passos detalhados

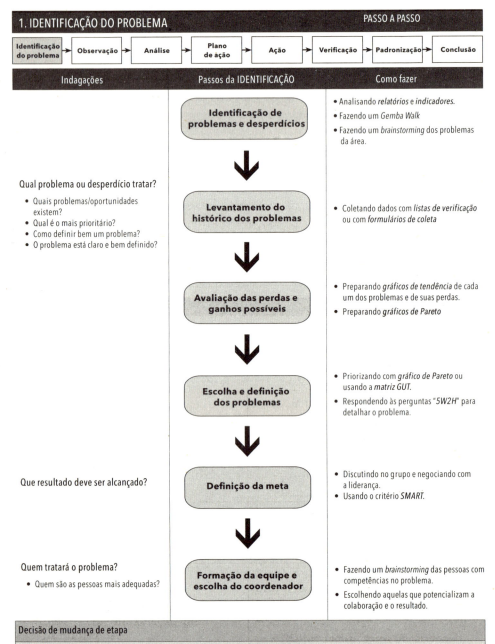

Descrição, orientações e comentários

A identificação do problema é a primeira etapa do MASP. Se ela for feita de forma clara e criteriosa, pode facilitar o desenvolvimento do trabalho e encurtar o tempo necessário à obtenção do resultado.[24] Mas se o problema for mal identificado, isso pode acarretar perda de tempo, conflitos da equipe e até abandono do projeto. Como dizem os mestres japoneses, um problema bem identificado é meio caminho andado.[25]

Os problemas estão por toda parte, e mesmo que não sejam evidentes, isso não quer dizer que eles não existam. Então é preciso ter atenção e cuidado para descobrir aqueles que estejam influenciando negativamente as políticas, as diretrizes e os objetivos.

Os problemas podem ser identificados por meio de relatórios, sistemas, quadros de gestão à vista e andando pela empresa para conversar com funcionários e clientes. Os indicadores são pontos de partida evidentes para provocar melhorias. No entanto, existem os elementos menos óbvios, que são os sete desperdícios de Ohno:

- Superprodução.
- Tempo de Espera.
- Transporte.
- Superprocessamento.
- Excesso de estoque.
- Movimentação.
- Defeitos.

Mesmo que os indicadores e as metas estejam dentro do esperado, podem existir melhorias a respeito do potencial em qualquer lugar e a qualquer tempo. Conforme afirma Ohno, se você tem um estoque de três peças em seu posto de trabalho, deveria reduzir para duas. Se tiver duas, poderia reduzir para uma ou até mesmo zero. E se já tem zero de estoque, então talvez possa aumentar a produtividade ou reduzir o custo. Se eles já estão otimizados, então podemos melhorar as condições de trabalho do operador para facilitar sua vida. Enfim, sempre há oportunidade para as melhorias.

É preciso lembrar que o MASP não se aplica a oportunidades para o Kaizen básico, com duração de minutos ou horas. O MASP deve ser aplicado onde o Kaizen básico esgotou as possibilidades e os problemas se tornam crônicos, mais difíceis de encontrar e solucionar, pois têm causas e soluções desconhecidas. É absolutamente relevante que o método seja bem descrito e que a lacuna provocada seja mensurável, para que as perdas possam ser avaliadas de forma objetiva. E posteriormente, os ganhos.

Uma avaliação geral do processo deve analisar os problemas e as oportunidades existentes para determinar quais são os mais prioritários, e depois indicar aquele mais relevante segundo os critérios preestabelecidos. Isso impede que a escolha aconteça por preferências pessoais ou outras influências que não sejam de importância para o negócio.

Muito frequentemente se refere aos problemas apenas mencionando onde eles estão, como na expedição, por exemplo. Isso evidentemente não caracteriza bem os problemas, que, aliás, nem sequer são problemas. São áreas, locais ou departamentos. Não se pode atribuir um problema simplesmente citando um local físico ou funcional.

Exemplos de problemas mal identificados e as dúvidas que eles remetem:

- Teor de açúcar: "Quanto? Alto? Baixo?"

- Máquina "tal": "Máquina X o quê? Para? Quebra?"

- Manutenção: "Manutenção? O que está errado?"

- Projeto do equipamento: "Qual o problema com o projeto?"

- Embalagem: "Embalagem o quê? Amassa? Deforma?"

- Indicador de retrabalho: "Alto? Baixo? Variando? Quanto?"

Espera-se que um processo de melhoria se inicie sem qualquer falha ou imprecisão. A definição errada do problema pode desencadear atritos, bem como perda de tempo em discussões sem fim. Não é o momento de tratar causas. Logo, a melhor forma de definir um problema é escolhendo aquele que seja um efeito final de fato inquestionável.

A título de sugestão, segue uma estrutura de frase que definiria bem um problema ou desperdício:

"O quê + Onde + Condição + Referência Correta"

Agora observe o Quadro 3.1, que explica o significado de cada parte da expressão:

O quê +	Onde +	Condição +	Referência
O que está errado ou anormal.	Onde o problema acontece.	Acima — Abaixo Alto — Baixo Aumento — Queda Diferente — Igual Variação anormal	O padrão correto e que não está sendo obtido.

QUADRO 3.1. Estrutura de uma Frase de Definição de Problema

Esses elementos podem ser especificados nessa ordem, ou em outra, para compor a frase que define o problema. O dado quantitativo pode ou não ser incluído na definição do problema.

Exemplos de definição clara de problema:

- Índice de disponibilidade do gerador abaixo do especificado.
- Teor de açúcar no refrigerante acima de 20%.
- Aumento de 20% no indicador de reclamação de clientes.
- Índice de devolução do produto "A" acima da média.

A referência, que é o último elemento da definição do problema, pode ser omitida caso ela seja sempre zero ou 100%, tal como acontece nas variáveis discretas. Uma contaminação, por exemplo.

O problema pode ser redefinido mais adiante na etapa de observação, se for concluído que ele não havia sido bem definido aqui nesta etapa.[26]

Para saber mais detalhes sobre os tipos de problemas ou desperdícios para aplicação do MASP, veja a seção 4.2 — Tipos de Problemas para a Aplicação do MASP — no Capítulo 4.

Erros típicos e como evitá-los

Erros típicos	Como evitar
• Escolha do problema por preferência ou votação.	• A escolha deve recair naquela de maior potencial de ganho entre as oportunidades existentes.
Definição errada ou vaga do problema, como: • Falta de... • Material/equipamento inapropriado/ inadequado. • Causas inferidas, não problemas; mencionadas "com certeza". • Falha humana. • Erro de projeto.	• Problema deve ser um fato, um efeito final e que seja inquestionável. • Ausência de soluções (falta de...) não constituem problemas. • Supostas causas não podem ser definidas com sendo problemas. Isso seria presunção, em vez da esperada objetividade.

(continua)

(continuação)

Erros típicos	Como evitar
• Constituição da equipe por pessoas que estão disponíveis no momento, e não aquelas mais adequadas.	• Quem deve fazer parte da equipe são as pessoas-chave, que realmente têm conhecimento e capacidades analíticas desejáveis. • Aprendizes, estagiários e *trainees* podem compor a equipe como parte de seu processo de formação.

QUADRO 3.2. Erros Típicos na Identificação do Problema
e Como Evitá-los

Observação

"O que realmente enriquece o homem não é a experiência, é a observação."

Henry Louis Mencken, jornalista e crítico social norte-americano

Atributos	Descrição
O que é	• Um processo de coleta e reunião de dados, informações e evidências de qualquer natureza: física ou sensorial (visual, auditiva...).
Objetivos	• Reunir a maior quantidade de elementos possíveis para fundamentar a análise do problema. • Planejar o projeto.
Quem executa	• A equipe de solução de problemas, no local onde o problema ocorre (*Gemba*), com o envolvimento de pessoas que têm lembranças, experiências, relatos, enfim, qualquer evidência que seja considerada relevante.
Benefícios	• Facilita a análise, pois alimenta a compreensão do problema com elementos que podem ser relevantes para seu entendimento.
Critérios	• Ir com a mente aberta e sem preconceitos ou ideias preconcebidas. • Observação se faz com os órgãos dos sentidos, assim, mantenha-os atentos. • Observar exaustivamente buscando evidências no local. • Reunir procedimentos, relatórios, estudos, relatos, indicadores, RNCs etc. • Questionar por que, por que e por quê. • Tirar fotos, sobretudo de detalhes ampliados, se possível. • Ter certeza de que o problema está bem definido (fato concreto e inquestionável). • Prever a duração do projeto: normalmente, entre três e seis meses.[27]
Resultado esperado	• Espera-se ao final que a equipe tenha: • Uma mesa cheia de evidências e informações para iniciar a análise. • O problema confirmado ou redefinido. • Um cronograma com os prazos de cada etapa do MASP.

Passos detalhados

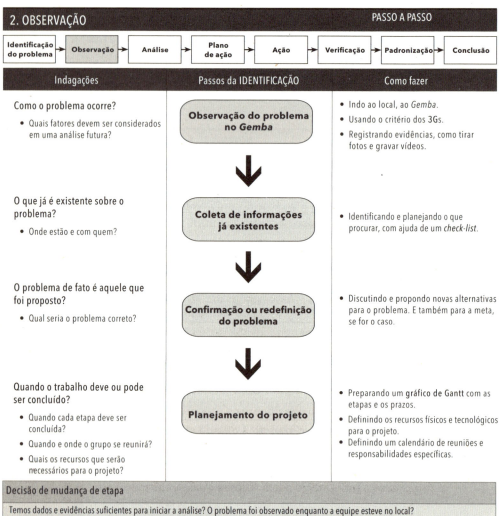

Descrição, orientações e comentários

A observação do problema é a segunda etapa do MASP e consiste na coleta de evidências, dados e informações a partir de vários pontos de vista. Todas essas pistas serão utilizadas posteriormente para obter a compreensão do processo que leva o problema a ocorrer.

A observação é o primeiro contato da equipe com o ambiente onde o problema acontece, pois visa atingir o nível mais elevado possível de consciência acerca de toda a problemática envolvida. O objetivo é coletar a maior quantidade possível de fatos, evidências, informações e dados, procurando reunir tudo o que possa ter relação com o problema.

A observação é um dos elementos mais básicos de qualquer investigação e é realizada utilizando-se alguns dos cinco órgãos dos sentidos — visão, audição, tato, olfato e paladar. Eles devem estar sempre muito atentos para que possam coletar a maior quantidade possível de evidências ao direcionar um processo de análise, algo a ser feito na etapa posterior.

Uma observação atenta, rica, devidamente registrada e que consiga trazer um volume considerável de informação estimula o processo de compreensão e também permite a criação de uma teoria explicativa plausível acerca do caminho percorrido pelas causas até o impacto final.

Fazendo o *Genchi Gembutsu* no *Gemba*

O primeiro passo na etapa de observação consiste em ir ao local onde o problema acontece. Isso é particularmente importante para realizar Kaizen no contexto da manufatura enxuta. Nada substitui a análise no local, e essa é a primeira coisa a ser feita após a estruturação do projeto.

O primeiro passo no MASP tradicional praticado comumente é a reunião de dados e informações preexistentes. Contudo, no MASP para a manufatura enxuta, isso é secundário. A primeira coisa a se fazer é ir ao *Gemba* conhecer o processo e observar atentamente para colher evidências novas.

Evidentemente, não se pode desprezar o que já foi feito, sobretudo no caso de um problema complexo que provavelmente já foi alvo de inúmeras tentativas de melhoria.[28] Por exemplo, em uma consulta, o médico costuma perguntar se o paciente trouxe exames realizados anteriormente. Como raramente alguém os leva, isso dificulta a compreensão da doença. Essas informações não apenas podem apresentar a realidade anterior, mas também sua evolução, além do resultado das intervenções anteriores serem bem ou malsucedidas. O passado malsucedido deve ser aprendido e não pode ser repetido.[29]

Redefinição do Problema

Após a observação, a equipe pode perceber que o problema não havia sido bem definido na etapa anterior. Nesse caso, munida de mais informação, a equipe pode confirmar ou mesmo propor uma redefinição do problema.

A redefinição acontece para:

a. Torná-lo mais específico. Por exemplo:

- De "material inadequado" para "teor de x abaixo no nível especificado".
- De "demora no atendimento" para "atendimento acima de x minutos".
- De "falha de equipamento" para "alto índice de parada da máquina tal".

b. Particularizar um tipo de causa observado como a mais comum. Por exemplo:

- De "baixa pressão de ar comprimido" para "vazamento na linha de ar comprimido", se observado que isso é realmente frequente.

c. Mudar o problema caso necessário. Por exemplo:

- De "ruído no motor" para "ruído na suspensão".

d. Transformar algo vago em algo mais preciso. Por exemplo:

- De "falha de projeto" para "folga no eixo".

Cronograma do projeto: por que ele fica nessa etapa?

A etapa de observação contém a construção de um cronograma de trabalho para gerenciamento do prazo do processo de melhoria. Uma vez que a equipe esteve no local e sentiu o tamanho do desafio que tem pela frente, ela estará mais preparada para assumir compromissos de prazos, podendo inferir a duração de cada etapa com mais embasamento.

É preciso lembrar que o cronograma não tem intenção de ser absolutamente preciso. Ele é muito mais um trilho do que um instrumento de pressão. Prazos não são promessas. Eles servem apenas de balizador do esforço para que a equipe não esmoreça, assim ela consegue perseguir o resultado com ritmo e afinco.

Erros típicos e como evitá-los

Erros típicos	Como evitar
• Saltar essa etapa por achar que já a conhece o suficiente.	• Ir ao local e observar o processo como nunca tinha observado antes. Por horas, se puder.
• Chegar com ideias preconcebidas, crenças, certezas e opiniões não fundamentadas.	• Considerando essas informações como meras hipóteses para confirmação posterior. Não saltando etapas por decorrência de alguma certeza apresentada.
• Ignorar evidências por distração, arrogância, prejulgamento ou preconceito.	• Trazer tudo o que encontrar. Vá renunciando ao excesso à medida que a análise (etapa seguinte) for acontecendo.
• Querer tratar um problema mal definido ou grande e amplo demais.	• Redefinindo o problema para atuar em algo que seja específico, pontual, real e provavelmente solúvel.
• Fazer uma observação rápida demais.	• Insistir em uma observação mais longa possível ou dividir em duas partes. A segunda provavelmente será mais bem aproveitada e proporcionará mais resultados.

QUADRO 3.3. Erros Típicos da Observação e Como Evitá-los

Análise

"Nunca tenha certeza de nada, porque a sabedoria começa com a dúvida."

Sigmund Freud, o pai da psicanálise

Atributos	Descrição
O que é	• Um processo de investigação baseado em evidências concretas.
Objetivo	• Descobrir a causa-raiz ou as causas que mais contribuem para a ocorrência do problema.
Quem executa	• A equipe de solução de problemas.
Benefícios	• Evita que causas sejam "chutadas", garantindo a objetividade do processo. • Aumenta o potencial de encontrar uma solução barata e eficaz. • Evita a perda de tempo e recursos com soluções paliativas, superficiais e ineficazes.
Critérios	• Nesse momento, as causas são meras hipóteses. Tudo o que for possível deve ser considerado. • Identificar o maior número possível de causas. • Quase sempre existem diversas causas atuando de forma conjunta. • Estruturar as causas hipotéticas em diagramas facilita sua visualização e seu entendimento. • As causas sempre se ramificam. Quase nunca são lineares (com uma única sequência de causas). • As causas devem ser descobertas, jamais escolhidas por consenso ou votadas. • A causa deve ser confirmada mesmo depois de encontrada. • Experimentos com dados e evidências devem ser usados sempre que possível para comprovar a causalidade das hipóteses.

Atributos	Descrição
	• Deve haver viabilidade para atuação na causa descoberta, o que não inclui: causas naturais (chuva, força da gravidade etc.), causas externas e sem controle (taxa de câmbio, política governamental), causas demasiadamente onerosas (equipamento obsoleto) ou causas demasiadamente complexas (a peça quebra toda vez que há interferência do operador em conjunção com um ajuste inadequado que força de alguma maneira). • Voltar e testar novas hipóteses se causa mais provável não for confirmada. • Nunca abandonar a objetividade, pois isso acarreta uma mudança de abordagem. • Não permitir que a ausência de soluções conhecidas direcione a análise da causa para uma direção mais confortável.
Resultado esperado	• Causa(s) real(is) descoberta(s) e comprovada(s).

Passos detalhados

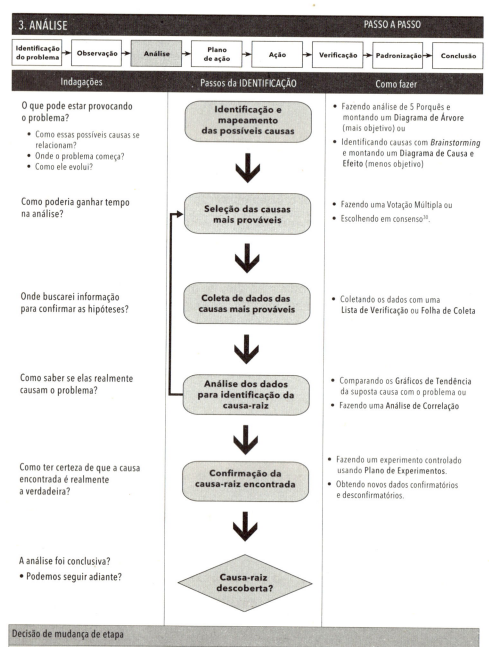

Descrição, orientações e comentários

A etapa de análise é o momento de descobrir as causas do problema. Para isso, é preciso compreender como o problema ocorre, e a partir daí, deve-se elucidar os caminhos aparentemente misteriosos por onde causas e efeitos se relacionam em cadeia até provocar as consequências e os impactos indesejáveis.

Portanto, trata-se de um processo investigativo iniciado com as evidências coletadas previamente na etapa de observação. Por isso, elas precisam ser em grandes quantidades, bem como precisam do suficiente para que a análise possa ser o mais completa e clara possível, com altas chances de sucesso.

Uma análise sem evidências, dados e informações se baseará em opiniões preconcebidas, julgamentos e presunções, que são contaminados por desejos, interesses, reações de defesa, vaidades, medo e superficialidade. A identificação de causas erradas levará à definição de ações que não mudarão a realidade, gerando frustração e perda de tempo e dinheiro. Por isso, a análise é uma das etapas mais importantes do processo de resolução de problemas.

A análise tem duas grandes partes: a primeira é a formulação de hipóteses casuais, e a segunda é o estudo delas, visando sua comprovação ou descarte como alvos potenciais de ação de melhoria.

Como ninguém sabe o que provoca o problema, o ponto de partida são os palpites dos membros da equipe. Os palpites sobre as causas são inicialmente baseados nas inferências das evidências coletadas no local e nas experiências das pessoas. Cada causa sugerida deve ser inserida em uma rede causal, como parte de um quebra-cabeça que explica a razão de ter sido considerada. Essa rede causal pode ser um diagrama de árvore ou um diagrama de causa e efeito (diagrama de Ishikawa).

O desafio inicial é desenvolver uma teoria explicativa hipotética, porém plausível, que explique a ocorrência do problema desde o princípio. Em seguida, segue a confirmação dessa hipótese por meio de dados coletados que demonstrem a influência das variáveis causais do problema ou desperdício nos processos.

Normalmente as pessoas preferem discutir ideias e opiniões, pois isso é mais confortável e não exige raciocínio analítico e nem coleta de informações concretas. Diante disso, a equipe pode abandonar a análise e partir para uma abordagem subjetiva, se arriscando a descaracterizar o método e perder o que foi feito, bem como as vantagens proporcionadas pelo MASP.

Como a estrutura causal é normalmente vaga e nebulosa, a etapa da análise é também a mais difícil, pois necessita de maior tempo para ser executada. A dificuldade dessa etapa reside na compreensão completa do fenômeno, o que pressupõe a construção de uma estrutura causal em forma de diagramas coerente, contendo os fatos, as evidências coletadas e seu passo a passo.

104 Advanced Kaizen

Além disso, um erro aqui pode fazer com que soluções erradas sejam definidas, levando ao fracasso. Assim, haverá mais desperdício e frustração, com possibilidades reais de perda de ritmo e abandono do projeto.

Estratégias de análise baseadas no *Lean Manufacturing*

Existem muitas diferenças entre a metodologia da manufatura enxuta e a gestão da qualidade total, o TQM. Ambas visam produzir com qualidade, mas é diferente a forma com que a primeira o faz, pois contém uma visão de negócio mais abrangente. O arcabouço metodológico de ambas é amplo e se compõe de seus próprios conceitos, modelos, métodos, processos, técnicas e instrumentos, embora muitos deles sejam convergentes. Não é o objetivo aqui descrever ou orientar sua elaboração, mas apenas citá-las como alternativas metodológicas.

Se for o caso, a seguir são apresentados alguns desses recursos que poderiam ser usados em uma análise dentro de um contexto de manufatura enxuta.

Elementos metodológicos	Propósito
Gemba Walk	• Observação executada pelas lideranças ou especialistas para identificar desperdícios ou outros problemas de processo ao darem soluções imediatas.
Diagrama de espaguete	• É um diagrama elaborado sobre o leiaute da área do processo, que representa os momentos do operador para executar um ciclo completo de tarefas. Ele evidencia a quantidade de movimentação antes e depois da melhoria.
Takt Time	• É o tempo em que o processo deve produzir um item para atender à necessidade do cliente. O *takt time* ajuda a determinar o ritmo de produção e o tempo máximo de cada etapa do processo produtivo para satisfazer a capacidade desejada.
Mapeamento do fluxo de valor	• Trata-se de um mapeamento pictórico do processo produtivo que permite evidenciar as condições em que ele se encontra, bem como sua capacidade de atender às necessidades do cliente, fundamentado por indicadores do processo. Ele inclui os processos externos de fornecimento e de entrega, destacando as oportunidades de melhoria.
Eficiência Geral do Equipamento (OEE)	• Indicador de confiabilidade de equipamentos. Uma vez calculado, fornece uma base de comparação entre metas e outros equipamentos para acompanhar a evolução na eliminação de resíduos; 100% OEE significa produção perfeita (fabricação apenas em peças aprovadas, no tempo certo e sem indisponibilidade).

QUADRO 3.4. Ferramentas *Lean* para Análise de Processos

Erros típicos e como evitá-los

Erros típicos	Como evitar
• Considerar apenas uma quantidade limitada de alternativas causais.	• Fazer a análise dos 5 porquês em micropassos; os problemas não acontecem aos saltos, mas sim em uma sequência de microacontecimentos. • Continuar o *brainstorming* de causas mesmo depois que as ideias parecem ter se esgotado.
• Indicação de causas sem comprovação.	• Causas não são votadas ou indicadas: elas são descobertas. Os dados devem falar por si.[31]
• Não confirmar a causa depois de ter sido descoberta.	• Confirmar com um estudo adicional ou com um experimento onde a causa seria inseria deliberadamente para ver se realmente provoca o problema.
• Desistir após tentativas malsucedidas de encontrar a causa real.	• Persistir. Não há problema que resista à determinação e a uma análise focada e objetiva.

QUADRO 3.5. Erros Típicos da Análise e Como Evitá-los

Plano de ação

"Boa sorte é o que acontece quando a oportunidade encontra o planejamento."

Thomas Edison, inventor norte-americano

Atributos	Descrição
O que é	• Idealização, sequenciamento, detalhamento e aprovação das ações necessárias para a solução do problema ou redução do desperdício.
Objetivo	• Encontrar a melhor solução entre as alternativas identificadas. • Planejar criteriosamente a execução das ações corretivas.
Quem executa	• A equipe de solução de problemas e a liderança.
Benefícios	• Proporciona previsibilidade e confiança na ação. • Garante o apoio institucional para a ação. • Evita desperdícios de tempo e recursos.

Critérios	• Deve ser identificado o maior número possível de alternativas de solução.
	• A liderança pode traçar ou determinar linhas de ação (estratégias).
	• Definir critérios de escolha:
	  – Mais efetiva, mais rápida, mais barata.
	  – QCAMS — Qualidade, Custo, Atendimento, Moral e Segurança.
	  – REI — Resultado, Execução e Investimento.
	  – Outros (análise de multicritérios).
	• A solução não deve causar efeitos secundários indesejáveis, porém deve provocar a maior quantidade possível de efeitos secundários positivos.
	• Apresentar todo o trabalho para a gerência, etapa por etapa do MASP.
	• Se a gerência mudar a estratégia de ação, todo o plano deve ser alterado.

Resultado esperado	Plano de ação definido, aprovado e composto por ações otimizadas.

Passos detalhados

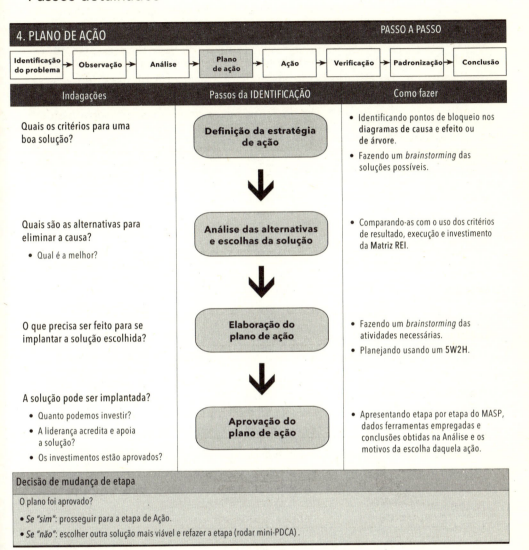

Descrição, orientações e comentários

Uma vez que as causas do problema foram identificadas e confirmadas, elas devem ser alvo de ação visando sua eliminação ou minimização. A eliminação seria fazer com que desapareça por completo, enquanto a minimização consiste em levar o nível da causa para um patamar tolerável de ocorrência.

Ao tratar um problema, muitas empresas têm o hábito insano de saltar todas as etapas anteriores para vir diretamente para cá. Quando diante de um problema, alguns gestores solicitam a elaboração de um plano de ação, sem qualquer tipo de análise. Essa atitude parte do falso pressuposto de que as soluções já existem, bastando colocá-las no papel para que os problemas desapareçam. Tal atitude pode até funcionar para problemas de causas e soluções conhecidas, mas dificilmente funcionará para problemas crônicos e complexos, para os quais conhecimentos novos precisam ser desenvolvidos.[32]

A execução dessa etapa compreende algumas partes: a escolha de uma estratégia de ataque, a definição e detalhamento de um conjunto de tarefas e a aprovação do plano de ação decorrente à liderança com poder decisório. As estratégias de solução podem proporcionar melhorias:

- Radicais ou incrementais.
- Rápidas ou mais eficazes.
- Onerosas ou baratas.
- Com foco na causa, no efeito (redução de consequências) ou no sistema (em parte ou no todo).
- Uma combinação dessas últimas.

Essas tarefas mitigadoras são normalmente definidas como ações corretivas ou contramedidas e devem ser realizadas sobre as causas do problema, nunca diretamente sobre os resultados. Assim, introduzindo algo que altere apenas a meta ou indicador, atuar sobre o efeito é um paliativo efêmero, portanto, não elimina a fonte do problema, ocasionando inevitavelmente sua reincidência.

A ação sobre a causa-raiz se justifica porque é onde as ações têm custo mais baixo em nível mais profundo possível. As perdas e os custos crescem por meio da progressão geométrica à medida que o problema avança sobre cada etapa da cadeia de valor.

As soluções podem ser procuradas dentro ou fora da organização usando-se um processo criativo. Para saber se uma solução é suficientemente boa, ela deve ser comparada com as outras por meio de critérios de decisão que incluem:

a. O grau do efeito para a redução do problema.

b. A viabilidade técnica de implementação da ação tal como foi planejada.

c. A economia de recursos e dinheiros em relação as demais alternativas.

d. A capacidade da solução de produzir a maior quantidade possível de efeitos secundários positivos em outros tipos de desperdícios.

Capítulo 3: O MASP 109

e. Benefícios econômicos.

f. Benefícios para a competitividade, imagem e reputação da organização.

g. Outros critérios de segurança, meio ambiente, *compliance*, satisfação etc.

Na qualidade total, é comum o uso dos critérios de qualidade, custo, entrega, moral e segurança. Além disso, não há como discutir uma solução qualquer na atualidade sem avaliar ainda o interesse das partes interessadas, que podem sofrer impactos de qualquer decisão organizacional. Questões de ordem legal e ambiental precisam ser avaliadas para validar qualquer escolha feita. Evidentemente, a solução escolhida não deve causar outros problemas, pois isso poderia invalidar completamente a ação de melhoria, por melhor que fosse ela.

Planos para o futuro não para o passado

Talvez a questão mais desafiadora ao desenhar soluções é olhar para a frente, e não para trás. Isso significa que a equipe precisa estar atenta aos movimentos futuros do negócio, além dos aspectos normais a serem avaliados ao desenhar uma solução, como:

- Evolução tecnológica.
- Obsolescência do processo ou produto.
- Manutenibilidade da solução.
- Facilidade de implantação.
- Abrangência para outros processos ou unidades da empresa.
- Tendências humanas e sociais.
- Grau de inovação da solução.
- Outras tendências mercadológicas internas e externas legais — estratégicas e operacionais.

Um olhar sobre esses aspectos, bem como sobre outros, pode ser fundamental para que a solução não seja abandonada. Dessa maneira, o esforço e o investimento empreendido não seriam perdidos.

É bom lembrar ainda que a atuação sobre a causa-raiz não é a única abordagem possível. A alteração do sistema pode produzir resultados excelentes sem atuação na causa propriamente dita, seja no todo ou em parte. Atuar no sistema seria invalidar todo o raciocínio de causa e efeito identificado pela eliminação puramente simples de algo que o descaracteriza.

110 Advanced Kaizen

Exemplos disso são apresentados a seguir:

Problema	Solução de rompimento
a) Custo de manutenção de veículos	Terceirização da frota
b) Quebra de um equipamento	Compra de material processado
c) Consumo elevado de material	Eliminação do material no produto
d) Desperdício de tempo	Remuneração por produção

Dentre os autores das disciplinas da gestão da qualidade total e da manufatura enxuta, talvez seja Graham W. Parker aquele que oferece um repertório maior de tipos de soluções possíveis.[33] Segundo ele, as soluções deveriam ser escolhidas prioritariamente na seguinte ordem:

a. Automatizar quando possível.

b. Redesenhar o processo/serviço/produto para ser robusto ou insensível às causas ou condições.

c. Eliminar a causa.

d. Monitorar 100% automaticamente para detectar defeitos por meio da implementação de sistemas à prova de erros.

e. Proteger o processo de condições fora de especificação.

f. Configurar os elementos ou estágios dos processos para que tenham redundância paralela.

g. Usar inspeção humana, intervenção e seleção, ou métodos de recuperação.

Observa-se que a eliminação da causa do problema, tida como solução tradicionalmente prioritária para tantos estudiosos da área da qualidade, é apontada apenas como a terceira opção dentre sete possíveis. Isso amplia significativamente as possibilidades de resolução.

Finalmente, o plano de ação deve ser aprovado seguindo o processo decisório da empresa, uma vez que a equipe de melhoria dificilmente recebe uma "carta branca" para gastar e implantar soluções sem anuência se seus superiores hierárquicos.

Essa aprovação deve ser feita apresentando o projeto de melhoria, etapa por etapa do MASP. Sua lógica, estruturação e objetividade — fatos, dados e evidências — proporciona elevado poder de convencimento. Não haverá espaço para dúvidas de que o processo foi bem conduzido, e que existem chances reais de sucesso na estratégia, nas ações e nos efeitos adicionais positivos decorrentes da solução escolhida.

Estratégias de ação baseadas no *Lean manufacturing*

No que diz respeito à estratégia de ação, se a equipe de Kaizen estiver imersa em um contexto de manufatura enxuta, ela deveria resgatar conceitos e práticas dessa metodologia para identificar quais podem ser adotadas para potencializar o resultado.

Por exemplo, durante a concepção de uma solução, caberia adequar o processo ao conceito de *Jidoka*? Existem máquinas e ferramentas em que o conceito de SMED seria apropriado? Talvez, mas a implantação do *Lean* não depende da realização da aplicação de um *Advanced Kaizen* ou do MASP. Esse arcabouço metodológico contém uma série de ferramentas que são implantadas *a priori* como parte do processo de incorporação da cultura. No entanto, a estratégia de ação poderia contemplar essas ferramentas, se houver condições favoráveis para isso.

Na sequência, são apresentados alguns recursos metodológicos que poderiam ser usados no delineamento de soluções. Não estão presentes as ferramentas de identificação e análise de processos, pois não são empregadas nesse momento do método.

Elemento metodológico	Propósito
5S	• Limpeza e organização da área de trabalho.
Andon	• Indicadores visuais (normalmente feito por luzes) que informam o processo sobre o risco de parada ou a parada do processo produtivo.
Análise de gargalo	• Serve para identificar pontos do processo, com menor capacidade produtiva, que limitam a capacidade do processo todo.
Manufatura celular	• Consiste na organização do processo produtivo em um fluxo contínuo de pequenas etapas sequenciadas, normalmente em postos de trabalho ordenadas na forma de "U".
Controles visuais	• Indicadores visuais, displays e controles utilizados em todas as fábricas para melhorar a comunicação das informações.
Zero defeito	• Conceito que pressupõe que um processo não deva jamais produzir um item com defeito. Isso envolve o projeto do processo, a adoção de dispositivos a prova de erro e atitudes dos operadores do processo.
"Poka-yoke"	• São dispositivos instalados nos processos produtivos que selecionam ou desviam não conformes, impedindo seguir para os processos adiante.
Organização do posto de trabalho	• Técnica de organização dos recursos — ferramentas e materiais — de tal forma que minimize o movimento e o esforço do operador, permitindo que ele trabalhe de maneira praticamente automatizada.

(continua)

112 Advanced Kaizen

(continuação)

Elemento metodológico	Propósito
Tempo de ciclo	• Trata-se da redução do ciclo de produção por meio da análise das atividades que não agregam valor, comumente chamadas de NVA *(Non-Value Adde)* ou NVAA *(Not-Value Added Activities)*.
Lean Thinking	• Pensamento enxuto. Trata-se de uma mentalidade que rompe com a ideia comum de ter recursos em abundância.
Fluxo contínuo	• Conceito sobre o qual um processo flui constantemente e sem paradas entre as etapas da fabricação (ou processo de serviço).
***Heijunka* (escalonamento de níveis)**	• Um conceito de produção que consiste em misturar diferentes produtos na mesma linha, conforme a demanda de cada produto, permitindo a produção apenas daquilo que é necessário e com um mínimo de estoque.
Hoshin Kanri	• Processo de gestão que alinha as metas da empresa (estratégia), com a gerência (tático) e os empregados (operacional).
Jidoka	• Projeto do processo de forma a automatizar parcialmente o processo de fabricação e parar automaticamente quando são detectados defeitos.
***Just-In-Time* (JIT)**	• Conceito que consiste em "puxar" a produção de componentes apenas com base na demanda do cliente, em vez de empurrá-los na linha da produção com base na demanda projetada. A implantação depende de uma série de ferramentas enxutas, como fluxo contínuo, *Heijunka, Kanban*, trabalho padronizado e *Takt Time*.
Kanban	• Um método de regulação do fluxo de materiais feito por meio de cartões que indicam os materiais ou componentes que são necessários, tendo por base a reposição automática, tanto dentro e fora da fábrica como com fornecedores e clientes.
Troca Rápida de Ferramentas (SMED — *Single Minute Exchange of Dies*)	• Consiste na redução do tempo de troca de ferramentas ao mínimo (máximo de dez minutos) para diminuição do custo fixo, dos lotes de produção.
Trabalho padronizado	• Procedimentos de operação documentados, que contêm a melhor maneira e o tempo para realizar a tarefa. O documento deve ser "vivo" e facilmente atualizável.
Manutenção Produtiva Total (TPM)	• Um conjunto metodológico abrangente de manutenção, focado na manutenção proativa e preventiva, visando maximizar a disponibilidade dos equipamentos. A implantação do TPM elimina a distinção entre as funções de produção e manutenção, transferindo parte das tarefas aos operadores, que ajudam a manter seus equipamentos limpos e em funcionamento.

Elemento metodológico	Propósito
Balanceamento do Processo	• Consiste em modificar os postos de trabalho de uma linha ou célula de produção, de forma a deixá-los com a mesma capacidade produtiva para potencializar a capacidade do processo todo. Ver Análise de Gargalo.

QUADRO 3.6. Metodologia *Lean* para a Melhoria

Erros típicos e como evitá-los

Erros típicos	Como evitar
• Forçar uma solução que já havia sido pensada desde o início.	• Chegar com uma ideia na cabeça pode impedir enxergar alternativas. Concentre-se na etapa que estiver sendo executada.
• Considerar apenas uma quantidade limitada de alternativas de solução.	• Identificar todas as soluções possíveis e mesmo as que pareçam impossíveis. • Os gestores desejam conhecer todas as alternativas.
• Se contentar com uma solução apenas suficientemente boa.	• Buscar soluções ótimas, que possam maximizar ganhos e minimizar esforços.
• Não considerar potenciais efeitos negativos da solução escolhida.	• Toda ação tem alguma chance de produzir também efeitos colaterais. Considerá-las antes de propor soluções aparentemente "perfeitas".
• Acreditar no apoio incondicional da gerência.	• A gerência precisa ser convencida, e não há outra forma senão mostrar informação consistente e comprovada. • Apresentar o projeto etapa por etapa, passo a passo, para que eles compreendam o histórico do projeto e suas diversas conclusões.

QUADRO 3.7. Erros Típicos do Plano de Ação e Como Evitá-los

Ação

"A grande finalidade da vida não é o conhecimento, mas a ação."

Thomas Huxley, biólogo britânico

Atributos	Descrição
O que é	• Implantação efetiva das atividades planejadas para a resolução do problema.
Objetivo	• Eliminar ou minimizar as causas que haviam sido identificadas, criando a maior quantidade de benefícios possíveis e sem criar outros efeitos indesejáveis.
Quem executa	• Os responsáveis definidos no plano de ação.
Benefícios	• Redução da resistência das pessoas. • Criação de um ambiente aberto e participativo de discussão do plano. • Garantia de que as ações serão implantadas conforme o planejado.
Critérios	• Estar convicto dos achados, conclusões e propostas. • Abertura para ouvir as eventuais críticas e sugestões. • Estar preparado para lidar com objeções e resistências. • Ajudar a implementar ações corretivas. • Flexibilidade para buscar o entendimento e harmonia.
Resultado esperado	• Envolvidos alinhados e comprometidos, e ações implantadas completamente ou o mais próximo do planejado que for possível.

Passos detalhados

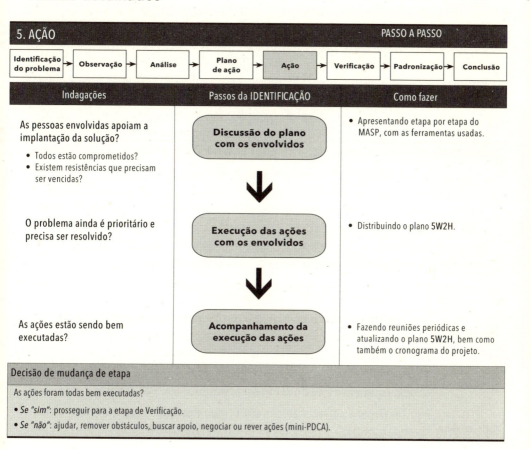

Descrição, orientações e comentários

A etapa de ação consiste na execução das tarefas e atividades previstas no plano de ação elaborado e aprovado anteriormente. A execução é provavelmente a etapa mais importante do MASP, pois é nela que a realidade é transformada. Podem acontecer objeções de toda ordem, pertinentes ou não, que colocam em risco a efetividade de todo o processo, embora todos pareçam estar engajados com a melhoria. Para evitar isso, é necessário promover um alinhamento entre os envolvidos para eliminar assimetrias na compreensão do entendimento da árvore de causas, bem como das soluções consideradas, escolhidas e aprovadas.

Como se trata de um processo inteiramente racional, os porquês devem ficar claros o tempo todo, sobretudo nesse momento, quando serão realizadas mudanças em processos, produtos e serviços, podendo provocar incômodo nas pessoas. E além dos componentes da própria equipe, devem participar do alinhamento os representantes que compõem os processos impactados. Even-

116 Advanced Kaizen

tualmente, podem ser incluídos fornecedores, *stakeholders* e outras pessoas que exerçam uma influência positiva para uma discussão ampla e aberta do plano. Isso inclui seu cronograma, responsabilidades, contribuições específicas, prazos, custos, consequências e potenciais impactos. A execução propriamente dita das ações deve ser realizada conforme definido no plano de ação. Se mudanças forem feitas a essa altura, novos elementos de análise, critérios e idiossincrasias podem ser incluídos de maneira intempestiva, sem passar pelas etapas anteriores do MASP. Se por acaso alguma ação não puder ser executada, então a equipe deve coletar os novos elementos para refazer a análise, considerando os aspectos pertinentes. Isso significa girar o miniPDCA dentro da própria etapa.

Durante a execução das ações, devem ser registrados: evolução, datas, mudanças, consequências e custos para a reavaliação na próxima etapa. O acompanhamento é fundamental também para remover obstáculos que venham a dificultar ou impedir uma execução conforme planejado. Se esses obstáculos forem grandes demais para a equipe, ela pode solicitar a ajuda de uma liderança superior, ou um patrocinador (*sponsor*[34]) previamente definido.

Outras atividades de acompanhamento podem incluir:[35]

- Verificação e revisão do progresso das tarefas e dos objetivos, do consumo de recursos, do compromisso de todos com a melhoria e da relevância do problema.

- Comunicação da evolução do trabalho para todos os que contribuíram e aqueles que são e que poderão ser afetados. Além das eventuais mudanças.

- Agradecimento e reconhecimento daqueles que estão contribuindo enquanto o projeto é feito, antes mesmo do encerramento.

- Pequenas correções.

- Revisão do plano de ação (tarefas, responsáveis, prazos).

Capítulo 3: O MASP 117

O acompanhamento tem ainda um propósito mais elevado, que é o de contribuir para o gerenciamento da mudança. Portanto, deve haver uma atenção especial aos os sentimentos das pessoas envolvidas, principalmente as resistências humanas, bem como algumas outras reações adversas. Por exemplo, egos inflados,[36] ciúmes, inveja, negatividade, boicotes, falsa adesão ou objeções técnicas pertinentes. Esses comportamentos limitantes e restritivos não devem ser desprezados, pois podem fazer qualquer iniciativa perder força e fracassar se estiverem presentes.

Erros típicos e como evitá-los

Erros típicos	Como evitar
• Ignorar a possibilidade de resistência interna e a pouca adesão.	• Apresentar o projeto etapa por etapa, passo a passo, para que eles compreendam o histórico do projeto. • Ouvir as pessoas antes de ir implantando as ações.
• Implantar a solução às pressas ou ter ansiedade para obter uma solução rápida.	• A ansiedade pode colocar tudo a perder e comprometer uma ótima solução. Ir com muita calma, conferir as soluções. • Fazer um teste piloto da solução antes de implementar totalmente a solução.
• Delegar as ações e não acompanhar seu andamento.	• Estar junto o tempo todo, monitorar de perto a execução, pois as atividades podem ser mal compreendidas ou interpretadas.
• Ignorar a possibilidade de as ações serem malsucedidas.	• Manter um olho na ação e outro no resultado.

QUADRO 3.8. Erros Típicos da Ação e Como Evitá-los

118 Advanced Kaizen

Verificação

"Acreditamos em Deus. Os demais, tragam os dados."

Edward Deming, estatístico

Atributos	Descrição
O que é	• Avaliação do resultado das ações de melhoria.
Objetivo	• Determinar grau de efetividade das ações e do cumprimento da meta.
Quem executa	• A equipe de solução de problemas, com participação dos responsáveis definidos no plano, e a liderança eventualmente.
Benefícios	• Garantia de um processo estruturado para a aceitação ou não do resultado. • Evidência clara da existência de efeitos indesejáveis das ações.
Critérios	• Usar os mesmos indicadores e gráficos usados anteriormente. • Igualdade de condições (antes/depois) para que os resultados sejam comparáveis. • Imparcialidade no julgamento do resultado. • Medir por um tempo razoável para ter segurança de que o resultado é confiável.
Resultado esperado	• Resultado claro da efetividade (eficácia e eficiência) das ações propostas executadas. • Conhecimento dos efeitos secundários, positivos ou negativos, esperados ou não, decorrentes das ações de melhoria implantadas. • Decisão clara da continuidade do projeto ou retorno à alguma etapa anterior.

Passos detalhados

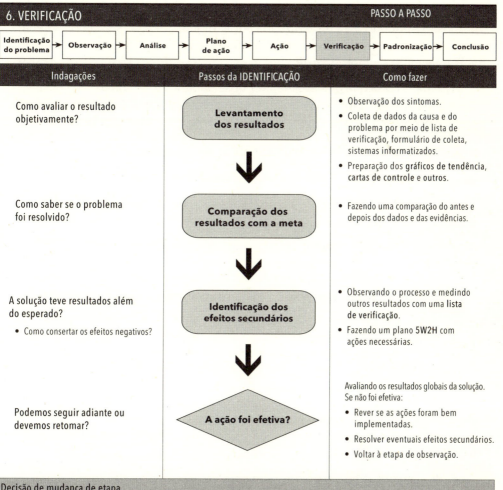

Descrição, orientações e comentários

A verificação é a atividade mais esperada no MASP, pois é aqui que os resultados do projeto serão avaliados. A equipe deve controlar sua ansiedade para não queimar etapas ou dar saltos que só prejudicam o resultado e desperdiçam recursos preciosos.

Provavelmente, a verificação é a etapa com maior convergência metodológica em todas as versões do *QC-Story*, MASP e abordagens científicas derivadas do PDCA. As demais etapas podem variar na quantidade, no nome ou em seu propósito, segundo o método de cada autor. Algumas etapas são simplesmente omissas de um método para outro. Entretanto, a verificação pouco varia, sendo uma unanimidade metodológica.

A primeira coisa que provavelmente é observada são os sintomas, se reduziram ou desapareceram. Eles são imediatamente percebidos, pois são mais fáceis de serem observados sensorialmente. Em seguida, coletam-se dados quantitativos.

Esses dados se compõem da medição:

- **Do problema**: o que se pretende eliminar ou reduzir.
- **Da causa-raiz**: aquilo que se controla visando resolver o problema.

FIGURA 3.7. Coleta de Dados nos Componentes do Problema

A meta definida na etapa de identificação do problema é a referência que deve ser comparada frente aos dados colhidos do processo. Os dados das consequências e impactos da solução podem ser colhidos mais adiante, após a padronização do processo e a confiança de que a solução é definitiva.

Reduzir o problema é o objetivo, no entanto, ele nunca é afetado diretamente, mas indiretamente pela atuação sobre suas causas. Por isso, o problema é denominado variável dependente, pois depende de outra para ser influenciado. Já as causas são variáveis independentes e podem ser controladas por artifícios relacionados aos processos, como ajustes, troca de ferramental, alteração de procedimentos, materiais ou outra ação.

A comparação antes/depois deve ser feita com as mesmas ferramentas, aquelas construídas com dados coletados da mesma forma quando os problemas e as causas foram mensurados.[37] Os dados podem ser inseridos no mesmo gráfico de tendência usado anteriormente, para que o histórico da evolução fique evidente.

Naturalmente, o esperado é que a causa e o problema diminuam, assim, a ansiedade das pessoas provavelmente as levará a evidenciar, em primeiro lugar, os impactos sobre os resultados do problema e do desperdício, afinal, é o objetivo do projeto de melhoria. Não se condena aqueles que assim o fazem, mas é relevante alertar para o fato de que o mecanismo de melhoria consiste em eliminar causas. Em princípio, a solução para eliminação ou redução das causas só será realmente obtida à medida que as ações forem bem implementadas e razoavelmente eficazes.

Fazendo uma analogia com um tratamento médico, o objetivo final que se busca é a melhoria do paciente. No entanto, o médico deve direcionar sua atenção nos causadores da doença e na garantia de que eles serão definitivamente controlados. Portanto, do ponto de vista metodológico, a equipe deveria se concentrar no controle da causa antes de celebrar a melhoria, pois arrisca perder o foco na análise de resultados e no projeto.

É sua confiabilidade um dos pontos que distingue o MASP em relação aos métodos de ação corretiva menos estruturados. Essa etapa prova a veracidade dessa afirmativa, pois ela considera a existência de efeitos secundários — positivos ou negativos — proporcionados pela ação que foi idealizada. Notoriamente, espera-se que a solução não provoque efeito secundário algum, e sim o contrário, que provoque a maior quantidade de efeitos secundários positivos possíveis. O desafio de quem trabalha em um projeto de *Advanced Kaizen* é demonstrar que isso foi obtido em elevado grau.

Uma questão que pode ser relevante é a de avaliação do ganho financeiro do projeto após a verificação da eficácia da solução. Porém, como é preciso esperar um tempo para que o resultado estabilize e haja certeza do resultado positivo, talvez seja melhor deixar a avaliação de impacto econômico para o final, na etapa 8 de conclusão.

Insucesso! Fazendo o PDCA girar

"O sucesso é ir de fracasso em fracasso sem perder o entusiasmo."

Winston Churchill

A etapa de verificação termina com uma decisão altamente relevante: a continuidade da sequência do MASP, ou o retorno às etapas anteriores no caso de insucesso. Na verdade, não é correto denominar esse movimento de retorno, uma vez que não configura um retrocesso, mas a continuidade do giro do PDCA e, certamente, a continuidade de todo o processo.

122 Advanced Kaizen

Metodologicamente, o movimento de revisão pode ser feito em direção:

- À etapa de observação, objetivando olhar o processo para coletar novas evidências.[38]
- Às etapas anteriores em ordem regressiva — ação, plano de ação, análise etc. — e assim sucessivamente, na sequência inversa do MASP.[39]

Esse "retorno" evidentemente não é desejável, mas precisa ser feito se a meta desejada não foi satisfatoriamente alcançada. Afinal, o potencial de fracasso sempre existe, e o grupo não pode se apegar às falsas expectativas, otimismos, esperanças ou à fé presentes em mentes ansiosas, infladas e pouco esclarecidas. É preciso ir adiante se a ação não deu resultado, rápido, para não perder tempo. Essa reação não é de retorno, afinal, o PDCA gira em um único sentido. Após o *Check*, a próxima etapa é o *Act*. E embora sejam feitas sobre tarefas realizadas anteriormente, são reações proativas, para avançar sempre.

Erros típicos e como evitá-los

Erros típicos	Como evitar
• Tirar conclusões apenas com os primeiros resultados.	• Não se comemora o campeonato após vencer a primeira partida. Da mesma forma, não se pode avaliar um resultado apenas pelos dados iniciais. • A coleta de resultados deve abranger três vezes a frequência de ocorrência do problema no mínimo.
• Ignorar a existência dos efeitos secundários negativos.	• Ser imparcial e mostrar os resultados que deram certo, mas também os que deram errado.
• Perder o rumo, não reagir diante do insucesso.	• Analisar e agir rapidamente sobre uma ou mais das três alternativas citadas. Voltar para rever logo e sem demora.
• Insistir em uma solução que não funciona.	Problemas não se resolvem com otimismo, mas com ação certeira sobre a causa. Abandone a etapa e revise: • Efeitos secundários negativos. • Ações mal executadas. • Algo que não foi considerado.

Erros típicos	Como evitar
• Ignorar os efeitos secundários positivos.	• Deixar de considerar os efeitos positivos é perder a oportunidade de valorizar o resultado bem-sucedido. • Benefícios tangíveis e intangíveis podem e devem ser avaliados e relatados.

QUADRO 3.9. Erros Típicos da Verificação e Como Evitá-los

Padronização

"Não existe controle sem padronização."

Joseph M. Juran

Atributos	Descrição
O que é	• Transferência definitiva do aprendizado obtido pela solução da equipe para a organização.
Objetivo	• Garantir que a solução seja incorporada pelo processo e em condições normais de trabalho.
Quem executa	• Engenharia de processos, a própria área ou aquele que tiver responsabilidade pela definição de procedimentos e treinamentos operacionais.
Benefícios	• Garantia de que a solução é boa e definitiva. • Incorporação da solução pela organização. • Indicação de que a equipe pode preparar a desmobilização do projeto de melhoria.
Critérios	• Os procedimentos devem institucionalizar a solução que teve sucesso. • O formato e a linguagem devem ser acessíveis aos que adotarão a solução. • As pessoas devem conseguir reproduzir a solução e obter os mesmos resultados. • A solução deve ser implantada de forma abrangente, em processos ou unidades semelhantes.

(continua)

124 Advanced Kaizen

(continuação)

Atributos	Descrição
Resultado esperado	• Solução completamente transferida para o processo. • Resultados bem-sucedidos, obtidos repetidas vezes e do mesmo nível daqueles obtidos na etapa de verificação.

Passos detalhados

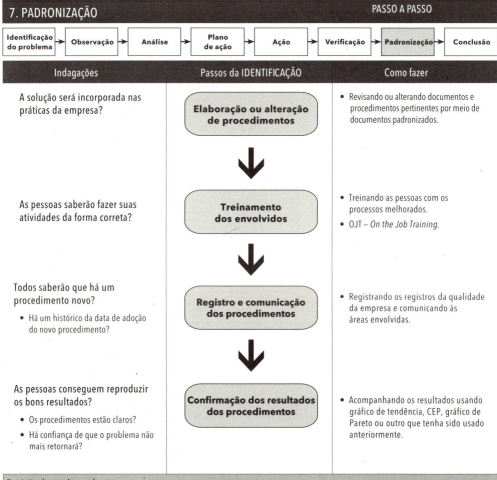

Descrição, orientações e comentários

Padronizar é um termo que contém múltiplos significados. É também unificar, formalizar, oficializar, socializar, sistematizar e reproduzir além de tornar algo padrão. Enfim, institucionalizar um método de trabalho que necessariamente leva ao resultado esperado.

Isso se faz por meio da criação ou revisão de documentos, que podem ser:

- Instruções de trabalho, procedimentos operacionais e manuais.
- Desenhos e especificações de produto ou de processo.
- Placas, lembretes, alertas e avisos, *Andon (Line Stop Alarm Light)*.
- Formulários.
- Fluxogramas (*Workflow*).
- Sistemas eletrônicos, sites.
- Quadros de gestão à vista e controles visuais.
- Outros (apostilas, folhetos, catálogos, contratos, pedidos etc.).

A padronização é a transposição da solução para o mundo real, na abrangência pertinente, e sua reprodutibilidade é um princípio científico. De nada adianta uma solução que funciona bem "em laboratório", ou em um contexto controlado, se ela não puder ser reproduzida em condições normais, com pessoas comuns, de "carne e osso", equipamentos e matérias de uso contínuo, com as variações do dia a dia.

Frequentemente acontece de a padronização ser idealizada, planejada e realizada como parte da solução desenvolvida e executada na etapa de ação. É possível que pouca coisa precise ser feita quando o projeto chega nessa etapa se isso acontecer, dado que a criação e difusão dos novos procedimentos fizeram parte da solução e contribuíram para resolver o problema.

A padronização tem uma importância para a aprendizagem organizacional. As empresas aprendem sobretudo por meio da resolução de problemas.[40] Dessa forma, uma vez desenvolvida, a solução e o conhecimento gerado deixam de pertencer à equipe para ser da organização. Portanto, a padronização é um processo de gestão do conhecimento.

A etapa de padronização se encerra com uma verificação de sua efetividade. Metodologicamente, consiste em girar um miniPDCA especial para esse fim. Dessa forma, se alguma coisa não funcionar, e a solução não puder ser reproduzida em condições normais, a padronização deve ser revista, por meio de:

- Modificação do treinamento do pessoal.

- Revisão de procedimentos ou dos métodos de trabalho.

- Modificação ou construção de dispositivos.

- Divisão da tarefa em partes mais simples.

- Em último caso, substituição da solução por outra.

É recomendável que a equipe faça uma análise de abrangência da solução. Isso significa averiguar a eventual existência de processos e produtos semelhantes onde o problema poderia também ocorrer, bem como avaliar a viabilidade de extensão da implantação da solução também para esses locais.[41] Os gatos têm sete vidas, mas os problemas têm mais. Não adianta consertar aqui e deixar ali desprotegido. Ignorar essa possibilidade seria deixar a porta aberta para a reincidência.

System Changeover: tipos de transição planejada

Alguns processos de trabalho não podem ser alterados facilmente. Além do risco de perda de qualidade envolvido, a conformidade aos procedimentos ou normas acordados com clientes ou órgãos reguladores pode ser uma exigência que precisa ser cumprida sob pena de sanções comerciais, financeiras ou legais.

Atividades econômicas regulamentadas dessa forma precisam passar por um processo suave de transição, ou *system changeover*. Assim, não há interrupção e nem prejuízos quaisquer, para quem quer que seja.

Segundo o HRZone, existem três métodos principais de *system changeover*: implementação em fases, execução paralela e troca direta.[42]

Implementação em fases: o sistema é substituído parte por parte. Se surgirem problemas, eles são limitados em escopo. Portanto, não são críticos. Depois que o sistema for alterado com êxito em uma área, as outras áreas poderão seguir o exemplo. As lições aprendidas durante a transição inicial são usadas para garantir o sucesso da transição como um todo.

Execução paralela: o antigo e o novo sistema funcionam lado a lado, usando dados dinâmicos, para que a eficiência e a confiabilidade do novo sistema sejam comparadas. Quando estiverem satisfeitos, o sistema antigo é interrompido e o novo sistema se torna totalmente ativo.

Troca direta: existe um único momento fixo (*breakpoint*) em que um sistema deixa de ser usado para o novo entrar em operação. Essa é a forma mais barata, rápida e fácil de mudar o sistema, mas também é a mais arriscada, pois se o novo não estiver funcionando de forma eficaz, a organização sofrerá as consequências.

Erros típicos e como evitá-los

Erros típicos	Como evitar
• Não realizar a padronização da solução. • Entrar em euforia e encerrar o trabalho após os sintomas desaparecerem na primeira verificação.	• Uma solução que não está no papel não existe. • Considerar o problema como ainda parcialmente resolvido e garantir que o processo esteja estável após a melhoria ser totalmente implantada no processo.
• Transferir a responsabilidade do treinamento e confirmação do resultado para outras pessoas ou funções.	• A transferência de responsabilidade sempre incorre em risco. A equipe deve acompanhar o resultado até o fim, garantindo que qualquer pessoa treinada consiga reproduzir os resultados obtidos anteriormente.
• Insistir em soluções boas, mas que as pessoas não conseguem reproduzir.	• Boas soluções são reprodutíveis. Repensar a padronização, o treinamento, ou até, se for o caso, a solução escolhida.
• Implantar a solução apenas onde o problema ocorreu.	• Fazer uma análise de abrangência e implantar a solução em outros pontos onde o problema poderia também ocorrer.

QUADRO 3.10. Erros Típicos da Padronização e Como Evitá-los

128 Advanced Kaizen

Conclusão

"O único modo de escapar da corrupção causada pelo sucesso é continuar trabalhando."

Albert Einstein

Atributos	Descrição
O que é	• Avaliação dos limites e dos resultados globais do projeto e da experiência.
Objetivos	• Recomendar futuras iniciativas sobre questões não tratadas. • Tirar o máximo de aprendizado da experiência. • Avaliar impactos positivos para a equipe e para a organização.
Quem executa	• A equipe de solução de problemas. Pode ser necessária a participação de um representante da área financeira para validar o resultado econômico do projeto.
Benefícios	• As oportunidades ainda existentes ficam evidentes. • O resultado é inquestionável, pois foi validado pela área financeira. • O grupo aprende com a experiência e aumenta seu potencial para enfrentar problemas mais complexos e desafiadores. • Compartilhamento e aprendizado coletivo.
Critérios	• Transparência quanto à limitação do projeto e às oportunidades ainda existentes. • Validação do resultado pela área financeira. • Honestidade para admitir erros e ponderação para apontar os acertos. • Abertura para o aprendizado. • Disposição para compartilhar conhecimento e experiências, mesmo que o projeto tenha sido malsucedido.
Resultado esperado	• Plano de ação ou recomendações de continuidade da melhoria. • Relatório do projeto, contendo todas as etapas, dados, gráficos, análises e conclusões. • Conhecimento do método, das ferramentas e da própria dinâmica do processo de resolução compartilhado e incorporado pela equipe e pares na empresa. • Reconhecimento pelo esforço, resultado e exemplo coletivo.

Passos detalhados

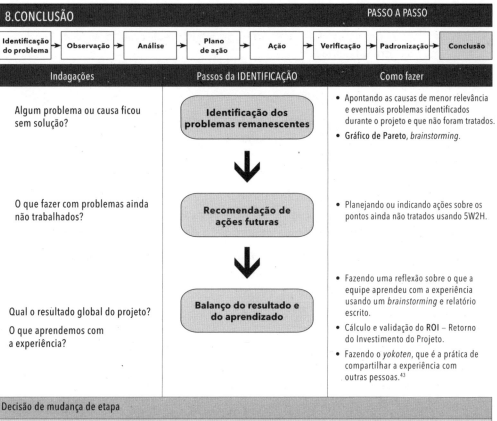

Descrição, orientações e comentários

A conclusão contém as atividades que possibilitam um balanço estruturado de resultados e um encerramento formal do projeto. A aplicação do MASP pode ser pontual ou de maneira contínua, onde os projetos se sucedem, um após o outro. Assim, pode ser interessante que haja uma ligação entre os diversos ciclos, apontando eventuais lacunas deixadas pelo projeto anterior.

Mesmo bem-sucedido, um projeto nunca é completamente abrangente a ponto de nada mais precisar ser feito no final. A perfeição não existe. Em relação aos problemas remanescentes, a recomendação ou sugestão de ações podem ser feitas sobre:

130 Advanced Kaizen

- Problemas ou desperdícios preteridos na etapa de identificação do problema.
- Causas não combatidas.
- Ações previstas, mas que não puderam ser realizadas (devido ao tempo ou outra dificuldade).
- Efeitos secundários identificados, mas não trabalhados.
- Problemas novos, identificados durante o desenvolvimento do projeto.
- O mesmo problema, caso o projeto tenha sido malsucedido.
- Necessidades de mudanças sistêmicas e de elevada importância estratégica.
- Problemas mais complexos.

O desenvolvimento de um projeto de melhoria é uma experiência rica, cujo potencial de aprendizado precisa ser aproveitado da melhor forma possível, tanto para os membros dos times quanto para os colegas da organização.

Algumas empresas lançam ciclos de melhoria no início do ano, divulgando previamente o momento de encerramento e da apresentação dos trabalhos, independente do resultado.

Essas convenções internas são realizadas com vários propósitos, dentre as quais:

- Realizam avaliações dos trabalhos.
- Dão *feedback* construtivo às equipes.
- Compartilham experiências e conhecimentos.
- Estimulam outras pessoas a desenvolverem seus próprios projetos de melhoria contínua.
- Reconhecem os esforços e resultados.
- Servem como estímulo para a manutenção do ritmo e conclusão do projeto.

Os encontros podem ser realizados também durante o andamento dos projetos, como estratégia de monitoramento corporativo para corrigir eventuais dificuldades. E também ajudam a equipe a retomar o rumo correto a tempo.

Resultados devem preferencialmente ser relatados de maneira formal, por meio de um relatório escrito, podendo conter:

- Apresentação da equipe e das pessoas.
- Relato do MASP, etapa por etapa e passo por passo.
- Gráficos e ferramentas da qualidade, bem como suas conclusões.
- Diagramas e esquemas representativos.
- Fotos, muitas fotos.

Capítulo 3: O MASP 131

- Resultado do projeto em termos de ganhos tangíveis e intangíveis.
- Inovações.
- Eventuais erros/enganos cometidos e o que poderia ter sido feito para evitá-los.
- Aspectos-chave que contribuíram para o sucesso.
- Lições aprendidas e recomendações para outras equipes em trabalhos futuros.[44]
- Agradecimentos.

Ganhos tangíveis incluem as melhorias no problema e o controle de suas causas, como benefícios secundários, consequências, impactos e ganhos financeiros na forma de retorno do investimento ou relação benefício-custo.

Se a solução for inovadora, o relatório pode enfatizar o resultado do processo criativo, patentes ou outros direitos.

> **"Em grandes tentativas, é glorioso até falhar."**
> **Vince Lombardi**

Ganhos intangíveis são elementos que podem ter destaque em um balanço de aprendizado, como melhorias nas relações, reconhecimento de mérito, colaboração, participação, entusiasmo e comprometimento.

Erros típicos e como evitá-los

Erros típicos	Como evitar
• Não compilar os resultados.	• Fazer um relatório final, etapa por etapa, seguindo o MASP.
• Não aproveitar o aprendizado dos projetos malsucedidos.	• O potencial de aprendizado costuma ser ainda maior quando as coisas não deram certo. • Criar um ambiente que valorize o esforço e o compartilhamento de experiências.

(continua)

(continuação)

Erros típicos	Como evitar
• Esconder o que deu errado.	• Ao relatar uma experiência, existe a tendência de comentar apenas o que deu certo. • No relatório ou na apresentação pública, exigir que os participantes compartilhem também as análises inconclusivas, as ferramentas mal empregadas e os ciclos de insucesso anteriores à conclusão do trabalho.

QUADRO 3.11. Erros Típicos da Conclusão e Como Evitá-los

3.5. O MASP E AS FERRAMENTAS

"Os homens criam as ferramentas. As ferramentas recriam os homens."

Marshall McLuhan, educador e filósofo canadense

Ao aplicar o MASP para resolver problemas, o usuário precisa inevitavelmente utilizar algumas ferramentas da qualidade. Isso significa que apenas o emprego do método não é suficiente para resolver problemas, e dessa forma, nem eliminar os desperdícios de forma efetiva e definitiva. É preciso que as ferramentas auxiliem o processo, fazendo algo que o método não é capaz.

A primeira coisa a ser esclarecida é a diferença entre método e ferramenta. O método é o caminho lógico, estruturado na forma de uma sequência de etapas previamente definidas, e o melhor roteiro para se chegar aos resultados esperados. O método é como um mapa indicador do melhor trajeto e que sempre será utilizado, pois ele foi estudado e escolhido entre algumas alternativas possíveis.

Já as ferramentas são instrumentos de diversos tipos para o trabalho, que são empregados algumas vezes durante o trajeto. Graham Parker, um autor da área da qualidade, faz uma analogia com uma situação de guerra, sendo o problema o inimigo a ser vencido.[45] Para ele, o método é o plano estratégico, desenhado para vencer da melhor forma o inimigo, usando o mínimo de recursos. As ferramentas são esses recursos, como armas, munição e equipamentos. Cada ferramenta é necessária na execução de uma tarefa elementar, em sua função específica e no momento adequado, conforme é mostrado no Quadro 3.12:

Autores / Etapas Do MASP \ Finalidades	Descobrir problemas	Planejar e gerenciar o projeto	Coletar dados	Organizar dados e informações	Analisar de processos	Analisar causas	Gerar ideias / Criatividade	Avaliar e tomar decisão	Implementar soluções	Estabelecer controle
Hosotani (1992)	X			X		X	X	X	X	X
Parker (1995)	X		X	X	X	X	X	X		X
Garvin (2001)		X	X	X			X	X		
Scholtes (2004)		X	X	X	X		X		X	
Tague (2005)		X	X		X	X	X	X		
Identificação do problema	X							X		
Observação		X			X					
Análise			X	X	X	X		X		
Plano de Ação		X					X	X	X	
Ação									X	X
Verificação			X	X				X		
Padronização								X	X	X
Conclusão	X									

QUADRO 3.12. Finalidade das Ferramentas e Etapa de Aplicação

A relação mostrada foi elaborada a partir da análise das funções observadas por diferentes autores.[46] Embora haja pequenas diferenças na classificação, as funções tendem à convergência. Todas essas funções são necessárias e estão implicitamente inseridas nas etapas e nos passos do MASP, eventualmente mais de uma vez.

É fácil perceber que essas funções são executadas mais ou menos na sequência de aplicação do método para quem já está familiarizado com o MASP. Assim, as ferramentas escolhidas e aplicadas para cada uma dessas funções seriam, *grosso modo,* na resolução de um problema usando MASP. Assim, as ferramentas são como instrumentos de trabalho em uma obra de construção, que são usados nas etapas definidas da obra (método) visando levantar uma casa e abrigar uma família (problema).

134 Advanced Kaizen

Devido à sua natureza, algumas ferramentas têm características que tendem mais à subjetividade, pois dependem de opiniões para serem empregadas. Já outras tendem mais à objetividade para haver o emprego de dados concretos na aplicação. A escolha do conjunto de ferramentas para aplicação tem relação com alguns aspectos, entre eles:

- O tipo de problema.
- O grau de objetividade.
- A familiaridade.
- A cultura organizacional.
- As preferências pessoais ou organizacionais.
- A relação íntima com o método de autor ou autores.
- Com padrões eventualmente predefinidos e organizados em uma relação, como o caso das sete ferramentas da qualidade, definidas no TQC japonês.

Além das ferramentas, outros recursos metodológicos estão disponíveis para o desenvolvimento de um projeto de melhoria em todas suas etapas. Na metodologia da manufatura enxuta, existem muitos deles, que são aplicados *a priori*. Isso significa que, uma vez adotada a metodologia, esses conceitos, essas técnicas e ferramentas são automaticamente incorporados. O fato se deve à manufatura enxuta ser um "guarda-chuva" metodológico que contempla aqueles recursos como elementos constituintes.

A relação a seguir não esgota a lista de ferramentas existentes, mas apenas cita as mais frequentemente empregadas em processos de *Advanced Kaizen*. A coluna Natureza indica a identidade do recurso, que pode ser:

Metodologia: conjunto amplo de recursos que pode incorporar os elementos de conceitos, técnicas e ferramentas além de modelos e processos (exemplo: *Total Quality Management*).

Conceito: ideia geral com uma definição distinta, que atribui um sentido global e abstrato representado por um elemento ou símbolo gramatical (exemplo: PDCA).

Técnica: forma distinta de executar uma tarefa específica.

Ferramenta: recurso empregado momentaneamente para um propósito restrito na obtenção de um resultado específico. Praticamente o mesmo que instrumento.

Capítulo 3: O MASP 135

Finalidades / Conceitos, Técnicas e ferramentas	NATUREZA	Descobrir problemas	Planejar e gerenciar o projeto	Coletar dados	Organizar dados e informações	Analisar processos	Analisar causas	Gerar ideias/Criatividade	Avaliar e tomar decisão	Implementar soluções	Estabelecer controle
5 Porquês	F					X	X				
5S	M									X	X
5W2H	F		X							X	
Análise de correlação	T						X				
Análise de gargalo	T						X				
Andon	C	X									X
Balanceamento do processo	T									X	X
Brainstorming	T							X			
CEP — Carta de Controle	F	X				X					X
Check-list	F					X					
Controles visuais	M										X
Critério 3Gs	T								X		
Critério QCAMS	T								X		
Critérios SMART	T								X		
Diagrama de árvore	F						X				
Diagrama de causa e efeito	F						X				

(continua)

136 Advanced Kaizen

(continuação)

Finalidades — Conceitos, Técnicas e ferramentas	NATUREZA	Descobrir problemas	Planejar e gerenciar o projeto	Coletar dados	Organizar dados e informações	Analisar processos	Analisar causas	Gerar ideias/Criatividade	Avaliar e tomar decisão	Implementar soluções	Estabelecer controle
Diagrama de espaguete	F	X				X					
Documentos padronizados	M									X	X
Eficiência Geral do Equipamento (OEE)	T	X							X		X
Estratificação	T				X	X			X		
Fluxo contínuo	C									X	
Fluxograma	F					X					
Folha de verificação	F			X							
Formulário de coleta	F			X							
Gemba Walk	T	X				X				X	
Genchi Gembutsu	T	X				X	X			X	
Gráfico de Gantt	F		X								
Gráfico de Pareto	F				X				X		X
Gráfico de tendência	F	X				X					X
Heijunka (escalonamento de níveis)	M								X		

Finalidades / CONCEITOS, TÉCNICAS E FERRAMENTAS	NATUREZA	Descobrir problemas	Planejar e gerenciar o projeto	Coletar dados	Organizar dados e informações	Analisar processos	Analisar causas	Gerar ideias/Criatividade	Avaliar e tomar decisão	Implementar soluções	Estabelecer controle
Hoshin Kanri	T									X	
Jidoka	C	X								X	
Just-In-Time (JIT)	M									X	
Kanban	M									X	X
Lean Thinking	C									X	
Manufatura celular	C									X	
Manutenção Produtiva Total (TPM)	M									X	
Mapeamento do fluxo de valor	F	X			X	X					
Matriz GUT	F	X							X		
Matriz REI	F								X		
Organização do posto de trabalho	T									X	
Plano de experimentos	F						X			X	
Poka-yoke	M	X								X	
Registros	F			X							X
Relatórios	F	X									X
Takt Time	F	X									X

(continua)

(continuação)

Conceitos, Técnicas e ferramentas	NATUREZA	Descobrir problemas	Planejar e gerenciar o projeto	Coletar dados	Organizar dados e informações	Analisar processos	Analisar causas	Gerar ideias/Criatividade	Avaliar e tomar decisão	Implementar soluções	Estabelecer controle
Tempo de ciclo	T	X									X
Teste de hipóteses	F						X		X		
Trabalho padronizado	M									X	X
Troca Rápida de Ferramentas (SMED — *Single Minute Exchange of Dies*)	C								X		
Zero defeito	C										X

QUADRO 3.13. Natureza e Finalidade das Ferramentas

As ferramentas com os demais elementos no Quadro 3.13 são extensivamente descritas e exemplificadas tanto na literatura quanto em páginas da internet. Portanto, como o foco aqui é o método — MASP —, elas serão tratadas com a profundidade necessária para um aprendizado inicial.

Capítulo 3: O MASP 139

Ferramentas para a identificação do problema

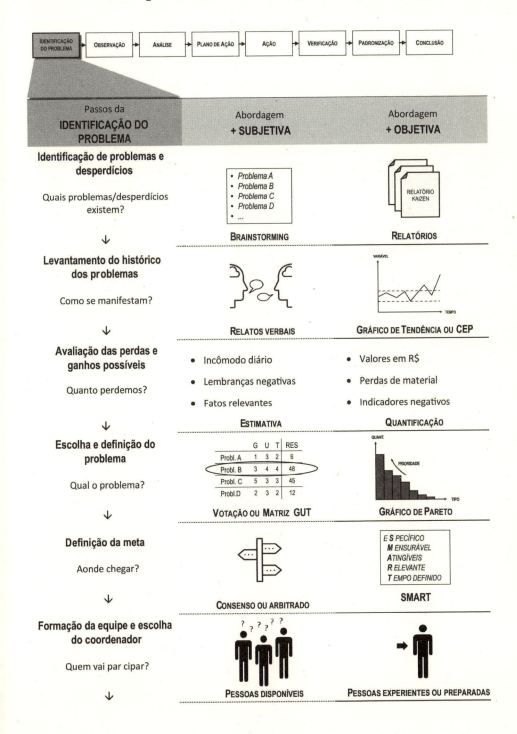

Ferramentas para a observação

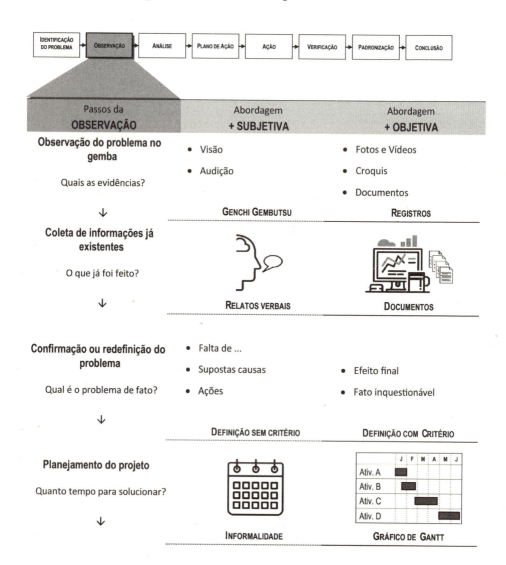

Capítulo 3: O MASP 141

Ferramentas para a análise

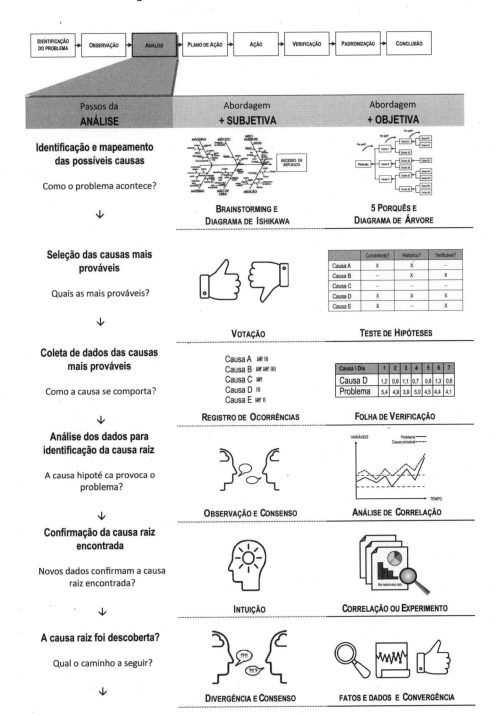

Ferramentas para o plano de ação

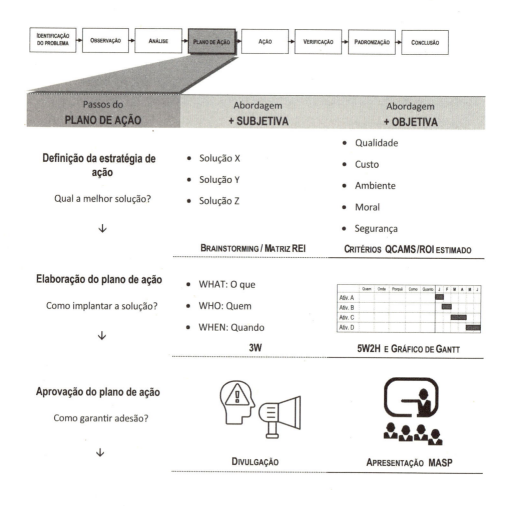

Capítulo 3: O MASP 143

Ferramentas para a ação

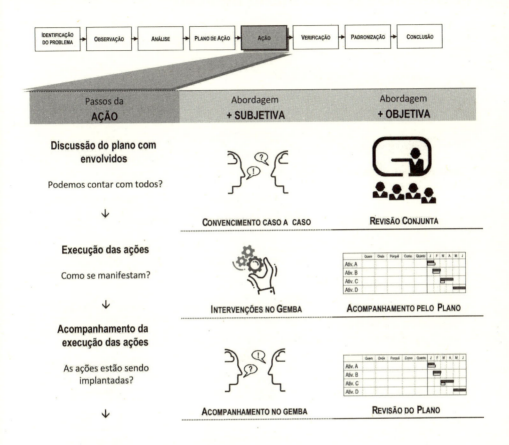

Ferramentas para a verificação

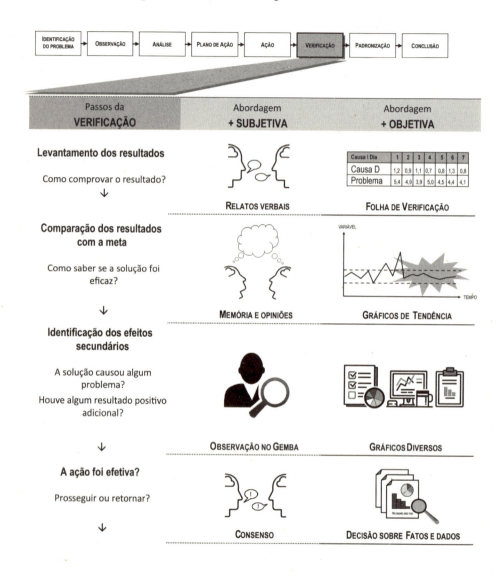

Ferramentas para a padronização

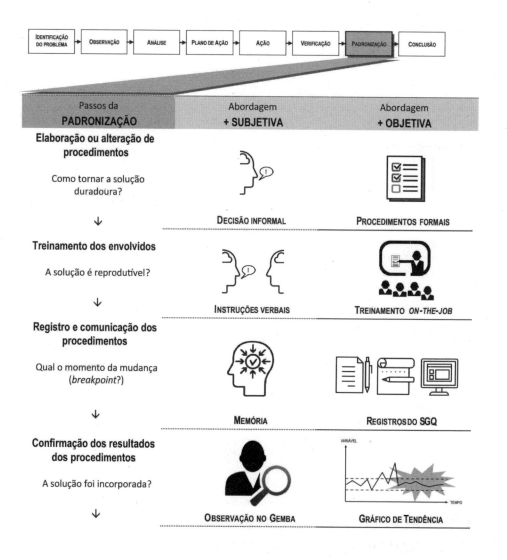

Ferramentas para a conclusão

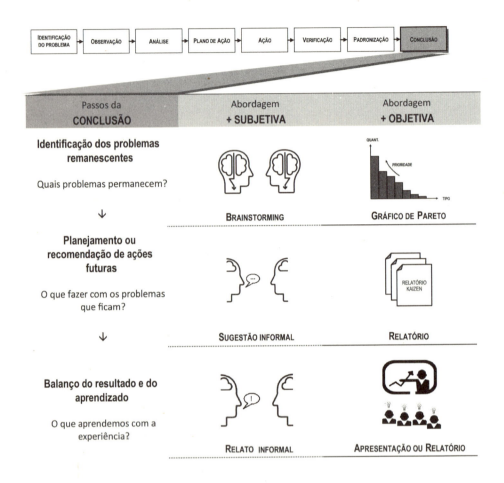

3.6. POR QUE O MASP É TÃO EFICAZ NA SOLUÇÃO DE PROBLEMAS

À primeira vista, quem não teve a oportunidade de conhecer o MASP pode ter a impressão de que se trata de um método longo ou complicado. O MASP realmente não foi concebido para problemas simples, domésticos, cuja solução pode ser encontrada consultando a memória ou perguntando a alguém. É um método desenvolvido para enfrentar problemas complexos, daqueles que não se sabe sequer por onde começar. Para esses casos, é razoável supor que sua solução não acontecerá como em um passe de mágica, mas, sim, após algum trabalho cuidadoso de análise e ação.

Para esses casos, é necessário um método robusto e mais estruturado, para evitar armadilhas presentes em nossa própria mente, no ambiente de trabalho e na confusão que envolve o problema, algo que pode dificultar bastante o processo de resolução. Assim, é uma ilusão acreditar que qualquer problema complexo pode ser resolvido da mesma forma, usando os mesmos métodos e no mesmo tempo que os problemas mais simples.

Se por um lado o MASP organiza o processo de resolução, por outro ele compensa esse esforço adicional proporcionando mais eficácia, devido aos vários atributos, tais como os descritos a seguir:

a. O viés científico, caracterizado pela objetividade metodológica, que tende a rejeitar a inferência e a tentativa e erro para priorizar o uso de fatos, dados e evidências para a análise e a tomada de decisões.

b. A abordagem de equipe, que permite reunir informações, experiências e percepções normalmente fragmentadas, que se encontram dispersos e ocultos, longe da superficialidade no corre-corre do dia a dia.

c. A concentração do esforço de melhoria em um projeto *ad hoc*, onde e quando pessoas e equipes podem se dedicar com mais intensidade no entendimento e na resolução.

d. A rica estruturação metodológica, que inclui todas as etapas essenciais de um processo de geração de conhecimento com vários tipos distintos de ação, seja sobre o problema ou sobre a geração de aprendizado.

e. A confirmação da causa-raiz, que garante que qualquer ação seja empreendida somente em alvos comprovados.

f. A fundamentação da tomada de decisão por meio de ferramentas objetivas que proporcionam mais convergência de opiniões e maior precisão.

g. A união do pensamento intuitivo com o analítico, da análise com a síntese, enfim, de diversas correntes filosóficas e que, usados em alternância, criam uma dinâmica apropriada para a efetividade das diversas escolhas realizadas durante o processo de resolução.[47]

h. O enfoque sobre a análise de causas, em detrimento da busca de uma solução apressada que, quase sempre está sob efeito da ansiedade e da superficialidade.

i. As indagações constantes que são feitas durante a aplicação do método, exigindo que a equipe se questione sobre as conclusões e sobre a capacidade da solução escolhida de eliminar o problema de forma definitiva.

j. A geração e transferência de conhecimento do indivíduo e da equipe para a organização. Essa trajetória é uma das bases da teoria da aprendizagem organizacional. Também explica por que as empresas melhoram seu desempenho e se adaptam melhor em um ambiente competitivo e de mudança.

k. A estruturação lógica do método, que facilita sua aprendizagem, permitindo que qualquer pessoa aprenda e aplique de forma efetiva.

l. A existência fundamental de uma etapa de verificação e correções posteriores, que impede a equipe de virar as costas para o problema após o primeiro e aparente sucesso.

m. A validação do método sob o nome de *QCStory*, em dezenas de países. Ao longo de décadas de aplicação, desde que foi criado no Japão, milhares de pessoas usaram e continuam usando o método em organizações de diversos portes e ramos.

n. E, finalmente, o tempo normalmente maior para dedicação de uma análise criteriosa em comparação com os métodos menos estruturados de ação corretiva, sendo a ineficácia desta já bastante conhecida pelas empresas certificadas nas normas de sistemas de gestão.

Como pode ser observado, o MASP tem muitas características que fazem dele um método muito poderoso. Contudo, sozinho não resolve todos os problemas, pois depende das pessoas para aplicá-lo da forma correta para que sua estruturação potencialize sua efetividade.

O MASP tem acesso fácil e barato, fazendo dele um recurso popular e democrático. Ele não exige um volume expressivo de recursos para que seja disseminado. Seus usuários são pessoas que estão envolvidas no trabalho, e não superespecialistas, cujo ego, vaidade e o individualismo prejudicam a aproximação e a cooperação, que são fundamentais, sobretudo em um contexto de manufatura enxuta.

Também por esse motivo, o MASP é o melhor método de resolução de problemas para o ambiente organizacional.

3.7. POR QUE O MASP É MAIS EFICAZ DO QUE A AÇÃO CORRETIVA TÍPICA

Todas as organizações têm problemas, e para tratá-los, elas usam diversas estratégias de resolução. Entre elas está a ação corretiva, cuja descrição de passos mínimos é encontrada na norma ISO 9001. No entanto, uma observação franca desses processos nas organizações certificadas pode colocar facilmente em dúvida se eles realmente funcionam. Prova disso é a frequente reincidência de não conformidades.

A popularização da ação corretiva típica, como procedimento e instrumento comum, se deu a partir da publicação das normas de sistemas de gestão. Porém, a intenção de simplificar acabou por ancorar o pensamento dos especialistas, que se contentaram em seguir roteiros mínimos. Com efeito, perdeu-se o detalhamento metodológico da ação corretiva consistente.

Parte da descrição do processo de resolução de problemas foi resgatada no MASP. As diferenças metodológicas, e suas aplicações entre o MASP e uma ação corretiva típica, são bem marcantes.[48]

Em primeiro lugar, os procedimentos de organizações certificadas normalmente incluem a correção da não conformidade como parte do processo, ou seja, o tratamento do efeito. Além disso, é comum incluir ainda a ação de bloqueio, para impedir que o problema avance em etapas subsequentes, sobretudo no cliente. Tais ações não dizem respeito à ação corretiva em si, pois se referem a outro capítulo da norma, o controle de produto não conforme. O MASP não contém essas ações, nem a de correção e nem a de bloqueio. O pressuposto de quem usa o MASP é o de que o problema seja crônico, portanto, as ações com o fim de lidar com efeitos provavelmente já foram devidamente implantadas.

A segunda diferença entre uma ação corretiva típica e o MASP diz respeito à etapa de identificação do problema. Enquanto na ação corretiva já é algo conhecido por ser o elemento que origina a ação de melhoria, no MASP os problemas do ambiente são identificados e considerados para a escolha do problema com maior prioridade. Isso possibilita um foco de ação mais racional e um potencial de resultado otimizado.

Na metodologia científica, a observação é uma etapa essencial, que objetiva a coleta de dados e evidências por meio dos órgãos dos sentidos. No MASP, a observação por meio do *gemba* merece uma etapa exclusiva. Uma observação bem-feita reduz a quantidade de elementos a serem considerados, facilitando o encurtamento do processo de análise. Ao saltar essa importante etapa, a ação corretiva pode levar o usuário a inferência, ignorando evidências que poderiam ser facilmente colhidas.

Outra diferença fundamental acontece dentro da etapa de análise. Normalmente, na ação corretiva típica, o usuário prepara um plano de ação após escolher a causa por simples inferência ou consenso. Não há certeza de fato de que se trata da causa fundamental do problema. Isso é o mesmo que prescrever um medicamento sem conhecer a doença! O usuário não cai nessa armadilha com o MASP, pois o método contém uma atividade que verifica a consistência da causa inicialmente encontrada, para confirmação de sua autenticidade como causa-raiz.

Já nas etapas de plano de ação e ação, o MASP se preocupa em definir uma estratégia clara de ação antes de definir o plano em si para convencer o engajamento das pessoas — gerentes e envolvidos — na necessidade da execução das ações para a eliminação das causas identificadas.

Na etapa de verificação, mais uma diferença: a ação corretiva não indaga sobre efeitos secundários negativos decorrente das ações adotadas. Soluções nem sempre são perfeitas, elas podem gerar outros problemas, e isso é totalmente ignorado por processos convencionais de ação corretiva.

Na etapa de padronização, mais uma diferença crítica. Quem usa o MASP não apenas formaliza os novos processos, mas também garante que eles foram absorvidos pelas pessoas envolvidas. Há uma confiança de que a organização tem potencial de replicação das soluções bem-sucedidas, caso contrário, um novo ciclo de padronização é completado, até que a solução seja transferida para o processo.

Finalmente, na etapa de conclusão, o MASP se preocupa em evidenciar os problemas ainda permanecentes no processo, pois não foram tratados. São os problemas remanescentes. Tal preocupação inexiste em um processo de ação corretiva típico.

Logo, cabe enfatizar como diferença final que o MASP não contém formulário para ser preenchido, ao contrário de uma ação corretiva. É comum as pessoas acharem que a resolução de um problema se baseia no preenchimento de um documento. Não havendo um formulário, a equipe se concentra nos dados e nas análises. O formulário, como um A3 se houver, pode ser empregado como um registro do andamento do trabalho e dos resultados, um instrumento secundário que visa relato ou transferência de conhecimento e aprendizado.

As diferenças não são apenas detalhes metodológicos, mas passos essenciais. Sob o pretexto de ganhar tempo, qualquer pessoa acaba saltando etapas sem pestanejar. Esses passos são como o "caminho das pedras", que, pisadas com cuidado ao atravessar o rio, fazem o andarilho chegar com segurança à outra margem, evitando se machucar ou cair na água. Isso explica a eficácia superior do MASP como roteiro metodológico para problemas e desperdícios complexos e crônicos nas organizações, usando ou não os conceitos de *lean* em seu negócio.

3.8. QUANTOS PDCAS TEM UM MASP

Embora o MASP esteja desdobrado de um único PDCA, muitos pequenos PDCAs são girados ao aplicarmos o método. Por se tratar de um pequeno PDCA, dentro de um PDCA maior, eles costumam ser denominados de miniPDCAs.[49] Isso acontece em diversas situações durante o *Advanced Kaizen*. Na primeira delas, o PDCA pode ser girado mais de uma vez caso a primeira tentativa de resolução for malsucedida. A equipe precisa voltar à etapa de observação se após a verificação ficar constatado que a meta não foi atingida. Assim, inicia-se um novo processo de análise e tentativa de solução. Ou seja, um novo PDCA. Quando um problema é realmente complexo e de difícil solução, a equipe faz essa volta diversas vezes, e outro PDCA é girado a cada volta.

A segunda situação, quando pode haver necessidade de girar o PDCA mais de uma vez, ocorre dentro de algumas etapas, particularmente na análise, no plano de ação, na verificação e na padronização. Essas etapas contêm atividades que podem necessitar de repetição.

Não há limite de quantos níveis são possíveis descer desdobrando miniPDCAs dentro de PDCAs maiores. Isso pode ser feito o quanto for necessário.

Na etapa de análise, o miniPDCA é girado várias vezes em cada momento que se procura encontrar e comprovar uma causa específica. A cada insucesso nessa busca, mais um miniPDCA é girado.

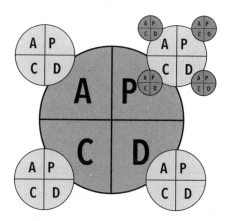

FIGURA 3.8. Desdobramento do PDCA em miniPDCAs

O plano de ação é a etapa em que um plano de melhoria é elaborado a partir de uma estratégia de ação predefinida e aprovada junto à liderança. Os gestores podem não concordar com a linha de ação escolhida pela equipe, então, como o plano de ação é decorrente dessa estratégia, ele deve ser refeito com base em outra estratégia. E nessa revisão, um miniPDCA também é girado.

Dentro da etapa de verificação, os miniPDCAs são girados quando aparecem efeitos secundários e indesejáveis. Eles são decorrentes das ações que deveriam apenas resolver o problema. Soluções, por melhores que sejam, também podem provocar problemas. E eles devem ser resolvidos, se isso acontecer.

Finalmente, na etapa de padronização, os miniPDCAs são girados se as pessoas não conseguem reproduzir as soluções que levam aos bons resultados. Uma solução só é boa se todos puderem reproduzi-la. Se isso não acontece, é fundamental girar um miniPDCA para redefinir a padronização, garantindo que a meta seja atingida de forma tranquila e perene.

E quanto mais se recorre ao PDCA, mais consistente é o processo de resolução. Portanto, as chances de sucessos são maiores também.

3.9. QUESTÕES PARA DISCUSSÃO E APLICAÇÃO

a. Qual a origem do MASP?

b. Quais as vantagens do MASP como método para resolução de problemas completos?

c. Quais são as etapas do MASP?

d. Por que o MASP é subdividido em subetapas ou passos menores?

e. Por que o PDCA é um conceito e não um método?

f. Por que a atitude responsiva é uma etapa fundamental, embora não seja necessariamente uma etapa do método?

g. Por que a identificação do problema é considerada meio caminho andado?

h. Qual a principal finalidade da etapa de observação do MASP? Onde e em quais condições ela deve ser realizada?

i. O que significa fazer o *Genchi Gembutsu* no *Gemba*?

j. Qual é o principal objetivo da etapa de análise?

k. Por que as estratégias de ação para a resolução de problemas podem ser diferentes num contexto de *Lean*?

l. O que uma equipe de Kaizen deve fazer diante do insucesso na resolução de um problema?

Capítulo 3: O MASP 153

m. O que são efeitos secundários ou adversos? O que uma equipe de Kaizen deve fazer quando estiver diante deles?

n. O que caracteriza um *System Changeover*? E como deve ser planejado?

o. Qual o objetivo de encerrar um projeto de Kaizen com a etapa de conclusão?

p. Qual a diferença entre método e ferramenta?

q. Por que as ferramentas são essenciais na resolução de um problema?

r. Quais são as finalidades básicas pelas quais as ferramentas são divididas?

s. Por que o MASP é um método eficaz na resolução de problemas complexos, crônicos e sistêmicos?

t. Por que o MASP é melhor e mais efetivo do que um procedimento de ação corretiva típico?

u. Quantos PDCAs são usados em um processo de Kaizen?

v. (Aplicação) Elabore um cronograma de projeto de Kaizen com MASP.

CAPÍTULO 4

APLICAÇÃO DO MASP

OBJETIVO DO CAPÍTULO

O objetivo do capítulo é abordar alguns tipos de contextos para melhoria usando o MASP, como na melhoria da produtividade, da capacidade e redução de desperdícios, eventualmente em parceria com fornecedores e mesmo clientes. Conjuntamente, o capítulo apresenta como usar o MASP como recurso metodológico essencial para desenvolvimento de *trainees*, empreendedores internos e inovadores, e também em problemas de natureza humana e social, fechando com o cálculo do retorno no investimento do projeto de melhoria.

Este capítulo serve para mostrar ao leitor que o MASP é um método com amplas possibilidades de aplicação e que essas oportunidades se beneficiam de sua consistência metodológica.

4.1. PREPARAÇÃO E PARTICIPAÇÃO DE REUNIÕES

"Ao falhar em se preparar, você está se preparando para falhar."

Benjamin Franklin

Reuniões são inevitáveis para o acompanhamento de um projeto de melhoria. Elas têm vários objetivos, que podem ser agrupados em algumas dimensões. Há três domínios sobre os quais as reuniões são importantes: domínio humano, metodológico e gerencial. Como a resolução de problemas é também um processo social, o encontro de pessoas é a base para que as relações se formem e o pacto pelo resultado seja fortemente constituído. Embora as discussões e tomadas de decisões também possam ser feitas usando recursos tecnológicos, como sistemas de comunicação em rede ou telefonia celular, nada substitui o olho no olho e a interação proporcionada pela conversa em torno de uma mesa. Reunir pessoas é essencial para a energização da equipe. Além disso, permite potencializar a capacidade de ação, compartilhar conhecimentos, aprender individualmente e coletivamente e construir um raciocínio escalar progressivo. E, naturalmente, minimizar o esforço individual, tanto físico quanto mental. É na presença das pessoas que o líder da equipe, e eventualmente o *sponsor*,[1] tem a chance de conscientizar os participantes do projeto de melhoria e, assim, fomentar a determinação necessária para superar os obstáculos e atingir os objetivos propostos.

Do ponto de vista metodológico, as reuniões são importantes por diversos motivos. Os mais óbvios consistem no planejamento de atividades para monitorar aquelas em andamento. Além disso, como a resolução de problemas complexos, se vale de um método estruturado — o MASP. Portanto, as reuniões servem para conduzir a análise e tomar decisões decorrentes dos resultados, das atividades ou sobre as mudanças de etapas no método. Frequentemente, é nas reuniões que as equipes aplicam algumas das ferramentas da qualidade, tratando e organizando dados a partir de constatações e evidências factuais para a obtenção de clareza e objetividade.

Finalmente, as reuniões exercem um papel também relevante do ponto de vista da gestão do projeto. Nem sempre a equipe mantém um ritmo adequado ao projeto. As dificuldades podem minar o trabalho, fazendo com que a equipe perca entusiasmo. A frequência de realização, a presença dos participantes da equipe, bem como a duração das reuniões podem ser indícios relevantes para o monitoramento da disposição e motivação no desenvolvimento do projeto.

Assim, é da observação do comportamento do grupo que se colhem indícios para a eventual intervenção pela coordenação geral ou gerência responsável pela melhoria contínua na empresa.

Mas é preciso lembrar que reuniões são apenas recursos. Elas jamais substituirão as atividades de observação no próprio local — *gemba* —, onde o problema acontece e suas causas devem ser identificadas. Além disso, a equipe deve ter cuidado para não perder o foco, alongando o encontro para além daquilo que seria produtivo.

A resolução de problemas complexos, onde o MASP normalmente é aplicado, tem como alvo problemas de natureza sistêmica. Por esse motivo, eles precisam ser tratados por meio de uma abordagem multidisciplinar, o que envolve atores bem escolhidos entre as áreas envolvidas. Embora elas sejam tradicionalmente presenciais, as tecnologias vêm substituindo a discussão tête-à-tête,[2] por meio de vídeo/audioconferências, correios eletrônicos ou softwares aplicativos de gestão de projetos na nuvem. Nesses casos, o planejamento de reuniões é ainda mais necessário, pois não há uma interação suficientemente flexível para ajustes de última hora.

A primeira questão a ser respondida antes de fazer uma reunião é seu objetivo ou propósito. Isso é fundamental tanto para a convocação quanto para a preparação dos participantes. Sem objetivo, é enorme o risco de enveredar por discussões sem fim. Por isso, a quantidade de reuniões, junto do propósito de cada uma delas, deve ser definida previamente, tal como as informações e os dados que os participantes levarão a cada encontro.

Exemplo, o objetivo da primeira reunião da equipe pode ser a organização do projeto. Nele inclui a definição do problema, a discussão, a aceitação da meta e a validação da composição do grupo de melhoria. Na etapa de observação do MASP, a segunda reunião poderia ser para o compartilhamento de evidências, fatos e dados coletados pelos membros ao visitar o *gemba*. Já na etapa de análise, as reuniões servem para modelar o problema e também construir os diagramas necessários para obter uma compreensão razoável sobre o mecanismo que leva o problema a ocorrer.

Outra recomendação importante é nunca ir a uma reunião de mãos vazias. Frequentemente as pessoas aparecem em uma reunião para discutir um problema munidas apenas de uma agenda e uma caneta, nada mais. Isso contribui para o abuso no uso de inferência, superficialidade, busca de culpados, comportamentos autísticos e atitudes defensivas que visam apenas "tirar o de cada um da reta".

Por outro lado, contribui muito quem leva algumas informações, dados, registros, históricos, compilados, análises ou até mesmo sondagens. Isso permite objetividade, que se traduz em melhores percepções nas tomadas de decisões mais efetivas. Evidentemente, é preciso que o participante do grupo de melhoria esteja a par do momento — da etapa do MASP — em que o grupo se encontra. Dessa forma, suas contribuições estarão alinhadas dentro do raciocínio resolutivo que está sendo desenvolvido. Talvez seja uma boa ideia rever as reuniões e decisões anteriores, para evitar rediscutir aspectos descartados ou perguntar aquilo de que, a princípio, todos já deveriam estar a par.[3]

Uma questão relevante quando se fala de reuniões é sua duração. Algumas são mais longas, como a de análise e elaboração de diagramas causais; outras, mais curtas, como as que envolvem a apresentação de resultados. Não creio que uma reunião para tratar de um problema que mereça ser resolvido dure menos do que uma hora. Mas também não deveria chegar a mais do que três ou quatro horas. No entanto, a urgência da resolução do problema pode determinar uma dedicação mais intensa, ou até mesmo exclusiva, visando acelerar as atividades para encurtar o prazo da obtenção de resultados. Uma *task-force* (força-tarefa) pode incluir a alocação de uma sala, recursos e pessoas dedicadas por dias ou mesmo semanas.[4]

Como penúltima dica, é preciso confiar e seguir as etapas do método — no caso o MASP. Portanto, o processo de melhoria deve ser visto como um projeto que tem suas etapas claras, com uma sequência lógica, sem saltos, omissões ou simplificações minimalistas. É preciso lembrar que o MASP se baseia na metodologia científica, um arcabouço sistemático que tem mais de 350 anos de história,[5] algo sobre o qual se baseia toda a ciência e as conquistas humanas recentes.

Finalmente, uma última orientação: é preciso respeito ao próximo, às opiniões contrárias e ao direito individual de tentar contribuir ou deixar sua contribuição, mesmo que o método contenha as etapas necessárias para a resolução de qualquer problema. Dessa forma, é preciso ceder em certos momentos, pois talvez não haja plena concordância com certos rumos. As "ideias fracas" vão caindo por terra. Aquilo que pode parecer inicialmente uma perda de tempo pode se mostrar de grande valia posteriormente. Afinal, é preciso tempo para o convencimento ao tratar objeções, assim como para administrar conflitos, resistências e até mesmo ciúmes.

É necessário ter em mente que qualquer agrupamento de pessoas é um processo social, e mesmo que elas tenham um objetivo comum, há uma série de riscos. Erros são costumeiramente cometidos no dia a dia de qualquer empresa, e muitos deles têm o potencial de transformar uma bela iniciativa em um fracasso retumbante. Por isso, o melhor método e as melhores ferramentas podem não ser suficientes para vencer o desafio de resolver um problema complexo. Um grupo bem entrosado e conduzido potencializa o resultado, logo, o todo é muito maior do que a soma das partes.

4.2. TIPOS DE PROBLEMA PARA APLICAÇÃO DO MASP

"Se realmente entendemos o problema, a resposta virá dele, porque a resposta não está separada do problema."

Jiddu Krishnamurti, guru indiano

O MASP é definido como um método destinado ao desenvolvimento de um processo de melhoria em um ambiente organizacional. Esse programa visa a solução de problemas e a obtenção de resultados otimizados. Ou seja, busca-se obter o máximo de benefícios com o menor esforço.

O MASP é aplicável aos problemas classificados como:

- **Reais:** podem ser observados ou mensurados no presente.
- **De reparação ou desempenho:** é uma abordagem para resolver, e não para evitar problemas.
- **Crônico:** há histórico de ocorrências no passado.
- **Sistêmicos:** normalmente envolvem várias áreas, mas não obrigatoriamente.

O MASP não é aplicável para problemas:

- **Do contexto externo:** conjunturais, políticos, macroeconômicos etc.
- **De concepção:** como a execução de uma obra, o desenvolvimento de um produto ou a organização de um evento.
- **Inacessíveis:** cujas causas não possam ser investigadas.

Normalmente, o MASP é aplicado em CCQs, grupos de Kaizen ou Grupo de Melhoria Contínua — GMC. Mas, se adaptado, pode ser aplicado a situações ou condições particulares, como:

- **Gerar inovação.**
- **Problemas de natureza humana ou social.**
- **Problemas de natureza administrativa.**
- **Aplicação individual (uma única pessoa).**
- **Problemas com tempo de resolução mais curto.**

A adaptação inclui a redefinição de etapas, eliminação ou inclusão de passos e a integração de ferramentas apropriadas ao tipo de dados a serem coletados por ocasião da investigação. Qualquer adaptação só deve ser feita se o novo MASP mantiver suas características intrínsecas de objetividade vindos da lógica científica.

A questão da objetividade é uma premissa básica de um processo de solução de problemas. O uso sistemático e consistente de fatos e dados numéricos durante o desenvolvimento do projeto de melhoria precisa ser mantido.[6] Como já visto, a subjetividade se baseia na interpretação do observador sobre os fatos, ou seja, sobre opiniões. A objetividade é o oposto disso.

O uso de fatos e dados serve justamente para evitar o uso exagerado da intuição, da experiência, de ideias preconcebidas, sexto sentido, superstições e processos heurísticos que podem até proporcionar um bom resultado, em alguns casos. Entretanto, esses processos não podem ser ensinados e nem sistematicamente repetidos, portanto, não se constituem em um mecanismo de bloqueio efetivo contra a reincidência ou degeneração do resultado.[7]

Os dados são gerados por processos de coleta, e depois transformados em informação por meio de interpretação para auxiliar a tomada de decisão. Porém, o que ocorre frequentemente é que a coleta de dados não pode ser feita em todos os produtos fabricados, devido ao elevado volume ou dificuldades de medição. Então a coleta de dados se dá por meio de amostragens utilizadas para cálculos ao determinar a situação e tendência, o que caracteriza um processo não absolutamente preciso, razão de essa categoria de ferramentas ser denominada métodos estatísticos.

4.3. IDENTIFICANDO OS COMPONENTES BÁSICOS DE UM PROBLEMA

"Quase nunca me fio nos primeiros pensamentos que me vêm à mente."

René Descartes

Ao contrário dos problemas simples, cuja causa e solução são facilmente identificáveis, os problemas complexos são difíceis de compreender à primeira vista sob um olhar apenas superficial. Eles não têm uma forma definida. São confusos. Caóticos. Problemas assim costumam ser evitados pelas pessoas, pois são misteriosos, intimidadores e desafiadores. Ao se falar deles, as expressões faciais mudam, revelando os fracassos. Logo aparecem justificativas nas tentativas de se obter explicações, relatos de tentativas frustradas de resolução, convicções duvidosas, suspeitas tendenciosas e até mesmo acusações sobre os culpados. Essas reações, geralmente normais, impedem a organização do pensamento, a caracterização da situação e a compreensão da problemática envolvida.

O MASP difere de outras abordagens de solução de problemas pelo fato de ser um método estruturado. Isso significa que suas etapas e seus passos são minuciosamente definidos, ordenados em uma sequência lógica e coerente, o que possibilita à equipe evoluir no processo de resolução de maneira consistente, com elevado potencial de sucesso.

Uma das primeiras coisas a se fazer ao tratar um problema é caracterizá-lo bem, e uma das formas de fazer isso é usando a técnica do 5W2H, que consiste em definir: "O quê", "Quando", "Onde", "Quem", "Por quê", "Como" e "Quanto" (perda). Outra maneira de orientar o usuário a obter uma clareza inicial essencial é na identificação e no mapeamento de seus componentes. A Figura 4.1 mostra um diagrama representativo dos componentes, a maneira que se manifestam e a sequência de definição.

Os componentes são:

- O problema propriamente dito.
- Os sintomas.

- As consequências.
- Os impactos.
- As causas.

FIGURA 4.1. Os Componentes Básicos do Problema

O **problema** é o evidente resultado indesejado de um processo, produto ou serviço. O problema deve ser um fato, jamais uma conjectura ou uma hipótese. Na cadeia de eventos, onde esses componentes acontecem em uma relação causal em sequência, o problema está no meio. Antes dele, está sua causa; logo depois, o sintoma, a consequência e o impacto. O problema nem sempre é percebido, pois pode estar oculto, provocando uma consequência igualmente oculta. Contanto, um outro componente pode revelá-lo: os sintomas.

Os **sintomas** são os sinais emitidos pelo problema na forma de estímulos sensoriais. Eles são captados por um ou mais órgãos dos sentidos: visão, audição, olfato, tato e paladar. Um som, uma visão, um cheiro, uma sensação na pele da vibração ou variação de calor, e um sabor específico. Quando presentes ao alcance desses órgãos de sentido, tais sinais enviam uma mensagem ao cérebro. Neles podemos deduzir qual problema pode estar acontecendo, em comparação com referências existentes. Isso indica que devemos estar atentos ao empreender uma resolução de problemas, com os sentidos em alerta, para recebermos a maior quantidade de sinais que possamos captar. A desvantagem disso depende de sua natureza ou intensidade, pois o sintoma pode ser falso. A ocorrência de falsos sintomas pode levar o observador a "desligar seus sensores", inferindo erroneamente que não são reais. Além disso, existem problemas assintomáticos que não emitem sinal algum. Esses problemas são os mais perigosos e traiçoeiros, porque quase sempre se revelam apenas tardiamente, às vezes pelas consequências e impactos, quando já é tarde demais para alguma ação efetiva. Por isso, um erro desastroso no tratamento de problemas é esconder seus sintomas, pois eles continuam a crescer, no calmo silêncio da negligência.

As **consequências** são os efeitos imediatos e intermediários dos problemas. Normalmente são percebidas pelos gestores em seus indicadores de processos e de produtos. As consequências imediatas são quase sempre negativas e incluem atrasos, devoluções, reclamações e retrabalhos. As consequências devem ser tratadas para minimizar os impactos nos resultados finais, sobretudo para evitar afetar clientes e outras partes interessadas. Entretanto, no ímpeto de não parar o processo, elas costumam ser tratadas com correções paliativas. O perigo é essas ações serem razoavelmente bem-sucedidas, o que pode levar as pessoas a acreditar que não precisam tratar os problemas e nem causas originais. Quase sempre a reincidência é o resultado inevitável dessa conclusão precipitada. Então, embora as consequências também possam ser tratadas, é um erro conceitual e metodológico frequentemente ingênuo e perigoso considerar as consequências imediatas como único alvo para ações corretivas.

Os **impactos** são os efeitos negativos significativos, tais como prejuízos financeiros e outras perdas de relevância para o negócio. Quanto maiores forem eles, mais justificáveis são os esforços para a eliminação do problema. Os impactos são de alto interesse da direção estratégica, por isso, sua análise é altamente relevante para a tomada de decisões. E também para a orientação organizacional. É fundamental que os impactos sejam identificados e avaliados ou estimados tão cedo quanto possível, para que possam ajudar na definição das prioridades para o tratamento. No entanto, embora a ocorrência de alguns problemas incomode as pessoas no dia a dia organizacional, muitos deles não provocam impactos significativos. Isso explica por que a liderança estratégica é relutante em empreender qualquer esforço de solução.

As **causas** estão do lado oposto na estrutura que compõe a situação indesejada da cadeia de eventos. Normalmente, as causas são em grande quantidade, geralmente dispostas em uma sequência misteriosa de relações "causa e efeito" que precisam ser elucidadas pela equipe. Isso acontece porque as causas são os alvos prioritários das ações e também por uma questão econômica: é mais barato e mais eficaz atuar na origem do problema, pois as perdas crescem em progressão geométrica a cada nova etapa que a situação indesejada avança na cadeia de valor. Por isso, todo esforço deve ser empreendido para encontrar a causa-raiz no nível mais profundo possível. No entanto, ações sobre várias causas podem ser necessários para neutralizar o efeito de cada uma delas, provocando reações positivas diversas, capazes de fazer o problema reduzir drasticamente ou até mesmo desaparecer por completo. Para que a investigação seja bem-sucedida, é essencial que as causas não sejam votadas, inferidas, determinadas ou consensadas. Elas devem ser descobertas e provadas. Por isso, no momento de sua identificação, há a necessidade de serem consideradas apenas como hipóteses, até a confirmação do grau de sua influência estar realizada por meio de fatos e dados.

Tipos de causas

As causas compreendem um conjunto de fatores que agem em cadeia para exercer alguma influência na ocorrência de um evento. Podem ser de um problema ou desperdício de difícil solução, em alto ou baixo grau, de forma pontual, constante ou intermitente.

As causas com relação ao nível de evidência e facilidade de encontro são:

- **Primárias**: se apresentam em níveis mais evidentes.
- **Intermediárias ou subjacentes**: estão em diferentes graus de profundidade, mais abaixo na cadeia causal.
- **Raiz, fundamental, principal**: são as causas que deram origem a toda a cadeia de efeitos que levam o problema a ocorrer, assim como suas consequências e seus impactos.[8]

As causas com relação à capacidade de atuação são:

- **Substanciais**: significa que se trata de algo com potencial de causalidade e de controle.
- **Naturais**: relativo ao ambiente físico, como o ar, a chuva, a temperatura, a umidade, a força da gravidade etc., sem poder de controle.
- **Conjunturais ou contextuais**: pertinente à condição em que o problema acontece, não sendo controláveis, pois não estão sob influência da organização ou das pessoas que estão empreendendo a solução do problema.

As causas naturais e conjunturais não podem ser influenciadas diretamente. Entretanto, contramedidas são facilmente encontradas para interromper seus efeitos indesejáveis. Exemplos disso são os telhados dos imóveis com as economias guardadas em um banco. Respectivamente, são ações para evitar que a chuva molhe os pertences e para que não haja falta de itens básicos em momentos de crise ou dificuldade.

É importante lembrar que as causas também podem ter seus próprios sintomas, que se manifestam antes mesmo da ocorrência do problema (ver Figura 4.2). Assim, é fundamental monitorá-los enquanto o problema não ocorre, para evitar as consequências negativas posteriores. Portanto, esses são os avisos mais importantes para os quais nossos órgãos dos sentidos devem estar muito atentos.[9]

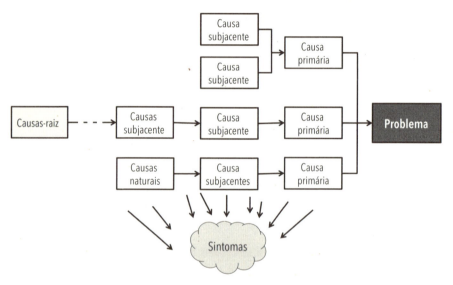

FIGURA 4.2. Problema, Sintomas e Causas de Diferentes Tipos

Um dos maiores erros em análise de causa-raiz é iniciá-la por um ramo causal em que não há possibilidade de ação. Trata-se de um caminho fatalista que inevitavelmente fará a equipe se sentir impotente para atuar sem conter ou resolver o problema.

Com exceção das causas, as identificações dos demais componentes do problema devem ser feitas na Etapa 1 do MASP — Identificação. Isso ajuda na caracterização de toda a problemática envolvida, bem como na reunião dos argumentos de defesa da execução de um projeto de melhoria.

Na sequência, o exemplo no caso de um pneu furado ilustra como identificar os componentes de um problema:

- **Problema**: pneu furado.
- **Sintomas**: ruído na roda; volante pesado.
- **Consequências**: parada para a troca; conserto; mãos ou roupas sujas; perda de tempo.
- **Impacto**: dinheiro para o conserto; atraso no compromisso; perda de oportunidades.
- **Causas primárias**: banda de rodagem muito fina; passagem sobre um prego.
- **Causas subjacentes**: desatenção; pneu com desgaste irregular.
- **Causas naturais**: chuva; neblina; visibilidade ruim.
- **Causas conjunturais**: buracos ou detritos na pista; prego no chão.
- **Causa-raiz**: desalinhamento da roda.

Existe ainda um último elemento possível em uma problemática: a causa de alta complexidade. Embora ela seja profunda, podendo ser a raiz, sua análise causal envereda por áreas obscuras ou de pouca possibilidade de análise, em que:

- Foge demasiadamente da expertise interna: eletrônica, sistemas selados, comportamentos dos lubrificantes, reações químicas etc.
- Não há *know-how* interno capaz de explicar o fenômeno: comportamentos e atitudes humanas.

A análise de fenômenos que se encaminham para esse tipo de causa pode ou deve ser evitada, a menos que a equipe tenha a intenção, e que haja disposição necessária para criar conhecimento novo e inovar. Se a equipe for bem-sucedida, o avanço por esse caminho evidentemente deixa de ser uma causa de alta complexidade.

Uma vez identificados os componentes do problema, o próximo passo é sua caracterização. Isso compreende responder às questões 5W2H — O que, Quem, Quando, Onde, Como, Por quê e Quanto. São importantes para caracterizar bem a situação, tal como as condições em que o problema acontece. Qualquer pessoa ou equipe arrisca a tratar do problema errado sem a identificação clara desses componentes, e esse é um risco que não merece ser corrido.

4.4. MELHORIA DA PRODUTIVIDADE COM MASP

"O indivíduo atinge sua maior prosperidade quando alcança o mais alto grau de eficiência, isto é, quando diariamente consegue o máximo rendimento."

Frederick W. Taylor

Enquanto a gestão da qualidade basicamente se preocupa com a eficácia, a produtividade é um indicador complementar de eficiência. Quanto mais produtivo é um processo, mais eficiente ele é.

A eficiência é uma relação entre as saídas e entradas de um processo. Isso pode ser genericamente representado por:[10]

$$\text{Produtividade} = \frac{\text{Saídas}}{\text{Entradas}}$$

As entradas podem ser de materiais, tempo, energia, insumos, mão de obra, área, máquina etc. Enfim, qualquer recurso que represente um ônus para a organização. As saídas podem ser de produtos, componentes, serviços, atividades, atendimentos ou qualquer outro bem, além do propósito desejado sobre onde a entrada é empregada. Assim, para aumentar a produtividade, é necessário aumentar as saídas ou reduzir as entradas.

A melhoria da produtividade é um tema relevante no contexto da manufatura enxuta, onde se pressupõe trabalhar com seus níveis altíssimos. A baixa produtividade pode ser provocada por vários fatores, e independente de quais sejam, é um desperdício. A produtividade é normalmente definida como a quantidade produzida pela quantidade de recursos empregada. Então, para aumentá-la, é necessário expandir uma ou reduzir a outra, respectivamente. Os sete desperdícios típicos do processo produtivo, denunciados por Ohno, tratam basicamente de aproveitar melhor os recursos. Ou seja, o trabalho com o foco na redução das entradas. Por sua vez, as saídas são resultados dependentes das vendas e da necessidade da produção puxada. Nesse caso, Ohno defende que devemos produzir apenas o necessário, isso inclui sua redução. Por fim, o alvo decorrente é o aproveitamento dos recursos ociosos em outra atividade.

PRODUTIVIDADE = Quantidade de Entrega / Quantidade de Recursos

- Se o recurso for o tempo, então a produtividade é a capacidade do processo expressa em quantidade de entregas por unidade de tempo.

CAPACIDADE = Quantidade Produzida / Tempo

- Se o enfoque da melhoria da capacidade for o tempo, então o aumento se faz com a redução no tempo de ciclo do processo.
- Se o tempo necessário à produção for menor, então mais entrega será feita para a produtividade subir.

Adaptação do MASP à melhoria da produtividade

É necessário se atentar para alguns detalhes ao usar o MASP na melhoria da produtividade. Na etapa de identificação do problema, é preciso ter pessoas comprometidas com a produtividade, um atributo muito importante para a competitividade, manutenção de empregos e a sobrevivência do negócio.

Em segundo lugar, a meta deve ser definida de acordo com a redução de recursos, como mão de obra, energia, equipamentos e materiais. A quantidade empregada desses recursos e seus custos devem ser levantados para servir como critério na definição dos alvos prioritários. Os sete desperdícios de Ohno servem como pistas valiosas das áreas onde esses alvos podem ser encontrados.

Já na etapa de observação, a equipe deve se familiarizar com o problema observando o fluxo do processo e, a partir disso, identificar os gargalos na execução de atividades e eventuais recursos que estejam ociosos no processo a serem melhorados. Posteriormente, fotos e vídeos podem auxiliar na observação mais atenta em local isolado.

Na etapa de análise, se encontram os principais ajustes no método. Em vez de analisar causas, como acontece na melhoria da qualidade, a melhoria na produtividade se dá por meio de estudo de tempos e movimentos, também conhecido como cronoanálise. A equipe deve inicialmente desdobrar o processo em atividades para medir os tempos de execução e a quantidade de recursos empregados em cada uma. Também devem ser considerados o ritmo, as condições do ambiente de trabalho, os aspectos ergonômicos e a boa disposição dos recursos e materiais. Em seguida, as atividades e seus respectivos tempos nos trabalhos devem ser divididos em dois grupos: aquelas que agregam valor e aquelas que não agregam valor (NVAs/NVAAs). As atividades que não agregam valor concentram o potencial de ganho da produtividade no processo, assim, os alvos de melhoria são as atividades que precisam ser eliminadas ou reduzidas ao máximo.

O diagrama de espaguete é a ferramenta normalmente empregada para evidenciar o desgaste e eliminar as perdas devido à falta da racionalidade do leiaute, principalmente quando se trata do tempo de deslocamento dos operadores.

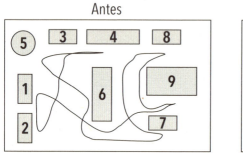 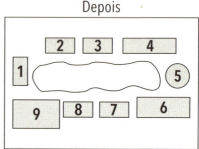

FIGURA 4.3. Diagrama de Espaguete — Exemplo

É importante observar que não há necessariamente uma preocupação de eliminação da causa-raiz em projetos de melhoria da capacidade. A causa-raiz já está determinada, embora oculta e não mensurada. O potencial do ganho será a soma dos pequenos benefícios obtidos no maior número possível de elementos das atividades. O objetivo é eliminar movimentos e tarefas, sobretudo aquelas em que o trabalho é feito de forma redundante, em conferência ou correção. Nos trabalhos executados em sequência, o desbalanceamento no tempo dos elementos provoca gargalos e ociosidades, o que pode aumentar significativamente a produtividade se eliminados.

Na etapa do plano de ação, a equipe deve avaliar as alternativas de redução das ineficiências e, a partir disso, elaborar um esboço de plano de ação para cada uma, considerando prazos, custos e impactos para a decisão gerencial. Um cálculo do retorno do investimento é essencial para ajudar na escolha da melhor alternativa. E depois de escolhida, ela deve ser detalhada em um plano de ação definitivo.

Finalmente, na etapa de verificação, além da comparação do resultado com a meta, a equipe deve contemplar também a avaliação dos eventuais efeitos secundários sobre a qualidade e o custo. A produtividade será elevada com o

Capítulo 4: Aplicação do Masp 169

aumento da produção, a redução da quantidade de recursos e a redução do tempo. Ou uma combinação de todos esses elementos. É fundamental lembrar que nenhuma perda secundária é admissível. Ao contrário, a equipe deve se desafiar a criar soluções que melhorem todos os aspectos relevantes de qualquer atividade; por exemplo, o QCAMSP — Qualidade, Custo, Meio Ambiente, Moral, Segurança e Produtividade, no mínimo.

Com relação às demais etapas do MASP, padronização e conclusão, não há adaptações metodológicas a serem feitas para o uso em problemas de melhoria da capacidade.

Análise do trabalho

É necessário fazer a análise do trabalho para a melhoria da produtividade. Isso significa levantar os aspectos que compõem o processo produtivo, seja determinar a capacidade real e potencial, como também a identificação dos elementos que elevam a capacidade do processo e da produtividade se forem modificados.

A análise do trabalho é realizada sobre os seguintes aspectos:

- Os tempos do processo — medição da duração das atividades, tarefas, elementos e/ou movimentos (cronoanálise).
- As condições em que o trabalho é realizado (análise do posto de trabalho): tipos e disposição dos recursos e materiais, esforço físico e mental empreendido, habilidade dos operadores, instruções de trabalho.
- As condições do processo: distribuição do trabalho (balanceamento), variação do mix de produção, tamanho dos lotes, duração do ciclo, grau de automação, deslocamento, set up (preparação) etc.
- Ambiente: temperatura, umidade, ruído, poeira, iluminação. Elementos que provocam fadiga e reduzem a quantidade produzida.
- Outros: segurança, meio ambiente, custo dos recursos e insumos.

O estudo de tempos consiste por si só em um conjunto metodológico completo, contendo os conceitos, os métodos, as técnicas e os instrumentos que sustentam a realização da coleta de informações inseridas na etapa de análise do MASP.

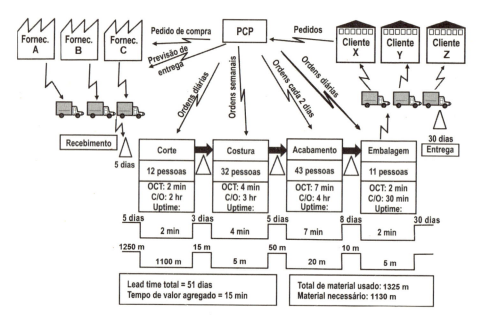

FIGURA 4.4. Mapa de Fluxo de Valor — Exemplo

Inicialmente, o processo produtivo precisa passar por uma análise sistêmica para avaliar o potencial de ganho. O principal instrumento para identificar e localizar as perdas é o mapa de fluxo de valor (do inglês *Value Stream Mapping* — *VSM*). O mapa de fluxo de valor é uma representação do processo como um todo que evidencia o potencial de ganho de um processo de forma abrangente. A partir daí, procura-se os processos com maior potencial de ganhos, que, uma vez identificados, devem ser alvo dos estudos de cronoanálise, visando identificar atividades, elementos e movimentos sem valor agregado.

Um exemplo de roteiro de processo de cronoanálise com esse propósito está representado na Figura 4.5, a seguir.

Capítulo 4: Aplicação do Masp 171

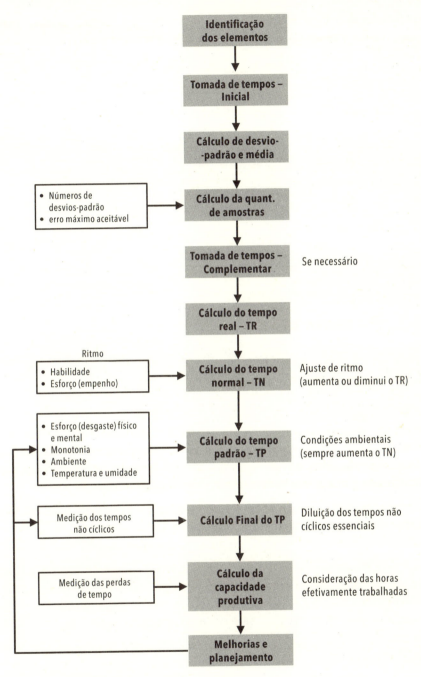

FIGURA 4.5. Fluxo de um Processo de Cronoanálise

A divisão das atividades em elementos antecede as etapas de medição, portanto, a hierarquia da divisão do trabalho pode acompanhar a relação em seguida:

- Cadeia de valor

- Processo

- Atividade

- Elemento

- Movimento

- Micromovimento

O normal é haver a medição de atividades, elementos e movimentos. O estudo de micromovimentos deve ser empreendido apenas para processos cujos elementos sejam muito curtos ou para aqueles que já estejam em estágio avançado de otimização e de alta produtividade.

Em um primeiro momento, o objetivo do estudo é determinar o tempo padrão. Isso diz respeito a por quanto tempo a tarefa pode ser realizada sem fadiga com as condições existentes. A eliminação ou minimização dessas condições desfavoráveis pode elevar substancialmente a produtividade.

Como o emprego de uma abordagem de *Advanced Kaizen* está sendo aqui defendido, o estudo do trabalho envolve observação estruturada e formal, com ajuda de formulários especialmente desenhados para tal.

A medição de tempo deve ser feita sobre uma quantidade de amostras representativas da atividade e também pode ser feita de maneira repetitiva, zerando o cronômetro a cada medição. Ou de repente continuar com o relógio acionado, coletando a hora em que cada atividade se inicia.

O formulário exemplificado na Figura 4.6 foi construído para a coleta dos dados de tempos em medição repetitiva para até sete atividades e contém alguns elementos relativos às condições do trabalho.

Capítulo 4: Aplicação do Masp 173

Cronoanálise - Folha de coleta para Ciclo Curto

Unidade:		Processo:	
Produto – descrição código:		Produção por hora informada:	Número de funcionários padrão:
Analista:	Data:	Temperatura / Umidade (T4):	

Ambiente (T3):
- ☐ Ruído intermitente
- ☐ Ruído intermitente
- ☐ Ruído constante e muito alto
- ☐ Poeira
- ☐ Iluminação abaixo do recomendado
- ☐ Iluminação muito abaixo do recomendado

	Operação 01	Operação 02	Operação 03	Operação 04	Operação 05	Operação 06	Operação 07
Operador							
Divisão							
Cód.Padrão							
Posição							
Esf. Mental	☐ Sim ☐ Não	☐ Sim ☐ Não	☐ Sim ☐ Não	☐ Sim ☐ Não	☐ Sim ☐ Não	☐ Sim ☐ Não	☐ Sim ☐ Não
Peso (kg)	☐1 ☐3 ☐9	☐1 ☐3 ☐9	☐1 ☐3 ☐9	☐1 ☐3 ☐9	☐1 ☐3 ☐9	☐1 ☐3 ☐9	☐1 ☐3 ☐9
Habilidade	☐B ☐N ☐A	☐B ☐N ☐A	☐B ☐N ☐A	☐B ☐N ☐A	☐B ☐N ☐A	☐B ☐N ☐A	☐B ☐N ☐A
Esforço	☐B ☐N ☐A	☐B ☐N ☐A	☐B ☐N ☐A	☐B ☐N ☐A	☐B ☐N ☐A	☐B ☐N ☐A	☐B ☐N ☐A
Observação							
Amostra				**TEMPOS (Segundos)**			
01							
02							
03							
04							
05							
06							
14							
15							
16							
17							
18							
19							
20							

Produção por/hora Cronometrada:
Atividade Gargalo: — Produção por hora:

Produção por/hora Medida:
Horário de início: — Horário de término: — Unidades: — (1) Produção/hora

Considerações:

FIGURA 4.6. Exemplo de Formulário de Cronoanálise (Recorte)
Fonte: Qualypro

As condições de trabalho, processo e ambiente são levantadas por observação atenta, com uma duração que permita evidenciar as típicas ocorrências consumidoras dos recursos do processo, pois prejudicam o tempo e diminuem a produtividade.

Análise do posto de trabalho

É preciso observar atentamente o trabalho de forma sistemática para identificar os movimentos e ações que provocam perdas de tempo. O estudo dos movimentos do corpo humano durante uma operação foi introduzido por Frank Gilbreth. A instrução procura eliminar movimentos desnecessários, assim como determinar a melhor sequência de forma a atingir maior produtividade.

A atividade de observação do trabalho deve ser feita separadamente da medição de tempos, pois ambas necessitam de atenção específica. Por isso, ela é feita com o uso de um formulário desenhado especificamente para a tarefa. A utilização de um instrumento pode auxiliar esse trabalho, pois contém os elementos para observar e avaliar *a priori*. Esse instrumento deve ser desenvolvido a partir dos elementos de verificação.

Na análise do projeto do trabalho devem ser eliminadas as atividades ou operações que não agregam valor, visto que são desnecessárias e ineficazes durante a execução.

Os principais tipos de movimentos que devem ser eliminados estão no Quadro 4.1.

Movimento a ser eliminado	Descrição
Cego	Executado pelo operador em local não visível, dificultando, assim, sua conclusão.
Segurar	Parada temporária de movimentos musculares ativos.
Mudança de controle	Transferir peça ou ferramenta de uma mão para a outra.
Posição inadequada	Movimentos normalmente imprecisos devido à posição anormal do corpo.
Complicados	Precisam de muita habilidade manual.
Esforço excessivo	Movimentos normalmente imprecisos devido a esforço acima do limite normal.
Espera	Aguarda com a ferramenta, peça ou mão vazia a execução da próxima tarefa.

Movimento a ser eliminado	Descrição
Perigoso	Pode incorrer em risco da segurança do operador ou das pessoas ao seu redor.
Direcionado	Movimento guiado pelos olhos.
Longo	Movimento fora da área normal de trabalho, normalmente torna-se desajeitado.
De desatenção	Gerado por uma falha do movimento original. Exemplo: pegar após cair.
Perda de controle	Retirar ferramenta da mão que deve ser usada constantemente.
Obstruído	Desviar movimento de uma linha reta devido a obstruções.
Desnecessário	Além dos mínimos requeridos pela operação.

QUADRO 4.1. Relação de Movimentos a Serem Eliminados

Muitas vezes, não podemos eliminar toda a operação, mas podemos dividi-la em elementos ou movimentos que podem ser racionalizados. A redução ou eliminação do número de movimentos ou da distância percorrida durante sua execução representa um menor tempo de execução e, consequentemente, um menor custo.

4.5. EVENTOS KAIZEN COM MASP

"[...] as melhores sugestões de melhorias geralmente vêm das pessoas que estão próximas aos problemas."

Masaaki Imai

O ambiente de trabalho em qualquer organização está repleto de problemas, de todos os tipos, frequências e gravidades. Em princípio, todos desejam soluções rápidas e que essas iniciativas de melhoria estejam perfeitamente integradas ao trabalho para acontecerem de forma contínua. No entanto, alguns problemas precisam ser tratados com mais rapidez, exigindo um esforço concentrado. Para esses casos, a empresa pode lançar mão da aplicação do MASP em um curto espaço de tempo, na forma de um tipo de acontecimento programado e planejado. Para viabilizar esse tipo de iniciativa, os eventos Kaizen conciliam a necessidade, a possibilidade e a capacidade de mudança.

Os eventos Kaizen são atividades de melhoria que acontecem de maneira rápida, para que um grupo de funcionários elimine algum desperdício crônico, com um nível de complexidade de baixo a médio. Sua preparação deve ser bem definida e planejada, para que aconteça em um curto espaço de tempo, algo que normalmente varia entre uma e quatro semanas.[11] Os eventos Kaizen são focados na ação e no resultado, etapas centrais do MASP. Isso significa que as etapas anteriores são realizadas previamente, e as etapas finais, posteriormente.

O MASP, com poucas adaptações, pode ser empregado como recurso metodológico para realização de um evento Kaizen por equipes previamente definidas.[12] A primeira e mais importante delas é dividir as etapas do MASP em três grupos. Dessa forma, o MASP será dividido em etapas mais amplas para serem realizados em três momentos diferentes: atividades preliminares, atividades do evento Kaizen e atividades pós-evento.

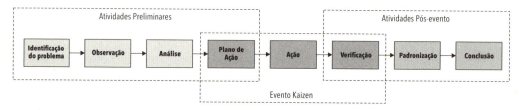

FIGURA 4.7. MASP para Evento Kaizen

Nas atividades preliminares, devem ser preparados os recursos necessários para a equipe executar a melhoria. Para isso, é necessário já ter em mente o que precisa ser feito; em outras palavras, as ações a serem tomadas. São fundamentais nas atividades preliminares, como as etapas de identificação do problema, a observação[13] e, ao menos, parte da análise. Talvez seja necessária a inclusão de parte do plano de ação, dependendo do tempo para a obtenção dos materiais e dos equipamentos, pois é quando os recursos são adquiridos ou mobilizados.

Evidentemente, a ideia não é usar o evento apenas para executar ações previamente definidas. Isso tiraria o trabalho nobre da análise do problema da equipe de Kaizen. Entretanto, uma providência-chave é garantir que não haja surpresas na semana do evento que possam impedir ou dificultar a execução das atividades e, consequentemente, limitar o sucesso da iniciativa.

A preparação de coletes, bonés, banners e outros recursos de mobilização também faz parte das atividades prévias, incluindo lanches diferenciados e música. Assim, a equipe se sente valorizada. Além de estimular a participação ativa, tais providências tornam-se um aspecto simbólico na criação de condições positivas para a incorporação da prática como parte da cultura organizacional.

As etapas do MASP de verificação, padronização e conclusão devem ser posicionadas como atividades pós-evento. Na medida do possível, algumas das atividades devem ser antecipadas, mesmo que de forma não completa, para ganhar tempo e viabilizar essas tarefas na sequência das etapas. Embora os resultados possam ser colhidos ao final do evento, a certeza de que o problema realmente foi resolvido, e a incorporação do aprendizado, virá seguido das verificações, ajustes e conclusões posteriores. A confiança no resultado não acontece em poucos dias, mas com o tempo, sendo dias ou semanas após o encerramento do projeto. E depois do MASP dividido nessas grandes etapas, restará para a equipe de Kaizen executar a etapa de ação, com algumas atividades da etapa anterior e posterior, análise e verificação. Assim, com o acréscimo de uma dinâmica animada e envolvente, bem como o monitoramento adequado nos dias do evento, tem-se uma organização estruturada para realizar a semana de Kaizen produtiva e alegre. Isso potencializa a participação, o aprendizado, a cooperação, a união e a motivação da equipe, algo que ocorrerá em um tempo relativamente exíguo, então por que não dizer até mesmo divertido.

4.6. KAIZEN E MASP EM PROBLEMAS COM FORNECEDORES

"Quando você quiser convencer alguém, fale de interesses, em vez de apelar à razão."

Benjamin Franklin

As cadeias de suprimento não param de crescer e se intensificar nas últimas décadas. De fato, esse é um caminho para a redução de custos, pela especialização e pelo ganho de escala proporcionado. A terceirização veio para ficar. No entanto, a adoção desse conceito pode acarretar uma série de problemas, que adentram invariavelmente os processos, a ponto de afetar os produtos e serviços, deixando os clientes insatisfeitos. Muitas vezes, não há clareza nas especificações ou detalhes do fornecimento. Os fornecedores são pressionados para entregar produtos e serviços de elevada qualidade e baixo custo, sob restrições elevadas que podem incluir, por exemplo:

- Falta ou escassez de especificações, desenhos, informações e dados.
- Tempos de fornecimento demasiadamente curtos.
- Materiais de baixa qualidade, fornecidos ou impostos pelo cliente, ou limitados pelo custo.

- Ferramental, equipamento e maquinário, ou processo de propriedade do cliente.
- Variação frequente ou abrupta no mix de produção.
- Alterações no projeto, com ou sem pouco tempo hábil para implantação ou qualificação.
- Qualidade de recursos da mão de obra, também limitados pelo custo.

Infelizmente, a ocorrência de problemas no processo de fornecimento parece ser inevitável.[14] Normalmente, a primeira reação é culpar o fornecedor, usando de ameaças e exigindo solução imediata, além de ressarcimento dos prejuízos. Mas, a coisa não é tão simples quanto parece. Os fornecedores têm motivos legítimos para se esquivarem de responsabilidades. Não se trata apenas dos custos envolvidos. Envolve questões de corresponsabilidade, do contexto estrutural da cadeia, questões legais, como sua imagem e reputação no mercado, o que pode colocar em risco sua sobrevivência. No entanto, é o consumidor final quem frequentemente paga pela ineficiência, e ninguém quer arcar com esse custo.

Apenas exigir melhorias pode ser uma atitude pouco produtiva quando os níveis de qualidade ou produtividade precisam ser melhorados ou as perdas são elevadas e as devoluções estão acima do mínimo desejado. As dificuldades do fornecedor para resolver seus problemas são, no mínimo, as mesmas. Na verdade, a dificuldade para resolver problemas em fornecedores é frequentemente maior, devido ao seu porte e estrutura menores, capacidade de investimento e restrições diversas com a dificuldade de acesso.

Muitos clientes usam o termo "parceria" para qualificar a relação com seus fornecedores. Essa expressão parece estar carregada de eufemismo. A atitude justifica a ajuda na capacitação da mão de obra ou a realização conjunta das atividades de Kaizen.

Talvez não seja economicamente viável que o cliente coloque profissionais altamente capacitados à disposição dos fornecedores para as atividades de Kaizen básico. No entanto, o potencial de ganho pode justificar o fomento e a participação das ações de *Advanced Kaizen*, com um roteiro estruturado e medições concretas, como oferecidas pelo MASP.

Assim, as equipes para a análise e solução dos problemas podem compor de representantes do cliente e do fornecedor. Essa cooperação pode ser feita de diversas formas.[15]

- Resolução conjunta.
- Resolução interativa.
- Resolução compartilhada.
- Resolução mútua.
- Resolução interdependente.
- Responsabilidade conjunta.

Capítulo 4: Aplicação do Masp 179

O modelo correto deve ser escolhido dependendo do tipo do problema, pois se ajustará melhor também ao molde de relação e disponibilidade de suporte. Mas é importante que ele seja amparado por uma metodologia consistente, apesar do modelo de resolução empregado. Isso sustenta um processo inclusivo para os aspectos que permeiam a relação cliente-fornecedor, um caminho que o MASP pode proporcionar.

Usando o MASP como recurso

É preciso estruturar um raciocínio que proporcione confiança e poder de convencimento para neutralizar reações de defesa, receios e desconfianças, coisa que o MASP tem de sobra.

Em primeiro lugar, é obrigatório abandonar a ideia de que alguém precisa ser culpado. As questões fundamentais a serem respondidas são: "Como o desperdício ou o problema acontece?", "Quais as causas e como elas atuaram para a ocorrência?" E para tal, o fornecedor envolvido deve participar na elucidação dos fatos, fornecendo informações que ajudem a compreender e comprovar a sequência dos eventos desencadeados pelo problema. Essa explicação causal só pode ser respondida por meio de dados comprobatórios, analisando aqueles colhidos das causas prováveis e do problema, para determinar a correlação entre as duas. As opiniões servem apenas como ponto de partida, logo, devem ser abandonadas à medida que o projeto avança. Dessa forma, o convencimento da origem da causa-raiz precisa ser não apenas descoberta, mas resistente a todas as hipóteses de refutação. Ou seja, é preciso provar porque a hipótese é a causa procurada e porque as demais alternativas não são. Disso resulta a confiança no processo.

Não há como cumprir essa condição sem analisar o problema em profundidade. É preciso ter um olhar em uma escala de ampliação que permita ver o invisível, ouvir o inaudível e sentir o que é insensível. Isso permitirá descobrir as causas imperceptíveis das quais talvez nem mesmo o fornecedor tenha conhecimento.[16] Outra maneira de convencê-lo é por meio de experimentos controlados que provocam o problema quando a causa está inserida no sistema. O "ver para crer" funciona se uma simulação fiel da realidade funcionar exatamente como o problema real diante dos próprios olhos.

O cliente como parceiro

Nem sempre o cliente é uma empresa mais estruturada do que seus fornecedores. Mas, diante do oposto, quando os clientes são grandes detentores de tecnologia gerencial, eles podem contribuir para que seus fornecedores aprendam a resolver problemas usando os métodos e as ferramentas de Kaizen. Isso é melhor do que simplesmente cobrar insistentemente por soluções que um fornecedor com menos acesso as metodologias. Além disso, o velho e antigo ditado diz: "Melhor do que dar o peixe é ensinar a pescar."

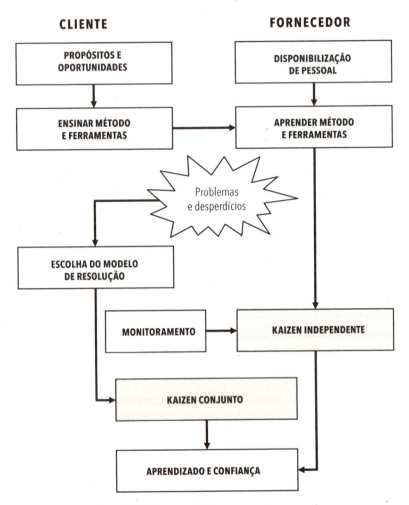

FIGURA 4.8. *Advanced Kaizen* em Fornecedores

O cliente mais estruturado pode fornecer cursos de formação e ferramentas para a resolução de problemas em MASP. Um desperdício, ou problema recorrente, pode ser a justificativa para desenvolver o fornecedor e fortalecer a relação. Se não houver espaço ou tempo para treinamento, o profissional do cliente pode ensinar o método enquanto o aplica, levando os profissionais do fornecedor a aprender enquanto fazem. Autores renomados garantem que o aprendizado pela ação consegue ser mais eficaz do que o aprendizado em sala de aula.[17]

Os projetos de melhoria para problemas e desperdícios crônicos podem ser acompanhados pelo representante do cliente. Podem ser agendadas reuniões de monitoramento, devidamente apoiadas por cronogramas, para garantir o ritmo e evolução. Esses encontros são bons momentos para sanar as eventuais dúvidas de natureza metodológica, esclarecer responsabilidades ou questões técnicas relativas aos produtos e à sua correta aplicação. Não seria surpresa se o próprio cliente aprendesse com essa experiência, descobrindo aspectos ou soluções para problemas de sua própria responsabilidade.

O diagrama a seguir ilustra o desenho conceitual desse processo de parceria e desenvolvimento.

Dessa forma, a coerção, ameaça e atribuição de culpa, que só provocam atritos e perdas de tempo, cedem espaço para a confiança, o profissionalismo e a objetividade. Isso reforça as relações de parceria, pavimentando os caminhos do futuro. Diante de tantos benefícios, ter problemas resolvidos parece ser um benefício secundário, então o método existe para que todos possam se beneficiar.

4.7. O MASP EM PROGRAMAS DE TRAINEES

"O homem é feito visivelmente para pensar; é toda a sua dignidade e todo o seu mérito; e todo o seu dever é pensar bem."

Blaise Pascal

Empresas que necessitam de resultados desafiadores precisam de pessoas e equipes de alto potencial e desempenho. Porém, nem sempre elas dispõem dessas pessoas em seus quadros, então a saída é recrutar externamente. Como esses profissionais são visados e caros no mercado, caso a hipótese de algum talento não se manifeste no novo contexto, muitas organizações de grande porte adotam programas de *trainees*. São processos seletivos destinados a atrair os melhores alunos recém-formados para seu quadro de empregados. As recompensas são muito atrativas e podem ser feitas na forma de salários, benefícios e, sobretudo, oportunidades de desenvolvimento e crescimento na carreira. Por isso, as poucas vagas são bastante disputadas pelos jovens promissores. Para a organização, trata-se de maneira de incorporar futuros líderes e arejar a cultura interna por meio de uma injeção de ânimo e introdução de novas formas de pensar.[18]

182 Advanced Kaizen

Após os processos de incorporação e integração, os *trainees* costumam ser desafiados a desenvolver um projeto com certo grau de dificuldade. A intenção é usar seu talento para que demonstrem sua capacidade de aprender e de promover mudanças. Espera-se também que possam ser bem-sucedidos e consigam fazer algo relevante, diferente do que as equipes já presentes não conseguiram, mesmo que o problema, os processos e todo o contexto sejam totalmente novos e adversos.[19] Diante disso, o MASP é o recurso ideal para que o *trainee* tenha a sustentação metodológica para desenvolver seu projeto.[20]

Os *trainees* podem ser instigados a procurar por oportunidades durante a jornada de apresentação do negócio, então, se eles conhecerem os processos organizacionais, será duplamente útil, primeiro para a introdução dos *trainees* na organização, e depois para o desenvolvimento do projeto propriamente dito. Fora que eles poderão usar seu potencial investigativo, ou seja, usufruirão o olhar isento de vícios para questionarem as práticas e os procedimentos internos aparentemente inconsistentes. A introdução ao negócio tem função bivalente, pois além de contribuir para a formação do *trainee*, provoca *insights* úteis em seus interlocutores durante a pesquisa exploratória, e isso trará benefícios para a própria empresa.

O tipo de problema é normalmente de natureza sistêmica e complexa, por isso, o *trainee* precisa trabalhar de maneira metódica e estruturada. Isso se revela ainda mais útil para esses casos, pois, como são recém-egressos, não têm experiências e conhecimentos tácito dos processos. As únicas armas que os *trainees* têm são os potenciais analíticos e motivacionais. Porém, não é o suficiente para resolverem problemas. É preciso uma estruturação metodológica. É preciso um método robusto. O MASP e suas ferramentas mais comuns podem ser ensinados como parte de sua formação. O correto uso desses recursos pode servir como critério de avaliação, para certificar a capacidade deles de escolher, aprender e aplicar esses valiosos instrumentos de gestão.

Acrescente o fato de ser essencial a um *trainee* atuar com desenvoltura em equipes. Tal competência é inerente à natureza de qualquer projeto de melhoria, usando ou não o MASP. As atividades incluem definir tarefas, atribuir responsabilidades, compartilhar informações, discutir, cooperar, validar, julgar, sancionar positiva ou negativamente, e potencializar os colegas. Essas são algumas ações normais em equipes de melhoria contínua. Os *trainees* podem demonstrar suas características em um contexto real de trabalho e de forma espontânea com essa experiência. Será quando as regras de convivência em grupo, suas habilidades para contornar objeções e lidar com conflitos ficarão evidentes. A estrutura da equipe é "adhocrática", o que favorece o desenvolvimento do projeto, além de servir de palco para avaliar a atuação de cada um dos *trainees*. Assim, as intervenções eventuais podem ser feitas caso seja necessário, portanto, a forma de receber e incorporar o *feedback* também pode ser um critério de avaliação aplicado pelos responsáveis pelo programa.

Finalmente, os *trainees* terão ainda mais uma oportunidade de demostrar seus talentos. Existem momentos específicos de avaliação do desenvolvimento do trabalho para determinar os rumos e o potencial de sucesso, como todo projeto de médio/longo prazo. Para isso, os *trainees* terão que fazer apresentações em público, compartilhando e discutindo as etapas já realizadas e as futuras, bem como os resultados parciais e finais para gerentes e lideranças de alto nível. Nesse momento, os *trainees* terão que colocar em prática seus conhecimentos e suas habilidades no uso dos recursos tecnológicos, na criatividade e na capacidade de atraírem e manterem a atenção do público. Eles terão que exercer sua capacidade de síntese, que é uma das maiores competências de líderes de sucesso. E, adicionalmente, esse momento pode ser utilizado para avaliar se valorizam e demonstram gratidão com as pessoas que contribuíram para o trabalho.

Por fim, existe a possibilidade da realização de um resultado extraordinário, que pode alavancar a carreira do *trainee*, sendo um último benefício na operação com o MASP, cuja permanência na organização poderá até mesmo ser disputada entre diversos setores da empresa.

O MASP é o recurso ideal e essencial em um programa de formação de *trainees*, principalmente diante de sua simplicidade, flexibilidade, diversidade e riqueza de oportunidades. Diferentemente de outros métodos, ele é facilmente acessível, rápido e relativamente barato de ser ensinado. Um *trainee* com elevado potencial fará bom uso do método, tendo uma oportunidade de ouro ao seu dispor a mostrar do que realmente é capaz.

4.8.   EMPREENDEDORISMO COM MASP

"Intraempreendedores são sonhadores que fazem acontecer."

Gifford Pinchot III

Parece ser uma verdade que toda organização deseja ter pessoas dotadas de comportamentos favoráveis ao desempenho, e um dos comportamentos mais frequentemente mencionados é a iniciativa. A iniciativa pressupõe disposição, coragem e atitude para provocar mudanças positivas nos resultados desejados, e uma forma de incentivar a iniciativa é por meio de programas de empreendedorismo interno.

184 Advanced Kaizen

À primeira vista, a ideia de empreendedorismo parece bastante sedutora, afinal, quem não gostaria de ter pessoas determinadas e motivadas, dispostas a dar tudo de si na busca de soluções para os problemas da empresa? O empreendedorismo interno, ou empreendedorismo corporativo, consiste na prática de libertar pessoas das amarras organizacionais, permitindo que ajam de forma livre para inovarem e criarem valor.

Em princípio, a ação empreendedora tem sido empregada para fomentar o desenvolvimento de novos negócios. Trata-se de um enfoque nobre, porém limitado, afinal, não há nada que impeça a iniciativa de ser empregada para a criação de mudanças.[21] Isso inclui o esforço para a obtenção de melhores resultados, pois não faltam indicadores de que poderiam estar melhores. Mas, se fosse fácil produzir resultados, qualquer um o faria. Infelizmente não é tão simples. Existem barreiras e dificuldades de ordem técnica, metodológica, gerencial e comportamental que precisam ser vencidas. Se não, não há iniciativa que consiga resistir às forças restritivas do ambiente organizacional.[22]

Um empreendedor interno treinado pela empresa, que tem as aptidões mínimas necessárias, pode ajudar nesse processo para fazer o uso de um conjunto metodológico consistente ao apoiar sua iniciativa de melhoria. O MASP — Método de Análise e Solução de Problemas é o recurso ideal para ser ensinado aos potenciais empreendedores como parte de uma matéria de desenvolvimento nas competências relativas ao empreendedorismo. Desse modo, um programa de formação, especialmente estruturado e desenhado para incluir o MASP, possibilitará a capacitação necessária ao desenvolvimento e fortalecimento do espírito empreendedor, assim como o preparo necessário para enfrentar problemas complexos no desempenho de produtos e processos. Isso potencializa enormemente as chances de sucesso, de aprendizado individual, grupal e organizacional, e, evidentemente, de resultados em indicadores de qualquer tipo.

A prática do empreendedorismo precisa de uma pitada de criatividade, inovação e perspectiva de negócio para ser bem concretizada. A criatividade e a inovação são atributos da solução na medida em que existe a necessidade de um certo grau de ineditismo em sua concepção. Desde que as pessoas estejam dispostas a não repetirem soluções previamente concebidas e se desafiem a buscar o novo, é sempre desejável que soluções sejam pesquisadas, e o MASP certamente pode contribuir para essa procura. Diversos trabalhos em times de melhoria ou Círculos de Controle da Qualidade — CCQs já conseguiram conceber soluções inéditas, inclusive com requerimentos de registro no Instituto Nacional de Propriedade Industrial — INPI, com pedidos da patente de invenção ou modelo de utilidade.[23]

Existem três fatores básicos para que a prática do empreendedorismo seja bem-sucedida: oportunidades, decisão estratégica e empreendedores. Oportunidades já existem em profusão no ambiente organizacional, decisão é apenas

Capítulo 4: Aplicação do Masp 185

uma questão de querer, então a questão principal se volta para a formação de empreendedores. É preciso que a liderança assuma a posição de fomento, proporcionando as decisões e o apoio estratégico necessários. Assim, as forças internas trabalham na criação e alimentação da força transformadora existente dentro dos indivíduos motivados.

Não se pode dizer que não existem riscos de fracassos. Sim, a tentativa pode não dar certo, mas o risco de não tentar é muito maior do que aquele decorrente de deixar as coisas como estão. E todos têm a ganhar: pessoas, organizações, clientes, acionistas. Principalmente a própria sociedade brasileira, que precisa desesperadamente de profissionais com alto grau de iniciativa e potencial de geração de resultados.

4.9.   FAZENDO INOVAÇÃO COM O MASP

"Eu gosto do impossível porque lá a concorrência é menor."

Walt Disney

A inovação é um dos temas recorrentes da gestão de negócios que tem sido mencionado e discutido para alavancar o sucesso organizacional. Logo, a inovação é considerada uma estratégia com alto potencial para agregar valor aos produtos e serviços, possibilitando o aumento da competitividade e de receitas, mesmo diante de crises e condições desfavoráveis no mercado. Países pequenos, com escassos recursos naturais, creditam seu sucesso à construção de sociedades altamente evoluídas, à sua capacidade de criar constantemente produtos inovadores que se mantenham na preferência dos consumidores de todo o mundo; por exemplo, Japão, Coreia do Sul e Suíça. Desde que bem implementada, a inovação é uma fonte sustentável de vantagem competitiva, tanto para empresas quanto para países, ainda mais os que a adotam como parte da cultura de sua sociedade.

A inovação é um conceito que precisa ser desdobrado em métodos, processos, estruturas e recursos para gerar resultados inéditos e expressivos, seja em produtos, aplicações ou sistemas. Ao ser bem-sucedida, a inovação possibilita a obtenção de novos usos para o conhecimento existente ou para a criação de novas habilidades e soluções nas combinações dos fragmentos de conhecimentos aparentemente já bem empregados.

186 Advanced Kaizen

As partes interessadas perceberam que há um sentido de singularidade nas soluções desenvolvidas na medida em que têm um atributo de ineditismo, e o MASP é capaz de ajudar a produzir resultados dessa natureza, se adequadamente aplicado.

Os problemas que merecem uma abordagem científica e analítica são aqueles dos quais não se conhecem nem a causa e nem a solução.[24] Uma nova solução até então inexistente precisa ser desenvolvida, portanto, há um processo criativo intrínseco na solução de problemas.

Evidentemente, ninguém deseja reinventar a roda quebrando a cabeça para buscar uma solução existente. Para esses casos, basta pesquisar e buscar essas soluções. Para os demais, inovação é a saída desafiadora.

Existem muitos problemas envolvendo equipamentos e processos nas empresas, para as quais as soluções nunca foram desenvolvidas, nem mesmo por seus fornecedores de equipamentos sofisticados e tecnologia. Consequentemente, é normal que a primeira alternativa seja tentar buscar uma solução existente quando a equipe se depara com certa situação neste meio. Após inevitáveis e infrutíferas tentativas, a equipe precisa se convencer da fragilidade dessa abordagem para decidir pela busca da solução inovadora. Resolver um problema significa criar uma solução para algo existente. Pode ser por meio da evolução criativa de processos e seus recursos, bem como produtos e serviços, o que caracteriza na inovação do tipo incremental. Então a inovação começa com a atitude da equipe de querer fazer algo diferente, de buscar o novo, de dedicar seu potencial criativo no desenvolvimento de uma tecnologia, articulando os recursos e assumindo os riscos decorrentes da iniciativa de inovar. Por isso, inovar é ter coragem para explorar o nunca tentado e errado. Thomas Edison, provavelmente o maior inventor de todos os tempos, dizia que ele nunca falhou, apenas descobriu 10 mil coisas que não funcionam.

Na etapa de análise do MASP, a equipe que está resolvendo um problema deve ter disposição para buscar uma compreensão inédita, sobretudo em áreas que parecem impossíveis de elucidar, enveredando por caminhos que ninguém havia percorrido. Para isso, é preciso ter uma compreensão ímpar dos mecanismos que provocam a ocorrência dos problemas, não apenas razoavelmente nas profundezas, mas profundo a ponto de ver o que ninguém viu, ou seja, desvendar enigmas, descobrir o que nunca havia sido descoberto. Isso significa muitas horas de dedicação, análise, acúmulo de informações empíricas e talvez acadêmicas. E, claro, uma boa dose de imaginação. Pode parecer difícil à primeira vista, mas quase todas as comodidades que temos hoje na vida cotidiana moderna foram criadas assim um dia.

Depois disso, o próximo passo é encontrar a solução inovadora. Será necessário tempo, dedicação, recursos e trabalho árduo. A etapa do plano de ação do MASP é o momento para desenvolver alternativas. Em outras palavras, encontrar,

Capítulo 4: Aplicação do Masp 187

desenvolver e construir soluções otimizadas que maximizem os ganhos e minimizem os custos. Evidentemente, também se espera que a solução não crie qualquer efeito negativo inesperado. O processo para isso pode ser inspirado nos estímulos criativos do *brainstorming* ou o modelo da espiral do conhecimento de Nonaka e Takeuchi. Não importa tanto a forma que a inovação acontece, podendo até ser totalmente intuitiva. O que importa é sua singularidade e seu potencial econômico. Portanto, o objetivo pragmático é fundamental para que a composição da equipe favoreça pessoas com conhecimento técnico e capacidade criativa distintas.

A equipe precisa proteger suas documentações e seus estudos por meio da segurança eletrônica de informação, como parte do processo de gestão do conhecimento. Posteriormente, é importante proteger a ideia contra o plágio e a perda dos benefícios potenciais quando estiver madura, por meio de registros de patentes nas diversas modalidades.[25] Há registros descritivos de uso do MASP em grupos de melhoria que desenvolveram soluções inéditas. Eles foram alvos de reivindicações nos registros de patentes no Brasil.

A documentação necessária para registro de patente pode ser feita pela própria equipe, mas também por empresa especializada contratada. Uma revisão por especialistas pode ser no mínimo útil para que não sejam deixadas brechas que permitam alguém copiar a ideia básica, roubando sua solução inovadora. Enfim, o MASP pode e deve ser utilizado como meio da busca de inovação, bastando acrescentar uma boa dose de inconformismo e criatividade. Os recursos metodológicos necessários são ínfimos, se comparados aos benefícios potenciais dessa iniciativa tão desejada e almejada nos dias atuais.

4.10. FAZENDO UM MUNDO MELHOR COM O MASP

> "Quem um dia irá dizer que existe razão nas coisas feitas pelo coração? E quem irá dizer que não existe razão?"
>
> Renato Russo

O potencial do MASP para aplicação dentro da empresa é bem conhecido. O que poucos sabem é do potencial para tratar problemas no contexto social, beneficiando outras partes interessadas. Nos últimos anos, o papel das empresas vem aumentando na sociedade. Logo, espera-se que elas não apenas cumpram seu propósito essencial, mas que também contribuam para o bem-estar dos *stakeholders*.

188 Advanced Kaizen

As necessidades da sociedade são gigantescas, e isso se agrava ainda mais em um ambiente de nível baixo de renda, com acesso escasso à informação e educação de qualidade. A população de baixa renda dificilmente consegue criar soluções para seus problemas cotidianos. As condições precárias de trabalho e de vida são vistas com grande frequência, então problemas simples e complexos estão por toda parte, pois envolvem questões relacionadas à educação, saúde, saneamento, jurídica, administrativa e de engenharia. O trabalho profissional em pequenos negócios é realizado frequentemente de forma arcaica, com parcos recursos. As atividades de subsistência realizadas em pequenos negócios carecem de processos mais eficientes e seguros, e geralmente, quando existem máquinas e equipamentos, são velhos, perigosos e quase sempre carecem de manutenção. E em relação ao desperdício, há a perda de oportunidades valiosas no aproveitamento por meio de reciclagem. Talvez seja pela falta de conhecimento no uso racional dos materiais. A grande maioria dos problemas provavelmente se encontra nas ruas e nos negócios de fundo de quintal. São simples e banais para os técnicos e analistas que trabalham nas empresas. No entanto, os problemas mais complexos exigem um processo analítico mais estruturado. O MASP é esse processo. E o Círculo de Controle da Qualidade — CCQ é a estrutura ideal para resolver problemas nesse contexto.

É preciso definir uma política clara na tomada de algumas providências antes de sair por aí ajudando pessoas. A empresa deve identificar as partes interessadas que serão beneficiadas, bem como os problemas para os quais ela tem capacidade de dar uma contribuição significativa. Uma vez decidido o apoio estratégico, a empresa deve elaborar uma política de responsabilidade social corporativa aprovada que dê sustentação à iniciativa. Além disso, é preciso cuidar dos aspectos jurídicos e de segurança. Algumas pessoas provavelmente sairão a campo, sendo necessário estarem preparadas para a exposição ao mundo exterior, à interação humana e às condições de trabalho que enfrentarão. Portanto, é indispensável definir a situação legal do empregado enquanto estiver exercendo atividades fora do perímetro da empresa. Como são aspectos que fogem do contrato normal de trabalho, a liberação para trabalho voluntário ligado a uma ONG pode ser uma solução. Outro aspecto importante diz respeito à segurança das pessoas envolvidas. É imperativo para elas que os trabalhos ocorram sem riscos de qualquer natureza, e o advento do trabalho em casa — *home office* — pode favorecer esse aspecto.

O contorno do trabalho precisa ficar claro, para não criar falsas expectativas e frustrar as pessoas. O mesmo vale com relação ao papel da empresa. Então, do ponto de vista dos métodos de trabalho, o MASP pode ser aplicado como recurso metodológico em projetos dessa natureza, mas com poucas alterações. É recomendável que a equipe do CCQ Social seja formada por pessoas com perfil altruísta, incluindo profissionais das áreas de Relações Públicas ou de Assistência Social. Isso é particularmente importante para se estabelecer canais de comunicação adequados junto às pessoas e outras entidades atuantes nas comunidades onde os problemas acontecem. O CCQ pode englobar também membros da própria comunidade, que deverão ser treinados em MASP e ferramentas da qualidade, justamente para analisar problemas de maneira racional e objetiva. A comunicação entre os voluntários da empresa e da comunidade ajudada deve ser constante e transparente, para vencerem a desconfiança e não fortalecerem resistências que possam dificultar o processo de melhoria.

Devido a carência de recursos de toda ordem, as soluções devem ser criativas para aproveitar ao máximo aqueles existentes, estimulando a reciclagem e a sustentabilidade ambiental. As soluções escolhidas podem não ser as mais sofisticadas, mas certamente serão criativas, viáveis, replicáveis e sustentáveis. Uma vez constatada a eficácia da ação por meio de sua execução, a padronização deve ser feita considerando-se o perfil e as limitações de linguagem das pessoas. O acompanhamento compartilhado do aprendizado adotado pela comunidade garante que a solução seja eficaz, segura e permanente, beneficiando a maior quantidade possível de pessoas.

Enfim, tem se falado muito sobre o papel social das organizações, mas ainda pouco se tem feito. Embora seja um fato notório que as empresas são detentoras de um repertório enorme de conhecimentos de todos os tipos, ainda se destinam exclusivamente aos interesses internos. No entanto, os empregados têm capacidades que estão muito além daquelas aproveitadas, logo, o desafio a ser vencido é a reunião desse potencial transformador inerente às necessidades da sociedade. Por isso, as empresas podem e devem ajudar na solução de problemas da comunidade, provendo recursos em mão de obra para sua compreensão, análise e solução. O MASP, aplicado em um formato de Círculo de Controle da Qualidade Social — o CCQ Social — é o método que proporciona essa confiança às partes envolvidas, além de soluções adequadas também neste contexto, provendo satisfação de todos para consolidar o papel de empresa cidadã.

4.11. FERRAMENTAS TECNOLÓGICAS PARA O KAIZEN

"O problema não é se as máquinas pensam, mas se os homens fazem."

B.F. Skinner, psicólogo e escritor

A disciplina da gestão da qualidade referente os aspectos de resolução de problemas conta com uma série de técnicas e ferramentas para diversas necessidades. Elas são em grande quantidade, pois há uma diversidade de aplicações e de dados úteis para serem interpretados em informação válida durante o Kaizen.

Não há como resolver problemas de forma efetiva sem uma estruturação metódica de dados e ideias para compreensão do fenômeno. Isso acarreta um desenvolvimento consistente do conhecimento gerado, algo que se faz por meio de reunião para tratar de evidências pulverizadas, incompletas, embaralhadas, poluídas, confusas.

Entretanto, o mundo moderno é muito diferente daquele vivido pelos mestres da qualidade. Os primórdios dessa disciplina remontam à década de 1930, ou seja, de quando ainda nem existiam computadores, muito menos a internet, e mesmo os telefones ainda eram bastante limitados e acessíveis a poucas pessoas.

Já no presente, a tecnologia permeia cada ser humano. Há muito tempo está nos escritórios e nas casas. As novas gerações nascem conectadas, envoltas por uma parafernália tecnológica. Trabalhar na resolução de problemas na atualidade inclui necessariamente o emprego de recursos tecnológicos. São meios preciosos não apenas para acelerar, mas para viabilizar projetos que antes seriam impossíveis de serem conduzidos com os recursos de antigamente.

A tecnologia, incluindo hardware, software e base de dados, basicamente pode ser empregada para:

- Comunicação e interação.
- Coleta de dados, informações e evidências.
- Análise de dados e de informações.
- Simulação de solução.
- Controle do projeto.
- Manutenção de dados, estudos e registros.
- Apresentações e palestras.
- Aprendizado.

Na sequência, são apresentados alguns recursos tecnológicos que podem ser empregados em projetos de Kaizen.[26] Eles foram divididos em propósitos comuns, pois são em grande quantidade e cada um tem uma finalidade específica. Os recursos tecnológicos citados não esgotam a relação dos existentes. Assim, solicita-se compreensão ao leitor caso eventualmente sinta falta de alguma, lamentando as eventuais omissões. As menções exploradas não se constituem em endosso de qualquer natureza, cabendo ao usuário avaliar os recursos para decidir por aquele do qual puder ou quiser fazer uso.

Para a identificação de problemas

Algumas empresas contam com sistemas robustos de gestão empresarial ou *ERPs — Enterprise Resource Planning*, sistemas informáticos que têm uma grande base de dados. Dessa forma, eles são usados tanto na identificação de problemas quanto para o acompanhamento do efeito das soluções implantadas. Um conceito novo de crescente interesse do Big Data.[27] Trata-se da análise de grande volume de dados para a compreensão de fenômenos aparentemente desconexos. Se a empresa dispõe de sistemas corporativos, um grupo de melhoria não pode prescindir deles em sua análise e seu monitoramento do problema. Menos ainda em um contexto mais amplo, das consequências e dos impactos estratégicos e organizacionais decorrentes do projeto de melhoria.

Além disso, na contemporaneidade, não há como fazer nada sem o uso das ferramentas de busca como Google, Yahoo, Edge, dentre outras. Elas devem ser extensivamente empregadas para informação, aprendizagem, comparação e busca de soluções. É fundamental pesquisar conhecimento existente ou buscar *insights* que possam ajudar a esclarecer os fatos ou mesmo encontrar soluções que já tenham sido desenvolvidas ou experimentadas.

Para a comunicação entre membros de equipes

Muitos profissionais, bem como os grupos de melhoria, já têm feito o uso de correio eletrônico para comunicação há muitos anos. Esses aplicativos são fundamentais, sobretudo quando os componentes da equipe estão distantes, visto que ultimamente as reuniões virtuais estão em alta por causa do isolamento devido a pandemia de Covid-19. Isso obrigou as empresas a evitarem aglomerações para o contágio ser controlado. O trabalho no ambiente digital passou a ser comum, bem como treinamentos. Os principais aplicativos são o Zoom, o Google Meet, o Microsoft Teams, o Skype e o Cisco Webex para as grandes empresas.

Para a gestão do projeto

Os aplicativos de gestão de grupos virtuais não são novidades, pois existem há muito tempo. Por exemplo, ProBoards, Yahoo Groups, Google Groups e Facebook Groups. Esses aplicativos ajudam no armazenamento da documentação gerada durante o projeto de melhoria, além de servirem como ambiente para discussões gerais e controles de agendas. Ajudam também na elaboração de pesquisas de opinião entre os membros, auxiliando na obtenção de consenso. Além disso, permitem a reunião de pessoas a milhares de quilômetros de distância em um mesmo ambiente de discussão através dos smartphones, tablets e recursos de áudio e videoconferência.

O Microsoft Project é o aplicativo que reinava quase absoluto até então, e o gráfico de Gantt é a ferramenta mais comum empregada para esse propósito. Mas há alternativas mais baratas, como o Trello, o GPWeb, o Runrun, o Basecamp, o Zoho Projects, dentre outros. Há ainda outras alternativas no mercado, como o Microsoft Planner, o Monday, o Smartsheet, o Asana, o Nozbe, o Zenkit, o Slack, o Zenkit e o Wrikt. Todos podem ser avaliados em pesquisas pela internet, tendo cada característica adequada para situações específicas. Alguns são gratuitos, com versões pagas, e a maioria se integra muito bem a tablets e smartphones.

O Módulo MASP/8D[28] está disponível no Brasil caso haja o gerenciamento do projeto como um todo em um único aplicativo. Ainda é um produto novo, em fase beta, mas contém as etapas básicas de um método de solução de problemas típico. Outro aplicativo de ação corretiva se chama Corrective Action and Preventive Action — CAPA, que pode ser baixado ou utilizado online, como o CAPA Manager.[29]

Para a observação

A observação é uma captura sensorial de evidências. Quase sempre é necessário o registro de imagens dos processos ou produtos com equipamentos fotográficos ou cinematográficos, em tempo normal ou em câmera lenta (slow motion). Os smartphones são bem poderosos também para fazer fotos ou vídeos de excelente qualidade, e ao mesmo tempo permitem o compartilhamento e envio para quem quer que seja. Os vídeos confeccionados podem ser facilmente editados para alguma discussão ou apresentação de resultados, por exemplo, pelo uso do Windows Movie Maker, Cantasia Studio, Movavi ou Davinci, para quem tem mais recursos.

Arquivos de vídeos costumam ser grandes, chegando facilmente à casa dos gigabytes, então é praticamente impossível enviá-los como anexos de mensagens no correio eletrônico. Para essas situações, o grupo de melhoria pode optar pelo armazenamento na nuvem, que possibilita guardar informação ilimitada e garante a segurança contra perda. Há uma infinidade de ofertas de aplicativos para esse fim, como Dropbox, Google Drive, Sendspace, Apple Icloud, Amazon Cloud Drive, ADrive, Microsoft OneDrive etc. Alguns são gratuitos, mas os pagos têm preços bastante razoáveis.

Para a análise de causas

Imagens valem mais do que mil palavras. As representações pictóricas — desenhos, plantas, representações, croquis — são recursos essenciais para a caracterização, compreensão, estudo e comunicação. Então, caso for modelar um processo de problemas e soluções, o Visio, da Microsoft, é uma alternativa popular para o desenho de fluxos, leiautes e diagramas de diversos tipos. O Smartdraw é uma outra alternativa fácil de usar.

Já um desenho animado pode ser muito educativo e esclarecedor, pois vale da simulação do processo em movimento para explicar o problema, bem como sua solução adotada. Os softwares de animação são recursos elucidativos bastante úteis porque atraem a atenção dos envolvidos. Embora alguns sejam caros ou necessitem de competência específica na utilização, o grupo pode solicitar a colaboração temporária de designers e programadores para realizar esse trabalho. Exemplos desses produtos são o Autodesk, o Industrial 3D, o Cranedigital e o Adobe Dimension. Neste último programa são oferecidos diversos aplicativos para a realidade aumentada. São aplicativos que sobrepõem imagens virtuais sobre imagens reais, podendo ou não usar óculos de projeção. A aplicação de realidade aumentada deve crescer enormemente nos próximos anos. Por exemplo, é possível simular um "passeio" por uma área perigosa ou pequena demais para a entrada de uma pessoa.

Finalmente, um grupo de melhoria pode fazer o uso de sistemas de medição automatizados, estando conectados em computador, como último recurso de captação de dados. Nesses sistemas em tempo real, sensores e transdutores são conectadas aos equipamentos de medição para fornecer dados de resultados online.

Para criar uma solução

A equipe pode ter que desenhar ou projetar peças, dispositivos ou até mesmo equipamentos durante a criação de uma solução inovadora, portanto, são necessários aplicativos que permitam não apenas projetar, mas visualizar o produto final em uma imagem simulada em 3D. Desenhos de peças, dispositivos e planejamentos de processos podem ser feitos com o uso de softwares de Computer Aided Design (CAD), como o Autocad, o Solidworks, o Solid Edge e o Catia. Embora esses produtos sejam caros, o grupo de melhoria pode se valer de aplicativos gratuitos que existem na internet. Há um risco considerável se a solução escolhida envolver investimentos elevados, assim, talvez seja uma boa ideia testar a solução antes de implementá-la. Para isso, existem softwares que permitem simular a solução em computador, como o ProModel, o Arena, o SimCAD e o gratuito Flexsim. A grande vantagem do emprego desse tipo de recurso é seu alto poder de visualização na análise, além do encantamento e poder de convencimento, devido ao efeito visual provocado nas pessoas.

Por fim, a equipe poderia construir um eventual dispositivo criado como parte da solução para resolver o problema ou mesmo um protótipo dele em tamanho real ou reduzido, usando impressão 3D. Impressoras 3D já estão disponíveis em diversos tipos de tecnologias, justamente porque são bastante úteis para criarem pequenas quantidades a um baixo custo.

Outros recursos tecnológicos

Há uma infinidade de aplicativos, hardwares e dispositivos disponíveis aos grupos de melhoria e cujos preços não param de cair, como:

- Equipamentos de medição conectados em wi-fi.
- Câmeras de vídeo para monitoramento remoto.
- Sistemas de rastreamento baseados em GPS para monitoramento de veículos.
- Internet das Coisas — IoT.
- Aplicativos para lidar com arquivos PDF — <ilovepdf.com>.
- Conversores de texto de imagens (OCR) — <onlineocr.net>, <convertio.co>.
- Tradutores para manuais e textos em outras línguas — Google Translator.
- Aplicativos para estudos de tempos e movimentos, como o iKronos.
- Pesquisas sociais online, como Google Forms e Surveymonkey.
- Aplicativos para facilitar o treinamento a distância, como o Camtasia e o Moodle.

Existem algumas ferramentas básicas no pacote Office para a automação de escritórios que dispensam apresentações. E há ainda os programas da Microsoft Office e os aplicativos gratuitos, como o Googles Docs, o BROffice e o LibreOffice, que substituem os pacotes básicos Office pagos. Como alternativa superior ao MS Excel, temos o Minitab, que contém funcionalidades sofisticadas para análise estatística apurada. Já para o consagrado Powerpoint há o Prezi como uma possibilidade para apresentações criativas.

As ferramentas exemplificadas estão disponíveis para que os grupos de melhoria possam trabalhar de forma mais moderna, usando aplicativos em computadores, em vez de papel. Certamente as análises, os estudos e as apresentações serão mais confiáveis, e esse tipo de atração ajuda os membros dos grupos de melhoria a convencerem a si mesmos e as partes envolvidas sobre as conclusões e as decisões tomadas. Como a tecnologia evolui muito rápido, a relação descrita se torna obsoleta a cada dia, devido ao elevado grau de dinamismo do segmento de tecnológico. Dessa forma, as novas gerações, que nasceram com um computador na mão, provavelmente não conseguirão trabalhar de outra maneira. Entretanto, é preciso reconhecer que recursos são apenas recursos e que nada substitui a engenhosidade e a criatividade humana. Ao menos por enquanto.

4.12. O ROI DOS PROJETOS DE MELHORIA COM MASP

> "O retorno do investimento em treinamento é muito incerto. Não se o treinamento for de MASP."
>
> C. Oribe

As oportunidades são boas para demonstrar distinções justificadas nos esforços aplicados em recursos de melhorias. O retorno do investimento em treinamento, *ROI — Return on Investment*, é um tipo de resultado considerado de último grau, ou seja, a última instância que uma ação pode proporcionar dentro dos limites da própria organização.

É relativamente fácil calcular o ROI. Basta levantar os dados e contar o benefício total obtido pelo projeto de melhoria. Em seguida, deve-se diminuir todo o custo do treinamento na implementação de melhorias, depois dividir por esse mesmo custo e multiplicar o resultado por cem. Trata-se da mesma fórmula usada para calcular o ROI de qualquer investimento, desde que não se considere a inflação e o custo do dinheiro.

O ROI expressa um resultado percentual do ganho líquido obtido sobre o volume investido.[30]

$$ROI = \frac{Benefício\ Total\ Programa\ —\ Custo\ Total\ do\ Programa}{Custo\ Total\ do\ Programa} \times 100[\%]$$

196 Advanced Kaizen

O Benefício Total do Programa é a soma de todos os ganhos obtidos pela implantação do MASP ou mesmo de outro projeto específico, e seu período de tempo dura normalmente entre um ou mais anos. No cálculo, devem ser incluídos todos os ganhos obtidos com a melhoria, como:

- Material direto.
- Material indireto.
- Energia.
- Contratações.
- Transporte.
- Mão de obra.
- Uso de equipamentos e recursos.
- Trocas/substituições de produtos.
- Impostos.
- Vendas.
- Lucratividade.
- Produtividade.
- Rapidez.
- Menor quantidade de defeitos.

O Custo Total do Programa é a soma de todas as despesas necessárias para implantar as melhorias, ou mesmo a de outro projeto específico. Nisso estão incluídas duas categorias de custos:

- O custo do treinamento:
  - Contratação de instrutores.
  - Locação de salas.
  - Viagens e acomodações dos instrutores e participantes.
  - Material didático.
  - Alimentação.
  - Custo dos participantes durante o treinamento.

- O custo do projeto e da implantação da melhoria:
  - Equipamentos adquiridos para melhorias nos processos.
  - Materiais utilizados nas testagens das soluções.
  - Custo da dedicação das pessoas no projeto de aplicação do treinamento.
  - Compras de serviços externos.
  - Custos internos repassados (informática, manutenção, engenharia etc).

Uma alternativa empregada nas empresas que implantam a manufatura enxuta é a apresentação dos ganhos econômicos por meio da relação entre os benefícios obtidos sobre os custos investidos, também chamada de Relação B/C. Esse indicador é mais simples, pois indica a quantidade de dinheiro ganho para cada real investido. Ele é calculado por meio da divisão entre o benefício obtido pelo programa/projeto sobre o total das despesas decorrentes da implantação do MASP. As variáveis são as mesmas empregadas para o cálculo do ROI.

$$\text{Relação } \frac{B}{C} = \frac{\text{Benefício Total do Programa}}{\text{Custo Total do Programa}}$$

O Payback é um outro indicador de interesse dos gestores. Ele fornece o tempo necessário para que o montante investido no projeto retorne ao caixa da empresa. Para isso, é primordial calcular o benefício obtido em um ano de forma simplificada.

$$\textit{Payback} = \frac{\textit{Custo Total do Programa}}{\textit{Benefício Total do Programa em 1 ano}} \textit{[Anos]}$$

As economias de despesas ou as economias em termos de produtividade podem ser usadas para o cálculo dos benefícios, mesmo que a empresa continue tendo o custo. Por exemplo, se uma atividade é feita por uma única pessoa e houve um ganho de 50% de produtividade após um trabalho de melhoria, isso significa que o benefício foi de 50% do custo dessa pessoa, mesmo que ela continue na empresa desempenhando outras atividades. Porque, embora ela permaneça recebendo salário como um custo para a empresa, o ganho de produtividade é real, logo, deve ser considerado.

Pontos típicos de ganhos com ROI

Custo	Potencial de ganho	Setor
Matérias-primas	Materiais adquiridos/ fabricados	Compras/Engenharia
Materiais auxiliares	Materiais poupados ou não desperdiçados	Engenharia de Processos
Material de expediente	Materiais poupados ou não desperdiçados	Serviços Gerais
Mão de obra direta — MOD	Horas/homem reduzidas	Engenharia Proc./ Produção
Mão de obra disponível	Horas/homem disponíveis reduzidas	Planejamento
Energia elétrica	Kwh/mês economizados	Engenharia Proc./Manut.
Combustíveis	L/mês reduzidos	Engenharia Proc./ Produção
Depreciação	Critérios de rateio	Contabilidade
Supervisão	R$/horas/homem de MOD	Produção

(continua)

198 Advanced Kaizen

(continuação)

Custo	Potencial de ganho	Setor
Encargos sociais	Percentual sobre a MOD	RH/DP
Impostos e taxas	Enquadramento fiscal	Contabilidade/Fiscal
Aluguéis	Área utilizada no processo/projeto	Jurídico
Conservação e limpeza	Volume ou custo envolvido	Serviços gerais
Alimentação	Regras de aplicação; custo envolvido	Administração/ Financeiro
Mão de obra indireta	Pessoal não envolvido com a produção/serviço	Administração/ Financeiro
Transporte de pessoal	Distância média de moradia do pessoal	Administração/ Financeiro
Assistência médica	Reembolsos de consultas; custos não preventivos	RH/DP
Embalagens	Materiais empregados; quantidade desperdiçada	Compras/Engenharia
Honorários	Serviços adquiridos externamente	Administração/ Financeiro
Manutenção	Custo de corretivas; indisponibilidade de equipamentos	Manutenção
Publicidade	Custo por produto vendido	Marketing
Comissões	Critérios de pagamento	Comercial
Tarifas bancárias	Negociação do tarifário	Financeiro
Móveis e utensílios	Utilização correta; manutenção	Administração/ Financeiro
Royalties e direitos	Critério de pagamento ou aplicação	Jurídico
Receitas	Aumento de faturamento	Comercial
Seguros	Prêmio	Administração/ Financeiro

QUADRO 4.2. Custos e Receitas com Potencial de Obtenção do ROI

Exemplo: uma equipe de vinte pessoas foi treinada no MASP e em algumas ferramentas da qualidade. O treinamento custou R$10 mil. Alguns grupos conseguiram implementar melhorias, enquanto outras equipes não.

O benefício total obtido em 3 meses foi de R$33 mil. Isso totaliza R$132 mil, extrapolando para um ano.

O ROI é igual a:

$$ROI = \frac{132.000 - 10.000}{10.000} \times 100 = 1.220\%$$

A Relação B/C é:

$$\text{Relação B/C} = \frac{132.000}{10.000} = 13,2 \text{ reais para cada real investido}$$

O Payback do programa é:

$$Payback = \frac{10.000}{132.000} = 0,076 \; ano = 0,91 \; meses = 28 \; dias$$

A obtenção de ganho financeiro em um projeto de Kaizen com MASP tem potencial bastante elevado. Não é incomum chegar a valores de ROI acima de 1.000%. Sim, você leu 1.000%! Em uma economia que remunera o capital em menos de 10% ao ano, um resultado assim seria assombroso e deixaria qualquer outro investimento comendo poeira. Aliás, 1.000% é um resultado apenas razoável. Há relatos de casos de melhorias com ROI acima de 20.000% em um único projeto!

A gerência responsável pelo programa de Kaizen pode calcular o ROI do programa como um todo quando vários projetos forem desenvolvidos e concluídos. wNesse caso, os ganhos e custos a serem considerados não se referem a um único projeto, mas a todos, sejam eles bem ou malsucedidos. O ROI provavelmente será bastante significativo, justificando em muitas vezes todo recurso e tempo empregado ao seu fomento.

Na eventual dificuldade em fazer um cálculo preciso do ROI, a equipe pode solicitar ajuda dos profissionais da área Financeira, de Custos ou da Controladoria. Eles podem ajudar facilmente no levantamento de dados, no cálculo e na validação do resultado, afinal, isso faz parte do trabalho.

Entretanto, é bom lembrar que apenas participar do treinamento de MASP não garante o ROI de projeto nenhum. Assim, é fundamental aplicar o método com determinação, junto de um tema para grande potencial em ganho. Mesmo assim, o investimento nas práticas de Kaizen com MASP proporciona um retorno financeiro muito significativo. Isso é praticamente garantido para qualquer organização que tenha disposição para proporcionar o apoio necessário para as pessoas desenvolverem todo seu potencial.

4.13. QUESTÕES PARA DISCUSSÃO E APLICAÇÃO

a. Qual é a importância de um bom preparo para reuniões de Kaizen?

b. Quais são os tipos de problemas ideais para aplicação do MASP?

c. Quais são os componentes básicos de um problema?

d. Por que o MASP não se aplica para problemas simples?

e. Quais são os tipos de causas que normalmente existem?

f. Como usar o MASP para melhorar a produtividade? Quais são as adaptações metodológicas necessárias?

g. O que é preciso para usar o MASP em uma semana Kaizen?

h. Como o MASP pode ser empregado para resolver problemas de fornecimento?

i. (Aplicação) Monte uma apresentação de projeto de Kaizen com MASP usando a maior quantidade de ferramentas possível.

j. Por que o MASP é um recurso útil e valioso para o desenvolvimento de *trainees* e de empreendedores internos?

k. Como o MASP pode ser adaptado para o desenvolvimento de soluções inovadoras? Qual é a etapa do método em que esse conceito é fortemente aplicado?

l. Como o MASP pode ser usado em problemas de natureza humana e social? Quais as adaptações metodológicas e práticas que devem ser feitas?

m. Como o Retorno do Investimento em projetos de Kaizen é calculado?

n. (Aplicação) Faça um cálculo de ROI, Relação Benefício/Custo e *Payback* como exemplo da questão anterior.

o. Quais elementos devem ser considerados num cálculo de ROI em um projeto de Kaizen?

p. (Caso) Encontre um caso de aplicação do MASP na internet. Depois apresente para sua turma discutir.

CAPÍTULO 5

GESTÃO DA MELHORIA

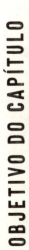

OBJETIVO DO CAPÍTULO

O capítulo apresenta maneiras de a organização gerenciar o esforço da melhoria de forma a potencializar os resultados das equipes de Kaizen, desde a preparação da liderança, do ambiente e suporte técnico, até a promoção e reconhecimento dos profissionais em graus de escalabilidade progressivos.

Este capítulo é importante, pois ele orienta como aumentar as chances de sucesso dos projetos de melhoria por meio do papel gerencial, do monitoramento dos trabalhos e do apoio às equipes com dificuldade.

5.1. O PAPEL DA LIDERANÇA PARA O SUCESSO DA APLICAÇÃO DO MASP

"Seu papel não é apenas o de produzir quantidade e qualidade necessárias, mas também liderar o Kaizen."

Pascal Dennis, autor de *Produção Lean Simplificada*

Todos desejam melhorias, e as organizações estão na dianteira dessa interminável busca. São diversas as iniciativas para atingir resultados melhores, e boa parte delas passam pela capacitação de pessoas. Isso também é necessário para o Kaizen. Não adianta treinar os empregados, para, logo em seguida, abandoná-los à própria sorte, acreditando que apenas um aprendizado rápido seja suficiente para o sucesso da empreitada. Por melhor que seja o treinamento, as condições do ambiente de aplicação afetam o potencial de aplicação bem-sucedida. Assim, existem obstáculos, e é necessário que a liderança se envolva e ajude a superá-los.

Estudos já indicaram que no ambiente de trabalho existem fatores restritivos. Estes limitam, quando não impedem totalmente que o conteúdo aprendido seja colocado em prática.[1] Esses fatores limitantes são de três naturezas distintas:

- **Técnica**: os recém-treinados precisam sanar dúvidas que aparecem invariavelmente no momento de colocar o aprendizado em prática.
- **Recursos:** tempo, equipamento, material, software, espaço, mobiliário. Enfim, qualquer item de natureza estrutural sem o qual a equipe não tem como se reunir para fazer medições, analisar dados e implementar soluções.
- **Ambiente psicossocial:** resistência, falsa adesão, boicotes, ridicularização e outras reações adversas que se manifestam nos colegas de trabalho e outros envolvidos.

O pai dos métodos de avaliação de resultados em treinamento, Donald Kirkpatrick, ainda aponta a existência de cinco reações da gerência, típicas no momento do retorno de seu pessoal de uma seção de treinamento:[2]

- **Resistente:** impede a colocação em prática.
- **Desestimulante:** não impede, mas desestimula, colocando dificuldades.
- **Neutro:** aceita desde que o trabalho normal seja feito.
- **Estimulante:** incentiva a aplicação, anima e motiva.
- **Exigente:** cobra sua aplicação e questiona sobre os resultados.

Capítulo 5: Gestão da Melhoria 203

O papel da liderança é o de exercer uma influência positiva nas pessoas. O papel de Estimulante encoraja seus liderados, pois é quem deve discutir seu conteúdo e sua aplicação para resolver problemas na área ou na organização. A tônica da conversa é: "Quero saber o que foi aprendido e como posso ajudar para vocês melhorarem o trabalho." Já no papel do Exigente, a liderança não apenas sabe o que foi ensinado, como faz questão de que seja aplicado imediatamente no trabalho e cobra para que isso aconteça. Assim, não haverá problema para colocar o Kaizen em prática se a organização tem esses perfis. Porém, se houver a presença frequente dos três primeiros tipos, é necessário prepará-los e sensibilizá-los sobre seu papel para o sucesso das iniciativas de melhoria contínua na empresa. O cumprimento desse papel consiste no exercício de algumas responsabilidades essenciais.

A gerência precisa estabelecer a abrangência do programa de melhorias logo de início, apontando os alvos e definindo as metas a serem alcançadas, além dos grupos funcionais envolvidos no processo que deverão ser treinados.

Em seguida, é de sua responsabilidade garantir o aprendizado dos novos membros das equipes de melhoria (isso se faz por meio do repasse do conhecimento dos mais capacitados) e a criação de um ambiente que favoreça a troca e a disseminação pública do que é aprendido. Então, o objetivo é o de promoção e fomentação do desenvolvimento de inteligência corporativa em melhoria contínua. O que inclui:

- Conceitos da manufatura enxuta.
- A importância de reduzir desperdícios.
- O caminho metodológico — MASP.
- Ferramentas da qualidade escolhidas para compor um pacote metodológico consistente.
- A prática da observação atenta — *Genchi Gembutsu*.

O monitoramento de atividades é uma das funções gerenciais mais tradicionais,[3] e os esforços de melhoria também precisam ser monitorados periodicamente. Portanto, um conjunto de indicadores pode ser útil para evidenciar a dedicação das pessoas e equipes em seus projetos, bem como o avanço e o estágio em que cada um se encontra. Isso possibilita a identificação de riscos e também nas tomadas de decisões que aumentam as chances de sucesso em cada caso, potencializando o engajamento, como o cumprimento das tarefas para haver resultado.

Durante o desenvolvimento do projeto, a equipe provavelmente encontrará barreiras de toda ordem: falta de colaboração, conflito de prioridades, recusa em mostrar dados e informações, barreiras departamentais, disputas internas,

204 Advanced Kaizen

entre outras. Logo, muitas das dificuldades nem deveriam existir, uma vez que os propósitos organizacionais seriam os mesmos. Porém, isso nem sempre acontece. A liderança estratégica precisa agir como facilitador, catalisando reações positivas na remoção dos obstáculos que podem impedir o projeto de avançar e os resultados de serem atingidos dentro do prazo.

Além disso, cabe também à liderança criar uma estrutura para o gerenciamento das informações e do conhecimento gerado, o que não é pouco.[4] Isso possibilita que a organização crie uma cultura que favoreça a experimentação e a objetividade, e se beneficie com o aprendizado decorrente da melhoria.

Na gestão de equipes, não cabe a ninguém dar mais o exemplo às pessoas do que a liderança, com a marcação de presença em treinamentos, usando os métodos e ferramentas, participando de algumas reuniões e, principalmente, reconhecendo pessoalmente o empenho e o alcance de metas.

Porém, talvez a liderança possa fazer mais, participando como membros das equipes de melhoria. Isso seria uma demonstração inequívoca de comprometimento e requer doses generosas de humildade, abertura, espírito de equipe e disposição, afinal os líderes tentem a considerar esse tipo de atividade como sendo algo que não está em suas atribuições profissionais. Na verdade, alguns se sentem até constrangidos de participar de qualquer atividade em grupos, por motivos diversos. Uma das maiores autoridades na gestão da qualidade, Juran, afirma que existem diversas razões para que os altos gerentes participem pessoalmente de equipes de projeto, dentre elas, compreender o que estão pedindo aos seus subordinados para fazer, dado que isso pode contribuir para o fracasso da iniciativa se não se entender essa realidade.[5]

Portanto, o comportamento das pessoas é o reflexo do comportamento da liderança. Não basta o líder apenas ordenar, aconselha-se que ele esteja lá com elas. O impacto humano será fantástico se acontecer assim, e os resultados idem.

5.2. COMO PROPOR UM PROJETO DE ADVANCED KAIZEN

> "O inferno está cheio de boas intenções e desejos."
>
> São Bernardo de Clairvaux

Ocasionalmente acontece na vida profissional das pessoas de se depararem com problemas recorrentes que não são resolvidos por algum motivo. Talvez por falta de tempo, restrições do trabalho, medo de falhar, impotência, falta de articulação ou mesmo de competências. Enfim, não importa o motivo, mas o problema está lá, escancarado e mesmo assim, sem ninguém fazer nada.

Talvez não haja obstáculos que impeçam a proposição de projetos se a empresa tem um programa de melhoria contínua, pois, em princípio, existem um ambiente propício e um procedimento criado para isso. No entanto, a realidade de muitas empresas é bem diferente: não há um programa de melhoria contínua em vigor, portanto, não existem procedimentos formais para se propor e encaminhar melhorias. Algumas propostas podem ser recebidas até mesmo com ceticismo e desconfiança em ambientes desse tipo. Infelizmente, não existe um "tapete vermelho" à espera dessa iniciativa, por isso, é recomendado cuidado para que a proposta não pareça uma ameaça a quem quer que seja, e nem uma forma de promoção pessoal. O ambiente organizacional costuma ser competitivo e resistente às iniciativas que possam tanto distinguir quanto expor as pessoas, então todo cuidado é pouco.

Existem duas formas de propor um projeto de melhoria: *top-down* e *bottom-up*. Uma abordagem *top-down* consiste no início de cima para baixo da proposta. Isso significa que a própria liderança fomenta a melhoria contínua e prática de Kaizen na organização. Portanto, os coordenadores ou as equipes são formados em reuniões estratégicas junto de seus alvos definidos. Os participantes são convocados para integrar essas equipes, logo, são oferecidos recursos com apoio institucional. Embora esse impulso inicial seja importante, o projeto quase nunca é descrito de maneira detalhada, e isso precisa ser feito pela própria equipe. Já a abordagem *bottom-up* consiste no levantamento do assunto inicial em um contexto mais operacional. Primeiro juntamente com os colegas e pares envolvidos no problema, para só depois encaminhar a proposta para níveis mais elevados. Em princípio, envolve a liderança direta, seguida da liderança na área em que o problema acontece. Essa negociação é muito importante para respeitar as relações políticas e neutralizar sentimentos de ameaça. A vantagem de ganhar a média liderança é que o apoio institucional provavelmente estará garantido, uma vez que a iniciativa estiver aprovada.

Formulário de proposição de Kaizen

Caso não haja obstáculos que impeçam a proposição de projetos de melhoria, existirá um ambiente propício e um procedimento criado para tal, logo, esse procedimento deve incluir algumas questões cujas respostas deveriam justificar a iniciativa do projeto, e a melhor maneira de fazer isso é por meio de um formulário de proposta. Um exemplo é mostrado na Figura 5.1.

qualypro — ***Proposição de Kaizen***

Solicitante

Proponentes	Áreas/Deptos./Gerências	Data

Problema

Problema
Descrição de como ocorre

Processo	Produtos/Serviços	Indicadores Atual	Indicadores Desejável

Consequências imediatas	Impactos reais ou potenciais no negócio

Proposta de Kaizen

Justificativa da opção pelo Kaizen

Objetivo do projeto Kaizen	Meta	Início - previsto	Fim - previsto

Nomes	Cargos/Funções	Áreas/Deptos./Gerências

Dedicação (hrs./sem.)	Sponsor	Recursos necessários	Provisão Orçam. ($)

Análise, Assinatura e Data

Coordenação Kaizen	Gerências	Diretoria

FIGURA 5.1. Formulário de Proposição de Kaizen

Capítulo 5: Gestão da Melhoria 207

O formulário deve conter as sete questões básicas do 5W2H: *"O quê"*, *"Onde"*, *"Quando"*, *"Quem"*, *"Por quê"*, *"Como"* e *"Quanto"*. Essas perguntas esclarecem razoavelmente as condições que permeiam o problema. *"O quê"* é o problema em si, que se traduz por um efeito e um fato incontestável. As questões sobre *"Onde"* e *"Quando"* se referem ao local ou ao processo pelo qual o problema ocorre e sua frequência. A questão do *"Como"* se refere ao relato provisório, pois as causas ainda não são conhecidas. Podem também incluir os aspectos conhecidos que acabam por influenciar a ocorrência do problema. Já a questão do *"Quem"* se relaciona às pessoas envolvidas, que são as mais adequadas para atuar no projeto de melhoria. Isso inclui a definição de líder e também do patrocinador (*sponsor*) do projeto. O *"Quanto"* é respondido pela avaliação das perdas quantitativas e qualitativas que a empresa, os clientes e outras partes envolvidas sofreram com o problema em um período considerado. Finalmente, o *"Por quê"* é representado pelos motivos que justificam o esforço de empreender um projeto de melhoria, o que se traduz nos benefícios em termos de consequências e impactos positivos. Eles poderão ser obtidos se o problema for eliminado ou minimizado.

O formulário pode conter, ainda, os campos para as considerações das lideranças que analisarão a proposta, bem como daqueles que devem aprová-la. Seria positivo se houvesse campos com a definição de metas, prazos e orçamentos de custos para as eventuais despesas da equipe. A vantagem do uso de um instrumento é a de que a proposta se torna mais estruturada, clara e completa desde o início, ajudando a conquistar o apoio da liderança. Dessa forma, a boa apresentação atua como uma estratégia fundamental para a iniciativa não ficar apenas na boa intenção. Por isso, a abordagem é recomendada em temas complexos, polêmicos, multidisciplinares e sistêmicos.

Como última recomendação para os temas delicados, é fortemente recomendável a negociação particular com as lideranças antes de uma apresentação coletiva ao *staff* estratégico. Os líderes de alto nível não gostam de surpresas, pois preferem ser respeitados ao sentirem que foram consultados antes da discussão de um tema importante. Além disso, uma coisa é discutir um tema tête-à-tête individualmente. "Jogá-lo" na arena onde os temas altamente relevantes são decididos é outra coisa, principalmente onde ocorrem as disputas por prestígio e disputas de poder.

Então, há duas formas de propor melhorias: de maneira formal, pelo uso de instrumentos de proposta, ou informal, por meio de negociação de apoio. Um complementa o outro, e, se bem executadas, as chances de aprovação para iniciar um projeto de Kaizen aumentarão substancialmente.

5.3. DEZ DICAS PARA IMPLANTAR MELHORIA CONTÍNUA EM SUA EMPRESA

"Somos o que repetidamente fazemos. A excelência, portanto, não é um feito, mas um hábito."

Aristóteles

Todos desejam melhorar, mas poucos estão dispostos a empreender os esforços nisso. Na atualidade, parece cada vez mais verdade: as gerações mais novas moradoras das cidades já nasceram acostumadas com as facilidades do dia a dia. Não tiveram que carregar água, construir os próprios brinquedos ou provar roupa na costureira. Tudo está pronto, às vezes à nossa disposição ao alcance dos dedos.

Isso pode minar a capacidade do indivíduo de desenvolver um raciocínio analítico, algo necessário para buscar soluções aos problemas que parecem cada vez mais frequentes.

A melhoria contínua precisa ser praticada. Para isso, é necessário que ela seja uma atitude normal do dia a dia, se torne um hábito. E hábitos não se desenvolvem da noite para o dia. Eles precisam ser praticados.

A seguir há dez dicas para desenvolver a melhoria contínua na empresa. Essa lista não esgota o tema, mas pode ajudar a liderança a aumentar as chances de sucesso dessa iniciativa.

1. **Envolva a liderança, fazendo com que ela dê o exemplo**: as pessoas se espelham nos líderes, logo, eles precisam participar dos cursos, enfrentar o desafio de ensinar os demais e participar de reuniões de análise de problema de vez em quando.

2. **Crie uma cultura permanente de não aceitação de erros**: por trás de todo hábito há uma mentalidade. Quem aceita erros como coisas normais não fará nada para resolvê-los. As pessoas precisam ser convencidas de que problemas não são problemas, mas verdadeiras oportunidades de crescimento e realização.

3. **Crie condições para que os problemas apareçam e para que as pessoas possam usar seu potencial**: há uma série de empecilhos que impedem as pessoas de fazer melhor e usar suas potencialidades se você observar o ambiente de trabalho, desde atitudes desmotivadoras até a falta de uma simples mesa de reunião. Como discutir melhorias

Capítulo 5: Gestão da Melhoria 209

se as pessoas não têm o mínimo necessário para sequer sentar e trocar ideias? Assim, o tempo é outro recurso imprescindível que deve ser disponibilizado, independentemente dos resultados imediatos obtidos. Afinal, a intenção é criar um hábito.

4. **Desafie sua equipe instituindo metas SMART para serem atingidas**: Peter Drucker, o maior profeta da administração, afirmava que metas devem ser definidas *SMART*:[6] *Specific* (Específica), *Mensurable* (Mensurável), *Accessible* (Realizável), *Realistic* (Realista) e *Timely* (Tempo). Deste modo, não seria bom iniciar qualquer processo colocando expectativas irreais ou pouco ambiciosas.

5. **Crie grupos de melhoria focados em resultados ou de CCQ voltados para o aprendizado**: a escolha é da liderança. Grupos de melhoria têm um perfil pragmático, isto é, para os valentes e destemidos. CCQs são para os mais humildes, com pouco grau de instrução, pois precisam adquirir atitudes e experiências.

6. **Garanta o treinamento do aprendizado e dê suporte técnico/metodológico nos primeiros trabalhos**: habilidades não caem do céu, é preciso investimento em educação, principalmente em treinamento de métodos e técnicas, como o MASP e as ferramentas da qualidade. O fator positivo de toda habilidade é que ela automatiza depois de certo tempo. As pessoas as usam sem perceber. Nisso, virou um hábito!

7. **Elabore um cronograma comum para o desenvolvimento e o término do trabalho**: as pessoas se motivam mais quando todos em volta estão envolvidos nos mesmos propósitos. Além disso, não tem como correr! Você encontrará colegas fazendo as mesmas coisas onde quer que se vá, usando as mesmas metodologias, com a mesma linguagem.

8. **Valorize os esforços e os resultados publicamente**: qualquer assunto só é relevante quando está na pauta do dia a dia. Como já dizia Maslow, as maiores motivações do homem são a realização pessoal e a autoestima. Todos os resultados precisam ser celebrados, seja concreto, como indicadores e dinheiros, seja abstrato, como o aprendizado e o espírito de equipe. As pessoas precisam e gostam de vibração.

9. **Inicie um novo ciclo de trabalho, antes mesmo de concluir o anterior, com mais pessoas que o ciclo anterior**: pode parecer estranho planejar a próxima etapa sem que a anterior esteja concluída, mas se pensarmos mesmo em nossa própria vida, isso é o que fazemos sempre, com qualquer desejo ou plano. Nada mais natural. Então, é importante saber a sequência dos projetos que serão desenvolvidos. E mais gente deve ser incorporada a cada ciclo até TODOS pensarem em alguma melhoria.

10. **Evolua o grau de complexidade dos problemas ou das ferramentas**: se desejamos criar uma mentalidade de melhoria, isso se aplica também ao seu próprio processo, portanto, mais métodos e mais ferramentas avançadas precisam ser introduzidas. Não apenas para enfrentar problemas mais complexos, mas também para desafiar pessoas a superarem seus limites.

5.4. ESTRUTURAÇÃO DE EQUIPES DE RESOLUÇÃO DE PROBLEMAS

"[...] o amor é trabalho de equipe, o amor respeita a dignidade e a individualidade. Esta é a força de qualquer organização."

Vince Lombardi

Um processo de resolução de problemas complexos sempre utiliza métodos estruturados, como o MASP, e também um determinado conjunto de ferramentas da qualidade. Por isso, a aplicação do MASP nas empresas acontece normalmente em equipes, o que também é conhecido genericamente como atividades de pequenos grupos.[7]

O desenvolvimento de um projeto de melhoria normalmente é uma atividade multidisciplinar, algo que precisa da participação das pessoas organizadas em equipes por diversos motivos:

- Reunir os diversos pontos de vista que envolvem o problema.
- Aproveitar competências complementares.
- Facilitar a compreensão dos problemas que ocorrem nas interfaces.
- Engajar e motivar as pessoas.
- Promover a colaboração e o trabalho em equipe.
- Facilitar o acesso às informações e às áreas.
- Potencializar a capacidade resolutiva.
- Permitir uma visão sistêmica.
- Acelerar o julgamento e a tomada de decisão.
- Legitimar o resultado pelo consenso criado.

Capítulo 5: Gestão da Melhoria 211

Basicamente, existem dois tipos de equipes de Kaizen, que usam métodos de solução de problemas com propósitos distintos:[8]

- O Círculo de Controle da Qualidade — CCQ.
- O Grupo de Melhoria Contínua — GMC.

Apesar dos argumentos discutidos que reforçam a aplicação do MASP em equipe, nada impede a aplicação individual do método. No entanto, a forma de execução de atividades de Kaizen também é para ser uma responsabilidade dos líderes de grupo e líderes de equipe durante a implantação do *Lean*. Na Toyota do Japão, por exemplo, durante os primórdios da implantação do TPS, a atribuição de resolução de problemas por parte da liderança estava em suas descrições de cargo. Os projetos de maior importância para a companhia, sobretudo aqueles desafiadores, eram entregues para que eles desenvolvessem. Cada líder deveria desenvolver um projeto de Kaizen a cada quatro meses, pois a responsabilidade pela realização de melhoria fazia parte das atribuições dos líderes de equipe e líderes de grupo.[9]

Assim, o CCQ é uma atividade voltada para esse tipo de desenvolvimento das pessoas, especialmente nas habilidades inerentes ao desenvolvimento de um trabalho em grupo, seja como cooperação e negociação ou como desenvolvimento da capacidade de resolver problemas por meio de uma abordagem analítica.

Já o GMC, ou estrutura semelhante com outro nome, normalmente é um grupo interfuncional de pessoas. Isso porque são escolhidos pela gerência para resolverem problemas específicos, com tema, prazo de execução e resultados previamente estabelecidos pela empresa. Ambos os grupos usam o MASP, mas de forma um pouco diferente.

O quadro a seguir apresenta as essas diferenças de enfoque.

Aspecto	CCQ	GMC
Compromisso do grupo	Aprendizado	Resultado
Membros	Voluntários	Convocados
Composição de membros	Intrafuncionais	Interfuncionais
Quem escolhe o tema e a coordenação	O grupo	A empresa
Aplicação do método	Rigoroso	Flexível
Duração	Indeterminada	Determinado; *ad hoc*
Papel do problema	Meio	Fim

(continua)

(continuação)

Aspecto	CCQ	GMC
Ambiente de desenvolvimento	Estimulante	Exigente
Impacto nos resultados	Pequeno ou médio	Alto
Por onde o grupo começa	Etapa 1	Etapa 2 — Observação (a gerência executa a Etapa 1)

QUADRO 5.1. Diferenças entre o CCQ e o GMC

Enquanto o CCQ tem um propósito baseado no aprendizado dos membros, o GMC está focado na obtenção de um resultado específico. Todos os demais aspectos decorrem dessa diferença básica, pois abordam escolhas que favoreçem uma ou outra abordagem.

No caso do CCQ, a organização precisa criar um ambiente de estímulo ao aprendizado, o que se dá dentro de um grupo mais limitado e voluntário de pessoas que tomam decisões quanto à sua organização e tema sobre o qual trabalharão. O problema exerce um papel coadjuvante, uma vez que é o rigor na aplicação completa do método servido de base para o desenvolvimento humano e profissional dos circulistas.

Os autores das técnicas japonesas tendem a defender o uso rigoroso do método como a melhor forma de alcançar resultados, no entanto, isso enrijeceria o processo como um todo. A resposta para essa objeção é a flexibilidade do MASP para se ajustar a diferentes situações, devido à ênfase em determinadas etapas e escolhas das ferramentas adequadas a cada contexto.

Por sua vez, a estruturação do GMC percorre caminhos que são fundamentais para que o grupo consiga atingir os resultados desejados. Os problemas são normalmente de natureza multidisciplinar e sistêmicos, priorizados pela própria organização. Os grupos de Kaizens seguem uma estrutura mais flexível, cujos membros são escolhidos pela gerência, sendo mais livres para escolher seus métodos, ferramentas e priorizarem as etapas. Logo, se o objetivo é dar resultado, as etapas enfatizadas são aquelas relacionadas à sua obtenção.

Dessa forma, o CCQ pode propiciar mais geração de aprendizado devido à realização de todas as suas etapas com rigor. No entanto, a natureza pragmática do GMC pode trazer maiores benefícios financeiros.

O que a Toyota parece ter feito em seu processo de manufatura enxuta foi reunir esses propósitos sem renunciar a nenhum deles. Ambos os resultados são fundamentais e, assim, devem ser perseguidos. Por isso, a empresa é considerada a melhor organização de aprendizagem.

Cabe à organização decidir qual estrutura ou modelo de aplicação utilizar: o CCQm ou o GMQ. Podem ser também ambos os tipos. Ou ainda uma quarta opção, que é aderir ao modelo de manufatura enxuta para conciliar essas atividades entre as funções normais das pessoas.

Aplicação individual

Do ponto de vista metodológico, não há por que o MASP não ser aplicado por um único indivíduo, alguém que esteja buscando um resultado de qualidade melhor, com produtividade, custo ou outro objetivo. Embora a abordagem em equipe seja a mais comum, nada impede essa função. Ao contrário, o método continua sendo mais útil ainda, haja vista que não haverá com quem discutir caminhos ou alternativas.

No início da adoção dos princípios, no sistema Toyota havia uma forte influência do TQC em todas as atividades de gestão e melhoria. Logo depois, o CCQ foi adotado, porém o próprio Ohno não acreditava que eles poderiam gerar grandes resultados e nem que operadores de linha teriam tantas ideias. Ao menos no princípio, o próprio Ohno acreditava bem mais no potencial de contribuição das melhorias dos líderes.[10]

A realização de projetos de melhoria pelos líderes têm uma série de vantagens:

- Ajuda na disseminação.
- Torna o líder um orientador e um agente da mudança.
- Demonstra o comprometimento pelo exemplo.
- Aproveita a visão e a capacidade distintas da liderança.
- Traz melhorias significativas.

Já a aplicação do MASP por especialistas é outra possibilidade. Contudo, isso não é comum, pois a grande maioria dos problemas tem um caráter sistêmico, o que envolve necessariamente diferentes áreas e pessoas. Embora do ponto de vista metodológico também não haja qualquer impedimento em ser um único especialista, então não há por que não o incluir no esforço de melhoria.

5.5. CONDIÇÕES NECESSÁRIAS PARA A REALIZAÇÃO DO KAIZEN COM MASP

> "[...] onde o trabalho em equipe é encorajado e recebe apoio, onde os processos, ferramentas, técnicas e treinamento apropriados são fornecidos, as organizações podem ganhar uma vantagem competitiva significativa e, assim, assegurar sua sobrevivência a longo prazo."
>
> Bob King/Helmut Schlicksupp

O MASP é utilizado sistematicamente há anos em muitas organizações. Em alguns casos, há décadas. Outras se entusiasmam, treinam alguns empregados e se colocam a trabalhar, porém sem conseguir bons resultados. Isso acontece porque, evidentemente, não se trata de azar ou alguma razão misteriosa que não possa ser analisada e explicada.

O MASP é um método consagrado pela prática. Os usuários mais frequentes são empresas que mantêm programas sérios de gestão da qualidade e aquelas que buscam distribuir o esforço pela melhoria de forma pontual. Mas realmente não basta contratar um curso, ensinar o método e suas ferramentas às pessoas para simplesmente ficar esperando os resultados aparecerem. Certas condições são fundamentais para o MASP ser bem aplicado e os resultados esperados serem atingidos ou superados.

As condições são as seguintes:

- O ambiente organizacional.
- O comportamento da equipe.
- O gerenciamento das equipes de melhoria.

O ambiente organizacional

A primeira condição é o próprio ambiente organizacional. Mesmo que o método seja genérico, a experiência tem mostrado sua aplicabilidade e eficácia prejudicadas em ambientes politizados, ou seja, de ciclos de mudança muito elevados. No primeiro caso, os critérios de tomada de decisão típicas desse tipo de ambiente costumam ser diferentes daqueles baseados em fatos e dados, normalmente empregados na gestão da qualidade. No segundo caso, as

mudanças constantes colocam em dúvida a própria necessidade de empreen-
derem uma melhoria, uma vez que sistemas, processos e produtos são lançados
e retirados a todo momento.

Situação semelhante acontece quando a empresa tem a rotatividade de pessoal
muito elevada, pois um projeto de melhoria bem conduzido pode levar semanas
ou meses de trabalho. É praticamente impossível desenvolvê-lo se os membros
da equipe são substituídos com frequência, ainda mais quando não foram treinados no método. Assim, a aplicação de MASP requer certo grau de estabilidade,
e as típicas situações de início ou fim da vida de um produto ou processo podem
inviabilizar a dedicação a um esforço de análise, aprendizado e melhoria.

Além disso, os problemas precisam ser de natureza técnica, que possibilitem
uma resolução científica, ou seja, são vistos por meio da análise de dados concretos. Dessa forma, contextos puramente sociais, em que se procura a solução
de consenso, não constituem os ideais para aplicação do MASP. O método
mostra todo seu potencial em problemas complexos e sistêmicos, envolvendo
processos, equipamentos, materiais e sistemas que não estão operando como
deveriam ou não são oportunidades reais para ganhos de eficiência.

O comportamento da equipe

A segunda condição para a aplicação do MASP é a escolha das pessoas certas,
assim como as capacitações delas. Elas devem ter elevada capacidade de raciocínio analítico e objetivo e disposição para empreender estudos e coletas de
dados que fundamentem a tomada de decisão. É fundamental que as pessoas
selecionadas se adaptem com mais facilidade ao trabalho estruturado, meticuloso
e persistente. As pessoas boas candidatas a usar um método estruturado são
as inconformadas com o *status quo*, que estejam dispostas a usar seu potencial analítico e tentar algo novo. Portanto, deve-se evitar aquelas que têm uma
tendência à superficialidade para tentativa e erro. As pessoas têm que receber
a dose inicial mínima de conhecimentos e habilidades necessárias para iniciar
o desenvolvimento de projetos de melhoria com alto grau de impacto. Logo, é
essencial uma boa seção de treinamento de duração mínima de 24 horas, para
ensinar e exercitar o método e algumas ferramentas.

O gerenciamento das equipes de melhoria

Finalmente, a última condição necessária para a obtenção de bons resultados
com a aplicação do MASP: o gerenciamento das equipes de melhoria. As
equipes levam um certo tempo para adquirir um ponto de amadurecimento.

216 Advanced Kaizen

Isso normalmente acontece após três ciclos de aplicação. Enquanto isso, elas terão dúvidas técnicas e conceituais, hesitarão na escolha das ferramentas corretas e se depararão com discussões conflituais de prioridade e interesse. Assim, deixar as equipes superarem sozinhas esses obstáculos é abandoná-las à própria sorte. Elas precisam de suporte técnico, padrinhos, patrocinadores ou *sponsors*, responsáveis atribuídos de poder e autoridade que apoiem os trabalhos do início ao fim de modo contínuo.

É desejável, ainda, e se possível, que a organização constitua e mantenha uma estrutura própria, para gestão e apoio técnico desses grupos, com especialistas, auxiliares operacionais e, eventualmente, consultores internos ou externos. A organização do programa posiciona o processo de melhoria em um patamar institucional ou estratégico ao oferecer materiais de suporte, reuniões de acompanhamento programadas e data de encerramento dos projetos com uma apresentação de resultados à diretoria.

Os riscos são elevados sem essas condições e podem minar o esforço de adoção desse poderoso método de solução de problemas. O método não é milagroso, mas uma estruturação metodológica consistente. Ele precisa de algumas condições favoráveis para ser aplicado com sucesso, como qualquer outro recurso sofisticado. Portanto, se isso ocorrer, qualquer organização terá muito sucesso decorrente da aplicação do MASP por seus funcionários e equipes.

5.6. COMO ENSINAR PESSOAS COMUNS A USAR O MASP

"Diga-me e eu esqueço. Me ensine e eu lembro. Me envolva e eu aprendo!"

Benjamin Franklin

Originário do *QC-Story*, o MASP é um método que incorpora a cultura oriental do compartilhamento e do respeito, algo que não advoga arrogância ou conflito entre as pessoas, a não ser contra os devaneios da tentativa e erro, das abordagens intuitivas arriscadas e das irracionalidades por vezes contidas nas decisões organizacionais.

Embora bem formatado, estruturado e fundamentado, o MASP pode ser aprendido e aplicado por qualquer pessoa com um mínimo de formação ou experiência profissional. No entanto, não é um método básico, no sentido de "reduzido". É um método poderoso, por isso, sua estruturação é realizada em

Capítulo 5: Gestão da Melhoria 217

etapas, subetapas, com ferramentas complementares que podem ser de sete a dezenas. Assim, ensinar o MASP não é algo que pode ser feito em poucas horas, como se observa ser comum com métodos de tratamento de não conformidades, ações corretivas ou treinamento no "método" PDCA.

É necessário desenvolver mentalidade e raciocínio lógico e analítico para que o MASP ser utilizado com efetividade, pois as causas precisam ser descobertas, e as soluções, idealizadas, selecionadas e construídas para resolver problemas persistentes e complexos. Portanto, é fundamental aprender a organizar ideias, estabelecer hipóteses causais consistentes e adequar as relações entre elas. Uma nova mentalidade é um elemento-chave para que o usuário do método assimile as ideias fundamentais do método científico, que são a racionalidade, a objetividade e a sistematização.

Além disso, é preciso desenvolver habilidades para usar o método em si, principalmente os utilizados nas ferramentas da qualidade, escolhidas especificamente para o problema ser devidamente tratado. As habilidades são um tipo de competência que, para serem evidenciadas, é necessário a aplicação de um conhecimento na prática.

Assim, um treinamento de MASP deve conter conhecimentos sobre o método, mas principalmente das atividades práticas que permitam ao participante na criação de uma linha de raciocínio, um hábito que, ensinado com duas ou três aplicações, jamais será perdido. Dessa mesma forma, as ferramentas da qualidade precisam ser usadas em sessões de treinamento em exercícios com dados simulados e, se possível, com dados reais perfeitamente contextualizados.

Uma formação para aprender o MASP precisa incluir tópicos com o propósito para o desenvolvimento dos comportamentos imprescindíveis, como uma disciplina para aplicar o método até o fim, bem como sua persistência para o vencimento de obstáculos e o espírito de harmonia na cooperação entre pessoas, para que trabalhem focadas em atingir a meta inicialmente definida.

Ensinar Kaizen usando o MASP não se resume à explicação de uma sequência de tarefas bem organizadas. Um programa de treinamento deve incluir atividades em sala de aula, mas também em campo, com aplicação em problemas reais e sob tutoria de um instrutor experiente, dotado de conhecimentos profundos sobre o método.

Na sala de aula, é preciso esclarecer que existem vários tipos de problemas, bem como várias formas de resolvê-los, por exemplo, a tentativa e erro, a intuitiva, a experimental e a científica. É preciso mostrar as vantagens e desvantagens de cada abordagem para deixar claro por que usar a abordagem científica é a melhor frente as demais. Isso se faz com exposição e exemplificação, quando os participantes se lembram dos insucessos dos métodos menos estruturados. Em seguida, deve-se procurar desenvolver algumas habilidades básicas. A ordenação e o raciocínio lógico por meio de exercícios práticos para colocar coisas em ordem é uma boa dica. Jogos como sudoku podem ajudar nesse papel.

É preciso ensinar também o método em si, relacionando suas etapas com o ciclo PDCA. O método tem uma consistência lógica tão bem-feita, que pode ser montada sem consulta na forma de um quebra-cabeças, após uma explicação, mesmo se compondo de um bom número de etapas e passos. Logo, esse exercício simples tem uma dupla finalidade: fazer as pessoas pensarem sobre a sequência metodológica do MASP e remover a ideia preconcebida de que o MASP é difícil de entender.

É desejável passar alguns conceitos, como a da racionalidade, objetividade e sistematização. Os conceitos fazem parte do pano de fundo da fundamentação que sustenta o MASP como método analítico e científico. Sem eles, a equipe corre o risco de ser abduzida pela tentação da irracionalidade, da subjetividade e do encontro da sorte grande. Estes até acertam vez ou outra, mas seu sucesso não pode ser ensinado, nem sistematicamente reproduzido.

É importante ensinar os participantes a utilizar um conjunto mínimo de ferramentas da qualidade, afinal, método e ferramenta são aliados inseparáveis na resolução de problemas. O conjunto pode variar entre 7 e 20, dependendo da carga horária do curso, que deve ser de algo entre 16 e 40 horas. As ferramentas devem ser praticadas em sala, considerando o conhecimento prévio dos participantes, por isso, é fundamental que o participante aprenda a função de cada ferramenta para a execução de cada etapa ou passo do MASP.

Estudos de caso podem ajudar os participantes a compreender e vencer a barreira natural entre o ambiente de aprendizagem e o ambiente de aplicação. Alguns exercícios de aplicação do método e das ferramentas, com problemas simulados ou reais, também servem a esse mesmo fim. Tudo pode ser feito com materiais simples, como papel em branco, papel quadriculado, canetas coloridas, réguas e dados gerados na hora ou fornecidos pelo instrutor. Se for possível, o uso de programas de computador torna o processo mais interessante para aqueles que dominam esses recursos.

É preciso complementar o aprendizado em campo, uma vez aprendido o método e as ferramentas em sala de aula, pois, infelizmente, as competências não podem ser desenvolvidas apenas no ambiente didático. Contudo, a própria experiência de utilização do método fornece os conhecimentos tácitos que preenchem as pequenas lacunas deixadas pelo aprendizado no curso, então é importante propiciar contatos com pessoas com elevada experiência na aplicação, dotadas de um conhecimento absolutamente consistente do método.

Qualquer um pode resolver problemas complexos usando o MASP. Mas abandonar à própria sorte os empregados recém-treinados é desperdiçar tempo e dinheiro. Por isso, para uma formação sólida, além do aprendizado em sala, é recomendável o desenvolvimento de pelo menos três projetos de melhoria. No segundo, corrigirão os erros que cometeram na primeira vez. Na terceira aplicação, se bem orientados, os empregados serão "feras" em MASP. Portanto, essa competência jamais será perdida, e as experiências positivas serão levadas para o resto da vida deles.

5.7. APOIO DE CONSULTORES EM PROGRAMAS DE KAIZEN

> "Ser sábio é melhor do que ser forte. O conhecimento é mais importante do que a força. Afinal, antes de entrar numa batalha, é preciso planejar bem, e quando há muitos conselheiros, é mais fácil vencer."
>
> Provérbios 24:05

Melhorar radicalmente um processo é uma das experiências mais marcantes que alguém pode ter na vida profissional. Só o fato de contribuir para uma melhoria significativa de resultado é bastante significativo, pois proporciona um momento ímpar de orgulho, colocando o protagonista em evidência para alavancar a carreira daquele que fez um trabalho distinto.

Uma maneira de tornar a experiência de fazer Kaizen ainda mais efetiva é ter ao lado profissionais internos preparados, ou seja, facilitadores ou consultores experientes para orientar o desenvolvimento do projeto. Isso proporciona uma série de vantagens. A primeira delas é quebra da insegurança com as dúvidas técnicas.

Tudo parece ser claro e evidente durante o treinamento. Nas explicações e discussões conceituais, nos estudos de caso, nos exercícios e nas simulações, tudo é compreensível. Mas quando a equipe tem que colocar em prática, se sente completamente perdida e não sabe nem por onde começar. Nada parece ser a mesma coisa e tudo parece ser completamente diferente e sem relação com o que foi aprendido. As dúvidas aparecem no momento da aplicação, não durante o curso.

A primeira dúvida que aparece é como começar. Isso paralisa a equipe. Logo em seguida, a dúvida é sobre o que fazer depois. É nessa hora que o consultor recoloca a equipe nos trilhos, mostrando que nada além do método é necessário para seguir adiante. Sua sequência lógica de etapas contém o direcionamento de que a equipe precisa para se localizar a qualquer momento e retomar o trabalho com confiança.

220 Advanced Kaizen

Esses profissionais qualificados podem também ajudar na escolha das técnicas e das ferramentas de pesquisa e investigação, em especial as mais apropriadas para o tipo de variável causal que precisará ser estudada.

Dependendo da natureza da problemática, um consultor experiente e bem formado poderá indicar uma abordagem analítica — baseada na análise de causalidade — ou experimental, que consiste na realização de testes e simulações que possam induzir conclusões ou deduzir os elementos ou partes onde a raiz provavelmente se encontra.

Os consultores ainda podem oferecer ajuda na escolha das ferramentas mais adequadas à medida que o processo investigativo avança, para cada momento ou tipos de dados. Isso pode ser bastante útil diante da infinidade de ferramentas Lean e da qualidade, já que a quantidade de ferramentas ultrapassa a capacidade de qualquer ser humano de dominá-las totalmente.[11] Quanto ao consultor, se ele for bem fundamentado, ao menos terá uma ou várias fontes de pesquisa à disposição, afinal, é normal ter dúvidas sobre qual a ferramenta mais adequada para obter o esperado: dado, decisão, visualização, informação, conhecimento.

A garantia do aproveitamento em cada pequena oportunidade no aprendizado é outra contribuição que os consultores podem dar aos empregados. Existem pelo menos dez tipos de aprendizado possíveis em um projeto de Advanced Kaizen, e eles não devem ser desprezados:

- O método propriamente dito.
- A problemática do problema e suas causas.
- A mentalidade enxuta.
- A abordagem científica do método.
- O manuseio de dados e das ferramentas.
- As tecnologias que envolvem a análise e as soluções.
- O trabalho em equipe.
- A dinâmica do processo resolutivo, incluindo interação entre pessoas, reuniões, negociação, gestão da mudança etc.
- O raciocínio lógico e analítico.
- As técnicas de apresentação e de oratória.

É preciso aprender o método e praticá-lo de forma a criar uma habilidade para usar o MASP com eficácia, de tal modo que o método seja compreendido e incorporado pela mente humana. Essa habilidade não vem apenas com treinamento, mas com a aprendizagem pela ação, porque nenhum aprendizado é definitivamente mais forte e definitivo do que essa capacitação.

No entanto, nem toda experiência pode gerar aprendizado, sobretudo as positivas. Por isso, contar com uma pequena ajuda dos facilitadores, colegas experientes ou de consultores — internos ou externos — pode alavancar o aprendizado, potencializar resultados e dar um rápido retorno à organização com muito mais intensidade.

A figura do *sensei*

Na cultura japonesa, *sensei* é uma designação que carrega uma aura honrosa e respeitosa, se referindo ao que conhecemos como professor ou mestre. A tradução literal dessa palavra no alfabeto *Kanji* se dá como "*sen*" (*antes*) e "*sei*" (*nascimento*), o que significa "*aquele que nasceu antes*". Portanto, chamar alguém de *sensei* é reconhecer que essa pessoa é distinta em sua área de atuação.

Embora muito utilizada no contexto das artes marciais, *sensei* se aplica aos instrutores experientes que têm conhecimento de vivência distintos. Eles são bastante mencionados na manufatura enxuta, mas não se tratam de figuras icônicas e inatingíveis. Qualquer pessoa pode vir a se tornar um *sensei*, desde que esteja munida de décadas de experiências e aprendizado técnico e humano.

O contato com os senseis japoneses é uma experiência marcante para qualquer ocidental. Eles provocam um impacto tremendo, além da questão da língua, dos costumes e dos comportamentos culturais.

Assim, duas questões tidas com eles chamam mais a atenção: o pensamento fortemente intuitivo e o exigente rigor com que ensinam seus alunos. Independente disso, a experiência não encontra paralelo em outros processos de aprendizagem.

Na literatura, Stele Hoeft, da Faculdade de Engenharia da Universidade de Michigan, é o que mais se dedicou a contar as histórias de contato com senseis por mais de vinte anos. Em seu livro, ele reconhece que o *sensei* adquiriu uma conotação de *expert*, como alguém com um elevado grau de competência adquirido de outro *sensei*. Não existe formação para ser *sensei*, portanto, para o autor, um *sensei* é uma figura rara e quase mística, embora muitas pessoas pareçam ter competências suficientes para se autointitular *sensei*. Ainda para o autor, nada é mais longe da realidade.[12]

5.8. GERENCIAMENTO DE EQUIPES: MONITORAR É BOM, MEDIR É MELHOR

> "Não se gerencia o que não se mede, não se mede o que não se define, não se define o que não se entende, e não há sucesso no que não se gerencia."
>
> William Edward Deming

Desenvolver um projeto de redução de desperdício ou de melhoria de um problema complexo pode consumir meses de trabalho. Durante esse período, muita coisa pode acontecer. Além da disputa de prioridades, o comportamento da equipe varia enormemente. No início, ela está animada diante do desafio, mas com o passar do tempo, muitas acabam perdendo o foco e a motivação para dar sequência ao projeto. Portanto, um acompanhamento é fundamental, como já comentado no capítulo sobre as condições necessárias para a realização do Kaizen com MASP.

Algumas empresas são pouco atentas para essa necessidade, e isso mina as chances de sucesso. Já outras optam apenas por um monitoramento informal, baseado em indagações esporádicas, do tipo "Como vai indo o trabalho?" Logo, a equipe de melhoria precisa de monitoria para aumentar suas chances de atingir o objetivo, bem como resolver o problema e desenvolver pessoas. Uma alternativa mais estruturada seria a adoção de gerenciamento de equipe baseado em indicadores quantitativos do desenvolvimento nos projetos.

A informação baseada em fatos e dados facilita a avaliação do andamento dos projetos de melhoria. Além de indicar eventuais necessidades de decisões, os indicadores servem ainda como referência de autoavaliação da própria equipe, para que possam ter uma noção clara de seu próprio desempenho. Isso adquire uma importância ainda maior se a empresa tiver uma grande quantidade de equipes ativas. Afinal, seria praticamente impossível analisar o andamento e o desempenho de diversos projetos, oriundos de diversas iniciativas de melhorias que congregam uma infinidade de metas, pessoas e cronogramas baseando-se apenas no relato verbal das pessoas.

Segue uma tabela que contém a relação de variáveis, indicadores e uma tipologia — de eficiência ou eficácia. A maioria pode ser implantada pelas próprias equipes. Os últimos, de abrangência e de retorno do programa, podem ser avaliados pelos responsáveis do programa de melhoria. A lista não esgota as possibilidades e nem se propõe imaginar usando todos, porém, uma boa escolha pode definir a qualidade do gerenciamento em si.

Variável	Tipo	Natureza	Indicador
Problema	Eficácia	Custo	Perdas financeiras decorrentes do problema.
Treinamento	Eficiência	Quantidade	Quantidade de membros treinados/ total de membros.
Treinamento	Eficiência	Qualidade	Nível de conhecimento dos membros em MASP e ferramentas da qualidade.
Reuniões	Eficiência	Quantidade	Quantidade de reuniões realizadas.
Reuniões	Eficiência	Quantidade	Participação nas reuniões.
Reuniões	Eficiência	Quantidade	Horas de reuniões e de trabalho.
Análise	Eficiência	Quantidade	Quantidade de possíveis causas identificadas.
Análise	Eficiência	Quantidade	Quantidade de possíveis soluções identificadas.
Aplicação	Eficiência	Qualidade	Grau de precisão da aplicação do MASP e ferramentas.
Aplicação	Eficiência	Prazo	Cumprimento do prazo do cronograma.
Aplicação	Eficácia	Prazo	Cumprimento do prazo do projeto.
Ações	Eficiência	Quantidade	Ações realizadas versus planejadas.
Ações	Eficácia	Prazo	Ações executadas no prazo.
Problema	Eficácia	Resultado	Indicadores do processo (antes e depois).
Investimento	Eficácia	Custo	Custo do projeto.
Investimento	Eficácia	Custo	Custo de implantação da solução.
Investimento	Eficácia	Custo	Ganho financeiro/ROI.
Retorno	Eficácia	Quantidade	Efeitos secundários tratados e não tratados.
Retorno	Eficácia	Quantidade	Documentos criados ou modificados na padronização.
Retorno	Eficácia	Satisfação	Beneficiados com o resultado.
Retorno	Eficácia	Quantidade	Reincidência do problema após um período de monitoramento.
Solução	Eficácia	Satisfação	Satisfação dos envolvidos e da equipe.
Participação	Eficiência	Quantidade	Grupos em atividade.
Participação	Eficiência	Quantidade	Membros/pessoas participantes em grupos.
Participação	Eficiência	Quantidade	Áreas/departamentos com grupos ativos.

(continua)

224 Advanced Kaizen

(continuação)

Variável	Tipo	Natureza	Indicador
Participação	Eficiência	Quantidade	Quantidade de projetos realizados por equipe.
Abrangência	Eficiência	Quantidade	Distribuição dos projetos nas áreas da gestão.
Abrangência	Eficácia	Quantidade	Trabalhos bem-sucedidos sobre o total de trabalhos.
Retorno	Eficácia	Custo	Retorno do investimento do programa como um todo.
Apresentação	Eficiência	Qualidade	Qualidade da apresentação do projeto (relatório e presencial).

QUADRO 5.2. Indicadores de Monitoramento de Projetos de Melhoria Contínua

Recomenda-se a elaboração de plano de controle para cada indicador, detalhando as questões da mensuração, por meio de um formulário, como o mostrado na Figura 5.2., a seguir. Nele devem ser detalhadas as seguintes informações:

- Natureza do indicador.
- Procedimento para a coleta de dados.
- Cálculo dos indicadores.
- Valores de referência.
- Forma e periodicidade de apresentação.
- Plano de reação, caso alguma coisa saia do esperado.

Os indicadores devem ser utilizados para o gerenciamento periódico das equipes de melhoria, durante o desenvolvimento do projeto e a tempo para a correção de rumos. Para que o trabalho não pare e evolua de forma satisfatória, algumas intervenções podem ser necessárias, feitas pela liderança, por especialistas ou consultores, como orientação, instrução ou apoio. E isso precisa ser feito de maneira oportuna.

qualypro **PLANO DE CONTROLE DE GESTÃO DE KAIZEN**

INDICADOR

Indicador

Tipo - Efetividade
☐ *Eficiência* ☐ Eficácia

Tipo - Natureza
☐ Quantidade ☐ Qualidade ☐ *Prazo* ☐ *Custo* ☐ *Satisfação*

Definição ou Descrição

Objetivo da medição

Processo/Atividade | **Responsabilidade** | **Abrangência** ☐ CCQs ☐ *GMQs* ☐ Ação corretivas ☐ *Outros*

Se favorável pode indicar: | **Se desfavorável pode indicar:**

MEDIÇÃO

Método de pesquisa ou coleta

Fórmula de Cálculo

Unidade | **Meta** | **Sinalizador (↑ ou ↓)** | **Periodicidade** | **Responsável**

Fonte dos dados | **Consolidação/Estratificação**

Público alvo para divulgação/análise | **Locais de publicação**

ANÁLISE E REAÇÃO

Empresa/Equipe *benchmark* | **Valor do *benchmark*** | **Forma de representação gráfica**

Intervenções em caso de tendência negativa

Autor da especificação | **Local e data**

FIGURA 5.2. Plano de Controle da Gestão de um Projeto de Kaizen

Logo, é preciso observar e avaliar outras questões intangíveis que podem afetar o desempenho. Einstein disse certa vez que "nem tudo o que pode ser contado conta e nem tudo o que conta pode ser contado". Os dados são muito úteis, mas não substituem a percepção humana. E vice-versa.

Os melhores esforços não bastam, como já dizia Deming. É preciso trabalho árduo, persistência e gestão para que o sucesso seja alcançado. Os ganhos justificam muitas vezes todo e qualquer esforço empreendido. Nesses casos, tanto em resultados quanto em aprendizados em gestão.

5.9. COMO APRESENTAR UM PROJETO DE KAIZEN

"Não existe meio mais seguro para fugir do mundo do que a arte, e não há forma mais segura de se unir a ele do que a arte."

Johann Goethe

Independente de seu propósito, qualquer projeto de longo prazo requer análises periódicas para verificação do andamento, junto das correções de rumo. Isso porque é fácil se perder no meio do caminho. E os projetos de Kaizen não são exceções, pois a duração deles é de semanas ou meses.

Quando o projeto tem um problema complexo como alvo, sua duração pode chegar a um ano. Dessa forma, várias apresentações precisam ser realizadas, para a discussão e o compartilhamento das informações entre o próprio grupo, os envolvidos ou para a gerência.

O objetivo das reuniões de apresentação é envolver, obter apoio, monitorar o andamento e compartilhar as experiências obtidas. Elas normalmente incluem o andamento das atividades, os resultados, parciais ou finais, bem como os recursos empregados e os riscos futuros. Logo, as apresentações e discussões são uma etapa relevante para o sucesso do projeto de melhoria contínua, pois têm a possibilidade de influenciar positivamente o cumprimento do objetivo.

Caso a apresentação seja feita nas etapas iniciais do projeto, ela precisa ser bem estruturada e fundamentada. Isso significa seguir religiosamente as etapas do MASP, como ilustrar cada passo com ferramentas bem escolhidas, atrativas e consistentes. *Grosso modo*, as etapas iniciais são a identificação do problema, a observação, a análise, o plano de ação e a Ação. Os momentos mais críticos justificados por apresentações intragrupo são as etapas de análise, durante a organização das causas potenciais. No plano de ação, a apresentação do projeto é feita para a liderança aprovar a estratégia de ação, bem como o plano propriamente dito. Já na etapa de ação, uma apresentação deve ser feita para representantes das áreas envolvidas, com o objetivo de explicar o que será

Capítulo 5: Gestão da Melhoria 227

feito e por quê. Nas etapas finais, pode ser feita uma apresentação do projeto como parte do processo de padronização da solução. E finalmente, a etapa de conclusão servirá para o compartilhamento do aprendizado e experiência.

É necessário que a apresentação na etapa de observação contenha imagens — fotos, vídeos e representações pictóricas — ilustrando o processo e o problema, seja no local, na forma e no contexto real em que acontece. As fotos ampliadas facilitam a visualização e o reconhecimento inequívoco de sua existência e importância, mostrando os detalhes dos elementos do problema.

Já na etapa do plano de ação, o grupo precisa obter apoio institucional para a mobilização, com o investimento e a mudança necessários para eliminar ou mitigar causas. A apresentação precisa contemplar todas as etapas anteriores, contendo seus dados, os fatos e as evidências. Isso pode ser feito na forma de ferramentas de análise, que mostrem as causas encontradas com relação causal sobre o problema. A credibilidade aumenta à medida que os apresentadores mostram quais os ofensores que precisam ser eliminados a partir dos números. Assim, é importante dizer "Os dados mostram que...", em vez de "Nós achamos que..." ou "Nós acreditamos que...". Além disso, é importante estar aberto, procurando ouvir os eventuais comentários, para garantir ao ouvinte seu direito de indagação, sugestão e objeção. A apresentação deve ser rápida, com uma variação entre dez e trinta minutos, certificando-se de que cada ferramenta seja uma evolução consistente da ferramenta anterior.

Já a apresentação final dos resultados é a mais esperada. As convenções internas de Círculos de Controle da Qualidade — os CCQs — ou de Melhoria Contínua servem exatamente a esse propósito. No entanto, nem todas as apresentações são agradáveis de serem assistidas. Todo o mundo provavelmente já viu uma apresentação demasiadamente técnica, que às vezes acaba sendo chata e enfadonha. São apresentações sem objetividade, com informações detalhadas de falas monótonas demais, que invariavelmente levam o ouvinte a cair nos braços de Morfeu.[13] Mesmo tendo conteúdo, a falta de preparação prévia pode transformar a apresentação em um episódio frio e constrangedor.

Para coroar o êxito do trabalho, um toque artístico com uma pitada de humor arrasta multidões, prende a atenção e encanta a plateia. Isso pode ser feito na forma de uma apresentação teatralizada, com o cenário montado, composto pela dramatização das situações vivenciadas. Para dar ênfase aos momentos mais delicados ou catárticos, os cantos e as danças no estilo de paródia podem ser usados também, o que deverá provocar excitação, curiosidade e muitos risos. É comum fazer uma alusão a algum acontecimento recente ou artista em evidência nas apresentações desse tipo. E naturalmente de maneira caricata.[14] A equipe pode alternar os locutores em falas curtas e sincronizadas, imitando, por exemplo, cantores, humoristas e apresentadores de telejornais ou de esportes. Eles são sempre animados e alternam a narração dos comentários harmonicamente de forma divertida. É importante frisar que o humor deve ser usado na dose certa, para que não se perca o foco do conteúdo, caso contrário, há chances de se tornar patético.

Além disso, há uma crença de que apenas projetos bem-sucedidos devem ser apresentados. Todos eles têm um potencial de aprendizado que não pode ser ignorado, embora se possa reconhecer que poucos talvez estejam dispostos a "colocar a cara na frente" para explicar o fracasso. Evidentemente, em uma apresentação de projeto malsucedido, não cabe humor, mas sim os relatos, junto das ferramentas que tentam explicar o insucesso, no intuito de rentabilizar ao máximo o aprendizado, evitando constrangimentos.

Finalmente, a gerência ou equipe responsável deve realizar a preparação do evento da apresentação de cases como um acontecimento marcante. Se possível, com uma decoração especialmente desenhada e, por que não, comida. A celebração se justifica pelo potencial de repercussão positiva e desenvolvimento do espírito de equipe, e momentos como esse fazem do trabalho uma experiência que vale a pena ser vivida.

5.10. ESCALABILIDADE EM COMPETÊNCIAS LEAN E KAIZEN

"Filho, se você parar de aprender, logo esquecerá o que sabe."

Provérbios 19:27

A metodologia que compõe a manufatura enxuta é vasta. Ela inclui desde filosofias e conceitos até ferramentas, passando por modelos, métodos e técnicas. Aprender a fazer melhoria contínua, com a redução de desperdícios, pode ser um processo simples, mas também complexo, podendo ser necessária a presença de especialistas formados e experientes. Entre um iniciante e um *sensei* há um longo e indefinido caminho a ser percorrido. É uma trilha cujo percurso tem sido recoberto por treinamentos fragmentados e não sequenciados, ou seja, pela aprendizagem da ação ou experiência de colegas com algumas poucas formações acadêmicas.

Desde depois do início dos anos 2000, muitas empresas brasileiras têm se esforçado em melhorar suas práticas de gestão baseadas no conceito da manufatura enxuta, sobretudo em alguns segmentos específicos. Embora a exposição ao mundo, do Sistema Toyota de Produção, seja bem anterior, remontando à década de 1980, somente nos primeiros anos deste século se intensificou a necessidade de melhorar resultados por meio desse arcabouço metodológico. A manufatura enxuta tornou-se uma nova onda nas práticas de gestão. Antes dela, tivemos a Gestão da Qualidade Total, a certificação dos sistemas de gestão — sobretudo as Normas ISO — e a adoção da metodologia do Seis Sigma.

A evolução gerou um movimento de aprimoramento de competências individuais e organizacionais, visando a adoção de todo o conjunto metodológico formado por filosofias, conceitos, modelos, métodos, técnicas e ferramentas. Isso aconteceu de forma mais ou menos intensa até o agravamento da crise que ocorreu em 2015. A partir desse momento, o movimento arrefeceu devido à prioridade da sobrevivência em um mercado estagnado, mesmo que não estivesse cessado completamente.

O investimento em treinamento no Brasil

Parece haver consenso de que os investimentos em treinamento no Brasil são muito limitados. Convive-se normalmente com competências insuficientes e treina-se bem menos do que o necessário. As verbas são limitadas e insuficientes, bem como o tempo dedicado ao aprendizado. Não existem incentivos fiscais compensatórios para investir em treinamento de pessoal. Os sindicatos raramente inserem esse tema na pauta de negociações, e o próprio empregado frequentemente considera o aprendizado como uma perda de tempo. Poucas vezes se presencia uma pressão *bottom-up* para aumentar os investimentos em capacitação e empregabilidade. Quando isso acontece, busca-se mais o diploma do que a capacitação efetiva. Isso explica por que tantas pessoas buscam cursos de MBA sem qualquer perspectiva de ocupar um cargo gerencial em curto ou médio prazo.

Essa pressão de baixo para cima cria um movimento alternativo que se soma à da necessidade organizacional com o potencial de ampliar a demanda. E ainda mais com um contingente de pessoas dispostas a investirem recursos pessoais no desenvolvimento de competências.

A falta de recursos provocada pela crise naturalmente acaba afetando os investimentos de qualquer natureza, por isso há o consenso entre os profissionais de que esses seriam os primeiros itens cortados quando há falta de recursos, como é o no caso dos investimentos em treinamento.

A facilidade de interrupção contribui para isso, além da aceitação do empresariado de um nível apenas mínimo de competências e também o retorno incerto do investimento em capital humano. Logo, cortar treinamentos é uma decorrência imediata no contexto brasileiro, que praticamente jamais considera continuar investindo em momentos de crise.

Os honorários de serviços de treinamento têm enfrentado uma queda histórica nos valores praticados. As empresas precisam fazer descontos para sobreviver e, por vezes, oferecerem o trabalho sem custo, para ganharem visibilidade e rentabilizarem futuramente com o esforço empreendido. Além disso, a elevada taxa de desemprego retira do emprego formal profissionais nem sempre bem qualificados. Sem trabalho, muitos enxergam nos serviços de consultoria e treinamento uma forma de restabelecer sua renda. Isso cria excesso de oferta, reduz o nível médio de qualificação dos profissionais, além de derrubar ainda mais os preços das contratações.

Treinamento na implantação do *Lean*

A manufatura enxuta é um conjunto metodológico multidisciplinar e envolve pelo menos:

- Filosofias e princípios abstratos, alguns de natureza desconstrutiva.
- Gestão da qualidade.
- Gestão da produção.
- Gestão administrativa, particularmente gestão estratégia e custos.
- Comportamento organizacional.

Cada um desses domínios pode envolver uma série de diferentes competências e treinamentos relacionados.[15] Dessa forma, aprender *Lean Manufacturing* é um processo árduo e, pior, totalmente indefinido. Mesmo no Japão, na Toyota ou em outras empresas, Ohno e autores japoneses relatam grandes dificuldades para sua implantação. Autores norte-americanos reconhecem um elevadíssimo nível de fracasso nas organizações que tentam adotar o modelo, podendo chegar a 90%.

Aprender a realmente trabalhar com Lean pode levar anos de formação, treinamento e vivência prática. No entanto, mesmo que pareça ser verdade, a trilha de aprendizagem da manufatura enxuta não está definida. Um profissional que pretendesse adentrar esse mundo não saberia nem por onde começar, muito menos aonde chegar. Se ele trabalha em uma grande organização, provavelmente terá à disposição toda a formação necessária desejada, porém, se for um aficionado que vislumbre atuar na área, provavelmente ficará completamente perdido.

Se o profissional atua em uma organização de pequeno porte, com menos recursos ainda, o aprendizado será pontual, fragmentado, minimalista ou informal, geralmente baseado em cases de sucesso, quase sempre sem qualquer similaridade com seu contexto.

Isso não é algo particular da manufatura enxuta. Em outras metodologias, a formação necessária e disponível também é dispersa e carece de padrões reconhecidos. É fácil perceber que a existência de padrões claros de graus de competência facilitaria o entendimento do domínio, a identificação de cursos específicos, a comparação de graus de competência e as possíveis evoluções na carreira. As referências sobre como aumentar sua competência seriam claras.

Competências e carreiras

Em princípio, ter uma competência sólida é mais valioso do que ter um certificado na parede ou na gaveta. É a competência de entrega que determina a capacidade do indivíduo, e não o papel. Entretanto, há de se reconhecer que muitas pessoas buscam uma formação em temas que não necessariamente aplicarão em curto prazo. Profissionais de engenharia fazem cursos de Gestão de Projetos, MBA Empresarial, Seis Sigma, dentre outros, para que estejam preparados ao competitivo mercado. Analistas fazem cursos de Liderança sem ocupar cargos de gestão. O pessoal de RH faz cursos de gestão estratégica de RH mesmo trabalhando em atividades operacionais, sem qualquer envolvimento com a alta direção. O pessoal de TI busca conhecer tecnologias que ainda não sabem se utilizarão no contexto em que atuam.

Enfim, estar atualizado nas metodologias do momento parece ser relevante, não apenas para as empresas, mas também para profissionais que desejam preencher as competências de entrada no cargo que ocupam atualmente, ou em outro no futuro próximo.[16] Além disso, aprender é um ato contínuo que deve ser reconhecido, principalmente para que se mantenha a capacidade cognitiva em boa forma. A busca por uma formação em que o profissional considere importante para seu trabalho ou carreira é um direito, e os negócios são criados à medida que o mercado fornecedor oferece o que o mercado consumidor julga precisar. Nisso, a competência social se eleva, pressionando por mais capacitação, em um círculo vicioso. Mas existem ainda outras questões no contexto que reforçam mais esses argumentos.

Por exemplo, estamos iniciando uma quarta revolução industrial caracterizada pelo emprego da genética, inteligência artificial, robótica, nanotecnologia, impressão 3D, biotecnologia, economia compartilhada e Big Data. Enfim, uma série de novos acontecimentos que devem reger a economia nas próximas décadas. Por isso, o Fórum Econômico Mundial publicou em 2016 um relatório denominado "O Futuro do Trabalho". Nele consta o resultado da análise de uma pesquisa feita com quase 400 executivos, representando mais de 13 milhões de trabalhadores, de 9 setores industriais, em 15 grandes países desenvolvidos e emergentes. O estudo analisou as habilidades relevantes para os trabalhadores em um horizonte de 5 anos, ou seja, para o ano de 2020, baseado no modelo *O'NET — Occupational Information Network*.

Uma pesquisa semelhante já havia sido feita com o horizonte de 2015, e, passados os cinco anos, foi possível analisar a dinâmica do mercado de trabalho nesse período. A competência mais relevante no mundo do trabalho continua sendo a mesma nas duas versões do estudo: **a capacidade de resolver problemas complexos**.

Quem resolve um problema complexo desenvolve muitas habilidades. Ele tende a ser mais metódico e objetivo, dando mais valor aos fatos e dados do que ao conhecimento existente. Logo, seus sentidos estão mais atentos, o que possibilita enxergar aquilo que os outros não veem. O pensamento é mais fluído, considerando um leque maior de possibilidades além das mais óbvias. O julgamento é mais sensato, baseado mais em critérios e menos em ideias preexistentes.

Ademais, força a pessoa a desenvolver paciência e perseverança, pois as soluções simples nem sempre são as mais fáceis de serem encontradas. Dessa forma, alguém com real capacidade de resolver problemas dessa natureza suporta melhor a incerteza enquanto reforça o sentimento de confiança e o desejo de vencer. Na resolução de um problema complexo, aprende-se a lidar com pessoas, ouvir, indagar, valorizar a participação e compartilhar conhecimentos e méritos.

Resolver um problema desse nível pode alavancar a carreira. Os nomes dos protagonistas serão lembrados nos círculos decisórios, então, quanto maior for o problema, maior será o potencial para deixar uma marca durável naqueles que estão tomando decisões impactantes no futuro do profissional dedicado. Vistos dessa forma, problemas não são problemas, mas sim oportunidades de ouro para o sucesso profissional.[17] E o mais incrível é que as chances são quase sempre desperdiçadas pelas pessoas comuns. Por isso, o crescimento na carreira não é algo para todos, mas para poucos, embora esteja acessível a qualquer um.

Quanto ao crescimento por meio da troca de emprego, essa é uma possibilidade real e bastante comum atualmente devido à expansão econômica e a falta de pessoal qualificado no mercado. As oportunidades estão ao alcance de qualquer um, contudo, os processos seletivos incluem entrevistas, por vezes com várias pessoas e em várias etapas. O entrevistado precisa ter conteúdo para envolver os avaliadores, provando que tem condições de ocupar a função desejada. Mas qual conteúdo? As rotinas daquilo em que tem trabalhado nas funções anteriores? As rotinas podem até qualificar uma pessoa para vencer um processo seletivo, mas não geram um grau de distinção suficientemente elevado para garantir uma posição confortavelmente vantajosa e que não seja alcançável por um concorrente.

É necessário mostrar algo a mais, aquilo que os outros não mostrarão para se distinguir em um processo seletivo. Não são as experiências rotineiras que farão a diferença, mas as situações extraordinárias vivenciadas pelo candidato. Mais uma vez, a resolução bem-sucedida de problemas desafiadores e significativos tem esse potencial, pois pode despertar interesse dos entrevistadores, fazendo o candidato conduzir a entrevista com aquilo que é seu maior diferencial. Evidentemente, essas experiências não terão condições de segurar ninguém no cargo, mas são uma forma eficaz de dizer "Eu existo, sou capaz e mereço esse emprego".

Também é relevante lembrar que o crescimento profissional depende da capacidade do indivíduo para resolver problemas progressivamente mais complexos. Nada mais limitante para um profissional do que resolver apenas problemas do mesmo tipo. Já os problemas difíceis, do tipo que não se sabe nem por onde começar, são perfeitos para o MASP.

O *Problem Solving* nas metodologias de gestão

A resolução de problemas tem um papel de destaque nas metodologias de gestão. O TQM contribuiu com a disseminação do conceito do PDCA, que continua sendo até hoje confundido como um método e com o *QC-Story*. Já o Seis Sigma desenvolveu o DMAIC, que também é uma estruturação metodológica para a resolução de problemas. Agora no *lean*, o *Kaizen* no *gemba* (*genchi gembutsu*) se faz essencial na metodologia, a ponto de Liker — um dos autores mais conhecidos a descrever o *lean* — posicioná-lo como o local mais elevado do *framework* piramidal de sua estrutura conceitual.

O que parece faltar é um conjunto metodológico que sustente a tese de que, quanto mais complexo o problema, mais estruturado deve ser o método de resolução. Ao menos na literatura técnica sobre o *lean*. Esse pressuposto é quase um consenso entre os estudiosos, autores e pesquisadores dessas metodologias, mas isso é ignorado nas literaturas, inclusive nas essenciais, de Ohno, Liker, Womack, Nemoto e até mesmo Shingo. O que se lê insistentemente é "Faça Kaizen", porém sem dizer exatamente o "como". Para isso, o material educacional interno das organizações tenta fechar essa lacuna, em conjunto com os materiais didáticos das empresas de treinamento e consultoria. Neles são oferecidos treinamentos, consultorias e *coaching* de diversos tipos, envolvendo uma infinidade de métodos, o que porventura incorre em erros conceituais ao confundir método, modelo, ferramentas, técnicas, instrumentos e até mesmo termos genéricos, como recurso, artifício, metodologia ou estratagema. Um verdadeiro quiproquó.

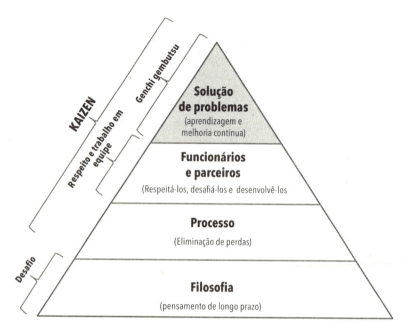

FIGURA 5.3. Os 4 Ps do Modelo Toyota
Fonte: Liker, 2005, p. 28

O fato de que quanto mais estruturado for o método, mais ferramentas necessita, também é outro pressuposto. Isso é bem evidente na metodologia *WCM — World Class Manufacturing*, da Fiat Chrysler Automobiles. Nesse modelo, a evolução do grau de implantação se dá por *steps* (passos), que podem chegar a sete. A cada *step*, o profissional precisa adicionar um domínio de ferramentas específicas para estar apto ao desenvolvimento das atividades. Por exemplo, um especialista em *lean* conhece as habilidades, tendo dezenas de ferramentas. No entanto, isso não é um elemento claro de distinção. É preciso ler o currículo todo do profissional para ter uma ideia de sua *expertise*. E mesmo assim, os anos de experiência podem não corresponder com a competência certificada.

O *Problem Solving* no *Lean Manufacturing*

Não há dúvidas de que a resolução de problemas tem uma importância primordial na metodologia *lean*. Embora muitas das técnicas sejam feitas para evitar problemas, como o conceito do *Jidoka*, as metodologias servem para eliminar os desperdícios e corrigir as falhas, preferencialmente no momento imediato das ocorrências. Logo, a solução de problemas do Kaizen está representada sempre com destaque na metodologia, como no esquema da casa do STP. Ambos são reproduzidos ora como centro, topo ou base.

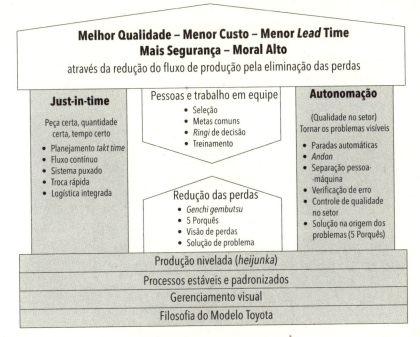

FIGURA 5.4. Casa do STP
Fonte: Adaptada pelo autor com base em LIKER, Jeffrey K.
O Modelo Toyota: 14 princípios de gestão do maior fabricante do mundo.
Porto Alegre, Bookman, 2005. p. 51

No entanto, alguns problemas são persistentes, exigem pesquisas, estudos, análises, hipotetizações, experimentos, dados confirmatórios e escolhas de soluções ótimas. Esses são os problemas complexos.

Do ponto de vista metodológico, a abordagem mais frequente procura atribuir ao processo de solução de problemas um ar de simplicidade, então o simples uso do PDCA como o "instrumento" a ser utilizado é constantemente citado. Eventualmente, se reconhece que o processo é um pouco mais detalhado, como acontece com Liker ao descrever a "Solução Prática de Problemas em Sete Passos".[19] Logo, esse método de sete passos é o *QC-Story*. Mas, como já havia sido observado por Nemoto, os autores norte-americanos parecem não gostar de citar as raízes do TQC no TPS. Na literatura acadêmica existe a tendência de apenas reforçar o novo em detrimento do mais tradicional, mesmo que sejam metodologias ainda úteis e funcionais.[20]

O fato de que muitos dos autores da manufatura enxuta se limitam a uma visão conceitual e estratégica é outro ponto curioso. Poucos autores adentram o chão de fábrica, quase nenhum no nível instrumental. E existem explicações para tal. O público-alvo dos livros não são os analistas, mas a gerência e os acadêmicos. Entretanto, todo o mundo sabe que não se aprende a fazer *lean* a partir dos livros.[21] Mesmo um dos instrumentos mais citados, o formulário A3, não costuma ser exibido nas páginas das publicações gerenciais, mas apenas em livros específicos de natureza instrumental, como é o caso da obra de Durwald K. Sobek II e Art Smalley.[22]

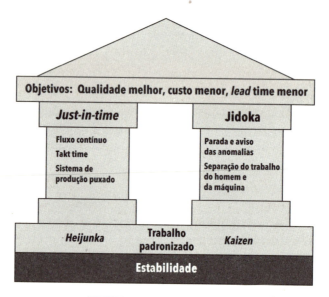

FIGURA 5.5. TPS "House"
Fonte: Traduzido pelo autor com base em Lean Enterprise Institute 200[18]

Dessa maneira, é notória a necessidade de aprofundamento, o que só é conseguido por meio de treinamentos abertos e consultorias. E, nesse campo, cada empresa faz à sua própria maneira.

Escalabilidade: a experiência do Seis Sigma

A metodologia Seis Sigma foi desenvolvida pela Motorola nos anos 1970 e teve como grande disseminador a General Eletric, por meio de seu emblemático CEO Jack Welch. Em algum momento do desenvolvimento dessa metodologia, definiram-se diferentes papéis para o desenvolvimento de diferentes responsabilidades. Por exemplo:

- *Initiative Leadership*
- *Project Leadership*

Além disso, os projetos podem contar com profissionais dispostos por diferentes níveis de domínio das ferramentas. Exemplo:[23]

- Six Sigma Deployment Leader
- Six Sigma Champion
- Six Sigma Yellow Belt (YB)
- Six Sigma Green Belt (GB)
- Six Sigma Black Belt (BB)
- Six Sigma Master Black Belt (MBB)

Algumas empresas ainda consideram o papel do *White Belt* (WB), e sua escalabilidade pode variar de organização para organização com relação ao treinamento, mas um arranjo típico define a seguinte configuração:[24]

- Six Sigma White Belt (WB): 6 a 8 horas.
- Six Sigma Yellow Belt (YB): 16 horas.
- Six Sigma Green Belt" (GB): 68 ~ 80 horas
- Six Sigma Black Belt (BB): 68 ~ 80 horas do GB + 68 ~ 80 horas adicionais.
- Six Sigma Master Black Belt (MBB): 68 ~ 80 horas.

O programa Seis Sigma também tem que esforçar para se manter em evidência, considerando-se as típicas ondas do modismo da ciência da administração. Logo, o esquema teve que ser atualizado, fazendo uma associação com a metodologia *lean* quando o *Lean Six Sigma*[25] foi criado. No entanto, não há dúvidas de que a criação dos *belts* para distinguir a qualificação dos especialistas continua sendo um sucesso. Talvez a metodologia *lean* precise de algo semelhante.

A força da metodologia *Lean*

A metodologia da manufatura enxuta tem uma força incomum, e existem razões para essa afirmação. É datado que se tem procurado explicar o sucesso da indústria de automóveis japonesa desde a década de 1980, quando os automóveis de origem oriental realmente começaram a incomodar a forte indústria norte-americana. E por causa disso, não havia mais dúvidas de que havia um modelo de gestão por trás daquele sucesso. Logo depois, a manufatura enxuta foi a resposta, e de fato ela tem vantagens, se comparada ao Seis Sigma, que é uma metodologia mais ocidentalizada. Mas eles têm origens distintas, que contrastam linhas de pensamentos ocidentais e orientais. Ou melhor, "mecani-

238 Advanced Kaizen

cista" *versus* "orgânica", respectivamente, como citam autores. Isso evidencia unicamente que em ambos existem fatores absolutamente distintos e conflitantes. Entretanto, é ou parece ser verdade, que:

a. A manufatura enxuta é a metodologia do momento, e os estímulos positivos que a marca Toyota e o TPS têm trazido reforçam sua aplicação ao todo ou mesmo em parte.

b. A metodologia *lean* parece ser mais ampla e consistente do que metodologia do Six Sigma, devido:

- Ao caráter orgânico e menos instrumental.
- Ao histórico mais longínquo.
- À base filosófica mais consistente.
- À simplicidade.
- À facilidade de adesão.
- Ao conjunto diversificado de ferramentas.
- À abrangência que incorpora resultados e desperdícios de qualquer natureza.
- À estrutura de conhecimento menos elitizado.

c. Aprender *lean* é mais difícil do que aprender Seis Sigma, pois é um conhecimento mais exclusivo, sendo menos disseminado, estruturado e ofertado.

d. A questão das faixas (*belts*) é uma metáfora trazida das artes marciais japonesas (judô, karatê) e pressupõe a existência de categorias hierárquicas que são atingidas uma após a outra, em sequência, por instrução e mérito.

e. Há uma relação entre a escala dos *belts* e a capacidade do profissional titulado para resolver problemas complexos. Isso também se deve ao tipo e à quantidade de ferramentas que ele domina.

f. Na metodologia *lean,* já se reconhece um nível elevado de conhecimento e experiência — o *sensei* — mas há muito pouco definido sobre o que é necessário para ser um.[26] E também não há uma hierarquia inferior, seja inicial ou intermediária.

g. Tal qual o Seis Sigma, a metodologia *lean* contém papéis, responsabilidades e níveis de complexidade em conhecimento e problemas (desperdícios) para todo o mundo, desde o operário até o presidente.

Capítulo 5: Gestão da Melhoria 239

h. A escalabilidade da formação dos profissionais é uma ideia genial, algo que não apenas define claramente os níveis de papéis e responsabilidade, mas também os requisitos de treinamento e investimento necessário para alçar cada nível.

i. É bastante atrativo para um profissional obter uma titulação reconhecida pelo mercado. Do ponto de vista do marketing pessoal, a denominação *belt* contém um simbolismo que remete a luta, combate, com uma sonoridade forte e marcante.

Por fim, há um ponto negativo na eventual escalabilidade das competências *lean*: o fato de que a ideia talvez não alinhe com a filosofia, que serve de pano de fundo dessa metodologia. O reconhecimento de que qualquer uma delas precisa estar sempre aprendendo faz parte da humildade. Isso é o que caracteriza um verdadeiro profissional de *lean*. Mas não é uma unanimidade.

Escalabilidade na competência em Kaizen

Não há dúvidas da existência de problemas mais difíceis do que outros. Provavelmente a questão da dificuldade não é uma variável discreta, mas contínua, com dificuldades progressivamente maiores. Logo, como não seria prático criar uma escala infinita de dificuldade, a solução é determinar uma escala fixa de poucos graus, o que facilita o entendimento de cada nível.

Algumas empresas têm experiências concretas para criar uma escalabilidade na resolução de problemas, dentre elas, a Mercedes-Benz do Brasil e a Fiat Chrysler Automobiles.

A Mercedes-Benz do Brasil tem uma estrutura bem construída para relacionar desafios e competências. Isso possibilita uma visão clara dos pré-requisitos, com possibilidades de crescimento profissional.[27]

No caso da FCA, a empresa fomenta a metodologia de manufatura enxuta adotada e propagada[28] entre fornecedores. A escala metodológica se dá por quatro tipos de Kaizen, com estruturação crescente, destinados a problemas progressivamente mais complexos:

- *Quick Kaizen*
- *Standard Kaizen*
- *Major Kaizen*
- *Advanced Kaizen*

Nas duas figuras a seguir é apresentada uma alternativa semelhante. Elas foram elaboradas a partir de informações fornecidas por uma indústria multinacional de grande porte instalada no Brasil.[29] A Figura 5.6 apresenta um modelo de escalabilidade, relacionando os problemas, seus métodos adequados a cada tipo e a qualificação requerida para enfrentar os desafios de cada nível. Na imagem é possível observar que os desdobramentos partem do tipo de problema em que a organização se depara com a necessidade de uma resolução. Portanto, a questão metodológica é uma consequência deduzida pelo nível de complexidade desses problemas, e isso decorre de suas qualificações e das denominações de cada nível.

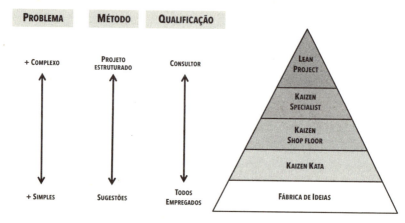

FIGURA 5.6. Exemplo de Relação entre Problema, Método e Qualificação Lean

Já a Figura 5.7 apresenta o modelo de escalabilidade da carreira em *lean* na mesma organização mencionada anteriormente. O modelo estabelece padrões de crescimento profissional das pessoas em metodologias *lean* e define o que é necessário para o indivíduo se submeter ao alcance do mais elevado grau na qualificação prevista. Para isso, as etapas sequenciais da combinação entre formação, aplicação e avaliação devem ser vencidas. Logo, a figura proporciona uma visão clara dos estágios de crescimento na carreira, apesar do modelo piramidal de representação. Isso sem necessariamente indicar uma hierarquia funcional, mas apenas técnica.

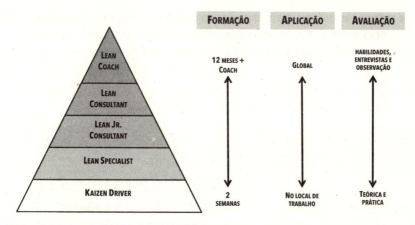

FIGURA 5.7. Exemplo de Escalabilidade de Carreira do Profissional de Lean

Trata-se de uma inteligência organizacional metodológica que precisa ser difundida, fomentada e estruturada, justamente para alavancar a competitividade da economia dos negócios em nosso país.

Essas prescrições específicas indicam que existe espaço para uma padronização genérica semelhante e que pode ser adotada pelo mercado fornecedor caso seja consolidada como um nível reconhecido, assim como os *belts* do Seis Sigma. Contudo, desde que alguns pressupostos sejam atendidos.

Jeffrey K. Liker, um dos mais conhecidos estudiosos do Sistema Toyota de Produção, descreve um modelo de escala em sua obra escrita em parceria com James K. Franz.[30] Esse modelo pressupõe a existência de cinco níveis.

Já a descrição de cada nível nesta obra foi produzida pelo autor. São eles:

- ***Novice*** **(Novato)**: o novato segue rigorosamente as regras dos professores, sem qualquer alteração. Essa fidelidade existe para facilitar o aprendizado, pois as partes são ensinadas e praticadas uma de cada vez, sejam elas ferramentas, atividades etc.
- ***Advanced Beginner*** **(Iniciante avançado)**: pode começar a encadear as partes aprendidas para compor um roteiro um pouco mais abrangente. Não podem ser feitas modificações na metodologia.
- ***Competent*** **(Competente)**: o competente consegue executar rotinas de maneira mais autônoma para vislumbrar o resultado em longo prazo, por isso ele pode fazer adaptações nas ferramentas e nos outros recursos metodológicos.

- **Proficient (Proficiente):** o proficiente é alguém que consegue indicar e aplicar a melhor técnica ou ferramenta. Por ter uma visão do todo e estar amparado pelos princípios e filosofias.

- **Expert (Especialista):** o especialista não necessariamente segue as regras, ele faz as regras. Deve ter uma compreensão profunda dos princípios, podendo adaptar as regras para diferentes tipos de situação.

As denominações citadas não foram elaboradas para as competências *lean*. Os autores citados preferem usar a designação *coach*, em vez de *sensei*, pois este primeiro tem um grau de rigor e distinção rara, além de uma competência tácita extremamente elevada. Logo, é de se esperar que o tipo de desafio aumente progressivamente na mesma proporção do grau de competência. Porém, os autores não abordam essa questão, ao menos não na publicação referenciada.

Requisitos para a escalabilidade e para o sucesso da iniciativa

Uma escala de competência baseada em *lean* deve:

- Respeitar a filosofia e os princípios da metodologia e da cultura *lean*.

- Reconhecer o contexto do ambiente de trabalho e seus desafios como o elemento determinante para definir cada grau da escala.

- Ter níveis claros de distinção.

- Contemplar a atuação, a competência, os métodos e as ferramentas de Kaizen mínimos, como os desafios e as abrangências típicas de cada nível.

- Os níveis devem ser relacionados a programas de treinamento, pois estes podem se transformar em produtos vendáveis.

Uma modelo de escalabilidade

Na sequência temos um modelo genérico de escalabilidade que pode servir de referência para a criação de um programa de carreira *lean* em uma organização ou corporação. É baseado nas premissas já apresentadas, bem como em protótipos observados no mercado. Essa escala não inclui a figura do *sensei*, pois ela está acima de todas.

1. **Lean Coach:** treina os demais profissionais da estrutura de carreira; assessora a alta direção nas estratégias de *lean*; dá suporte para o desenvolvimento de novos recursos metodológicos com problemas

mais complexos; monitora o desenvolvimento da cultura geral; é responsável pela evolução da abrangência. Competência mínima: 80 horas de formação e participação em 5 projetos de Kaizen.

2. **Consultor *Lean***: tem formação sólida e experiências efetivas em projetos de kaizen; adapta ou desenvolve novos instrumentos de Kaizen; pode ser o nível mais elevado na planta ou unidade produtiva de pequeno ou médio porte. Competência mínima: 40 horas de formação e participação em 3 projetos de Kaizen.

3. **Consultor *Lean* Jr.**: faz pequenas adaptações nas ferramentas e nos instrumentos; promove melhorias que exijam uma visão um pouco mais ampla, porém sem impacto no negócio; tem capacidade de analisar a causa-raiz de maneira mais objetiva e científica, usando um conjunto definido como razoavelmente amplo de ferramentas. Competência mínima: 24 horas de formação e participação em 2 projetos de Kaizen.

4. **Especialista/Líder *Lean***: é o operador mais experiente, analista e líder de linha, que faz modificações nos postos de trabalho ou em processos técnicos, além de fomentar a participação, cuidar da disseminação na equipe, treinar e apoiar os praticantes. Competência mínima: 24 horas de formação e participação em 1 projeto de kaizen.

5. **Praticante *Lean***: é a pessoa do chão de fábrica ou dos processos de trabalho que já recebeu uma formação inicial de *lean*, apta a fazer pequenas aplicações simples de organização de materiais e recursos, além de limpeza (5S) e manutenção autônoma. As ideias são apresentadas por meio de sugestões ou algum tipo de implantação individual em que essa própria pessoa apresenta e faz a modificação. É a pessoa que usa as ferramentas sem adaptações. Competência mínima: 16 horas de formação e realização de pelo menos 5 sugestões implementadas.

Os níveis, suas descrições e competências são exemplos que podem servir de referência para a criação de modelos corporativos particulares, que sejam razoáveis para o mercado brasileiro. Portanto, a relação apresentada, bem como seus detalhes, não contém todas as especificidades para caracterizar suas propriedades, devendo ser complementada em procedimento específico.

Na Figura 5.8 é mostrado um esquema em que essas características são posicionadas segundo uma hierarquia por tipo de Kaizen. Sendo assim, a imagem representa uma proposta para uma escalabilidade de competências na resolução de problemas baseados em Kaizen.

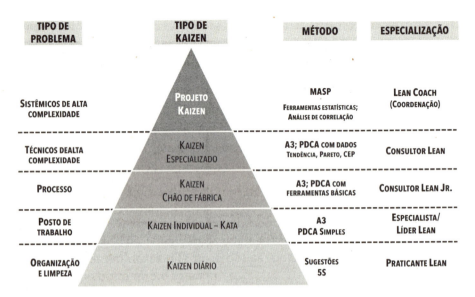

FIGURA 5.8. Tipos de Kaizen: Problemas, Métodos e Especializações

Observa-se na proposta que o desdobramento acontece por meio da complexidade dos problemas, e a partir disso, vai se desdobrando em outros atributos: tipo de Kaizen necessário, o método de resolução típico e o grau de especialização do profissional que *a priori* fará a resolução daquele tipo de problema.

As camadas não precisam ser completamente diferenciadas uma das outras, dado que as fronteiras são aproximadas. Assim, os indivíduos e as equipes podem saltar para níveis superiores à medida que aprendem e se desafiam, até mesmo como forma de preparativo para se consolidarem no patamar superior.

A Figura 5.9 apresenta uma hierarquia de carreira, permitindo ao profissional a busca pelo crescimento desejado em manufatura enxuta ou por aquilo de que a organização necessita.

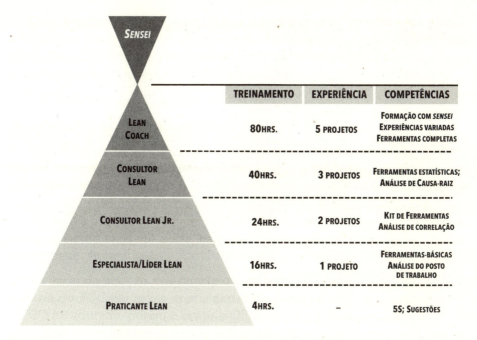

FIGURA 5.9. Carreira do Profissional Lean

Ambos os modelos se complementam, no entanto, podem ser empregados de forma distinta, ou seja, não há a necessidade de usar uma outra. Dessa forma, empresas que não adotam o *lean*, mas que praticam o método, podem incorporar apenas o modelo de escalabilidade de Kaizen.

Afinal, espera-se que os profissionais de níveis superiores consigam atingir todos os requisitos, tanto em termos de formação quanto da realização dos projetos de melhoria Kaizen.

A adoção de um modelo de escalabilidade na competência Kaizen e *lean* é essencial para que as organizações possam aproveitar as metodologias ao máximo. A existência desse modelo fará as pessoas desejarem galgar as posições superiores e assim, contribuírem cada vez mais com seu crescimento profissional junto do sucesso da empresa em que trabalham.

Por fim, uma explicação menos racional para esse desejo é representada pela famosa frase do alpinista britânico George Mallory, que pode ter sido um dos primeiros alpinistas a escalar o Monte Everest. Ao ser indagado sobre por que queria fazer isso, ele respondeu laconicamente: "Porque ele está lá."

5.11. QUESTÕES PARA DISCUSSÃO E APLICAÇÃO

a. Qual é o papel da liderança para o sucesso de um programa Kaizen?

b. Por que é importante estruturar uma proposta para um projeto de Kaizen?

c. Quais os tipos de estrutura que o MASP podem ser aplicados em um projeto de Kaizen?

d. Por que o MASP é mais comumente empregado em uma abordagem de equipe?

e. Quais são os aspectos extra metodológicos para a aplicação do MASP em um processo de Kaizen?

f. Quais são as habilidades básicas a serem desenvolvidas para uma aplicação efetiva e bem-sucedida do MASP?

g. Como os profissionais experientes, como os consultores, podem aumentar as chances de sucesso de um Kaizen? O uso desses profissionais não encarece o programa? O custo se paga?

h. Por que existem MASPs diferentes? Há diferenças significativas entre eles?

i. Quais são os erros típicos cometidos normalmente ao resolver problemas? Esses erros acontecem apenas durante a aplicação do MASP?

j. Quais são as vantagens de existir um esquema de grau de competência em metodologia *lean* (escalabilidade)?

k. (Aplicação) Construa e proponha um modelo de escalabilidade de competências Kaizen ou *lean* para sua empresa ou alguma empresa fictícia.

APÊNDICES

Apêndice A:
ABORDAGENS RESOLUTIVAS — MODELO COMPLETO

No Capítulo 1 foram apresentadas as abordagens resolutivas, desenvolvido pelo autor. Lá foi apresentada uma simplificação desse modelo, para ilustrar os estilos de resolução de problemas típicos do ambiente técnico e organizacional.

O modelo completo é mostrado na sequência. Nele, pode-se observar que a variável de análise tem uma escala mais abrangente, bem como a tomada de decisão, logo, isso possibilita uma caracterização mais íntegra dos estilos de resolução de problemas.

A análise impositiva significa que os elementos são analisados unicamente segundo critérios preexistentes, ou seja, de alguma forma, são impostos pelo ambiente ou contexto. Portanto, trata-se de um estágio pré-subjetivo, isto é, quando o indivíduo nem sequer tem a prerrogativa de pensar por si próprio. E se pensa, deduz esses elementos que nem sequer são considerados em prol de ideias já definidas e estabelecidas.

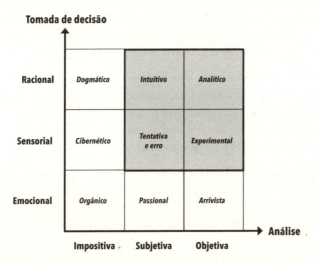

FIGURA A.1. Modelo Completo das Abordagens Resolutivas

Por outro lado, a tomada de decisão pode conter um estágio anterior ao sensorial, o emocional. As decisões tomadas nesse quadrante são totalmente não racionais, visto que são levadas a cabo por desejos que fogem totalmente da racionalidade.

250 Advanced Kaizen

A existência desses estilos não significa que sejam intrinsecamente ruins. Há momento para tudo. O risco acontece quando se usa a abordagem inadequada para o tipo de problema. Esses quatro principais quadrantes são explicados no capítulo sobre as abordagens resolutivas.

A abordagem **Dogmática** (análise impositiva e tomada de decisão racional) acontece quando existem razões indiscutíveis dentro do contexto. São bem explicadas por crenças e ideias tidas como claras, estando acima de quaisquer observações ou questionamentos. Os sistemas teocráticos pertencem a esse quadrante.

A abordagem **Cibernética** (análise impositiva e tomada de decisão sensorial) advém quando existe uma ligação sensorial sob a qual as tomadas de decisões estão pré-definidas. E é feita automaticamente. Assim, o sistema responde de forma "burra", ou seja, sem raciocinar, pois entende-se que a lógica é intrínseca ao estilo. Os sistemas eletrônicos e informáticos programados se enquadram nessa categoria.

A abordagem **Orgânica** (análise impositiva e tomada de decisão emocional) procura conciliar a análise imposta pelos elementos envolvidos, ou atores sociais, buscando soluções harmoniosas, que conciliem a maior parte dos participantes. Existem processos interpretativos, barganhas e negociações envolvidas, já que muitas vezes a solução está longe do ótimo. Isso acontece nos comitês, nos fóruns, nas assembleias e em grupos sociais.

A abordagem **Passional** (análise subjetiva e tomada de decisão emocional) privilegia o sujeito e suas preferências pessoais no processo resolutivo. Problemas resolvidos dessa forma não têm uma racionalidade concreta, pois o elemento impõe seu desejo pessoal naquilo que precisa ser resolvido. Uma frase típica nesses casos é: "Eu gosto assim." Isso pressupõe um certo grau de poder para arcar com as consequências posteriores e geralmente acontece na aquisição de bens ligados à estética, às aparências do luxo e aos problemas em que o sujeito exerce seu poder.

A abordagem **Arrivista** (análise objetiva e tomada de decisão emocional) se refere ao processo de resolução em que tudo gira em termos da maximização de ganhos e sem levar em conta princípios ou razões quaisquer que não sejam o benefício. O solucionador escolherá a opção com mais vantagens, mesmo que a defenda usando outros argumentos. Assim, a questão emocional pode ser velada nesse ponto de vista, logo, se enquadra nesse quadrante de soluções que ferem a lei, de tal modo que podem prejudicar a sociedade, o meio ambiente e as regras de relacionamento.

O modelo apresentado tem a intenção de tentar explicar as abordagens usadas para a resolução de qualquer problema. Sua consistência pode ser observada pela comparação entre as abordagens que formam os vértices da matriz (Dogmático *versus* Arrivista e Orgânico *versus* Analítico). Não é difícil concluir que são abordagens realmente opostas em sua essência.

Apêndice B:
PDCA: CONCEITO OU MÉTODO?

Embora seja bastante utilizado e referenciado na literatura, é possível observar que a cada autor e a cada momento, o PDCA é chamado de algo diferente. Mas o que ele é de fato? Um conceito, um modelo, um método, uma técnica ou uma ferramenta? A Figura B.1 e a descrição a seguir procuram elucidar esta questão.

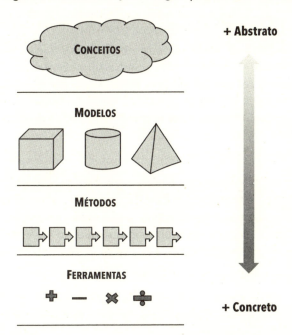

FIGURA B.1. Diferença entre Conceitos, Modelos, Métodos e Ferramentas

Uma *técnica* é uma maneira de realizar uma tarefa, ou um artifício criado para a consecução de um propósito limitado, parcial e temporário, que faz parte de um caminho para um objetivo mais amplo. A técnica se refere à prática direta, por isso, não serve como fonte de inspiração ou dedução de ideias mais abrangentes, logo, não é desdobrável em partes menores.

O *método* tem várias definições segundo sua ótica utilizada, mas uma denominação geral pode ser como "procedimento regular, explícito e passível de ser repetido para se conseguir alguma coisa, seja material ou conceitual".[1] Portanto, um método é um conjunto de tarefas menores em que acontece a aplicação de ferramentas. Dessa forma, O MASP é claramente um método, assim como o *QC-Story*.

252 Advanced Kaizen

Os *modelos* são padrões criados a partir de algum critério restritivo para representarem ou desenvolverem algum processo. São representações simbólicas com um propósito claro, mas que também é reconhecido por uma limitação ao construí-lo. Como o PDCA, que não é restritivo, mas uma ideia ampla para a criação de métodos específicos. Então ele não se enquadra na definição de *modelo*. Contudo, alguns exemplos de modelos que utilizaram o conceito do ciclo PDCA estão nas normas de gestão da qualidade — ISO 9001 — e meio ambiente — ISO 14.001.

Os *conceitos* são abstrações ou construções lógicas elaboradas para captar um fato ou fenômeno representado (simbolismo lógico) e são expressos mediante um sinal conceitual (simbolismo gramatical)[2]. Eles são captados por meio da percepção de tornarem os acontecimentos ou experiências do mundo real[3] inteligíveis. Assim, a prevenção de problemas é um conceito, pois se trata de uma ideia abstrata que diz muita coisa e ao mesmo tempo nada. Ou seja, não há como saber o que uma empresa efetivamente faz ao propagar o uso dessa linha de trabalho.

Portanto, o conceito significa um ordenamento lógico que simboliza uma ideia, e o método, um desdobramento dessa concepção na medida em que possibilita uma aplicação prática consistente.

Assim, alguns poderiam até se referir a isso como um preciosismo técnico, embora essa seja uma discussão de caráter epistemológico.[4] Dessa maneira, é incorreto denominar o PDCA de modelo, método ou técnica, e muito menos de ferramenta, pois se trata de um conceito, dos quais esses demais elementos são derivados.

Apêndice C:
OS MASPS DE DIFERENTES AUTORES

A popularidade do MASP decorre do fato de ser um método acessível e de ter um baixo custo para sua disseminação. Empresas de todos os seguimentos econômicos empregam a metodologia associada para obter resultados ou desenvolver pessoas. Além disso, o método é frequentemente utilizado como tema de estudos acadêmicos em todos os níveis do ensino superior.

No entanto, é possível encontrar MASPs diferentes das etapas descritas neste livro, seja em número das etapas ou dos passos que caracterizam cada uma dessas partes. O motivo é que o MASP é um método flexível, por isso, diferentes autores interpretaram o desdobramento do ciclo PDCA de diferentes maneiras, e tal flexibilidade é aceitável, desde que algumas características sejam cumpridas, como:

- Ser desdobrado do PDCA.
- Ter pelo menos seis etapas bem descritas.
- Ter passos ou orientações distintas em cada etapa.
- Ter a mesma sequência lógica, mesmo com um menor número de etapas.
- Ter predominância pela objetividade com o uso de fatos, dados e evidências.
- Ser complementado por uma certa quantidade de ferramentas da qualidade.
- Não admitir supressão de etapas durante a aplicação.[1]

A primeira coisa que a pessoa estudiosa observa no MASP é a diferença entre a quantidade de etapas. Um dos primeiros livros traduzidos para o português é o *TQC — Total Quality Control*, de Kaoru Ishikawa, publicado em 1985. Ishikawa, uma das maiores autoridades no tema qualidade, relaciona o *QC-Story* em nove etapas, que servem para um processo tanto descritivo quanto prescritivo.

Porém, o autor não descreve o método detalhadamente em seus passos subjacentes. Essa tarefa acaba sendo feita por outros autores, como Hitoshi Kume, o ganhador individual do Prêmio Deming no Japão.

O *QC 7-Step: Problem Solving Formula*, de Katsuya Hosotani, é muito bem descrito em sua publicação. A obra tem sete etapas, com um conjunto de passos também certamente definidos.

As publicações com descrições detalhadas do MASP são raras. Uma dessas publicações é o *QC-Storyline*, de Tadashi Sugiura e Yoshiaki Yamada. Esse livro é dedicado integralmente à prática de Kaizen por meio de uma versão mais detalhada de MASP/*QC-Story*. Além das dez etapas, o roteiro dos autores também contém passos e subpassos descritos de forma simples — Figura C.4. Ou seja, não é muito denso. A apresentação de resultados é apresentada como uma etapa alternativa ao final do projeto.

Na Figura C.5, adiante, o QC-Story é apresentado para uma leitura e interpretação ocidental de um método de resolução estruturado. A estrutura é dos autores norte-americanos Langley, Moen e Nolan, com 7 etapas e 24 passos. Esse método é bem completo, embora não separe as etapas de plano de ação e ação, como também o faz Kume. Neste, é marcante a convergência de ideias e interpretações de diferentes métodos.

A União Japonesa de Cientistas e Engenheiros publicou um livro denominado *TQC Solutions — The 14 Step Process*. Nele, o MASP é descrito com 14 passos. Ao analisar atentamente cada um deles, vê-se que todos contêm etapas básicas essenciais para manter a caracterização do método como um desdobramento do PDCA, ainda mantendo suas características de maneira racional, estruturada, objetiva, científica, lógica e sistemática.

A maioria dos MASPs é encontrada nas organizações, assim, os estudos acadêmicos no Brasil contêm oito passos, incluindo o método de solução de problemas — MSP, este sendo apresentado por Vicente Falconi Campos no livro *TQC Controle da Qualidade Total no estilo japonês*, com sua publicação em 1992.

Já a Figura C.6 mostra o *top down* do MSP de Campos também na forma de diagrama. Como nos demais, foram omitidas as ligações de retorno, para os casos de ter que girar o PDCA novamente. Essas ligações transformam o método em um ciclo fechado.

Neste, percebe-se também a diferença nas quantidades de etapas do modelo de Ishikawa. A referência original foi tida pelo modelo de Hitoshi Kume, publicado no livro *Statistical Methods for Quality Improvement*. A obra mencionada descreve o método *QC-Story* em sete etapas (Figura C.3).

Portanto, o MASP pode ser adaptado para diferentes contextos em termos de:

- **Ambiente**: cultura organizacional e gerencial; grau de racionalidade e objetividade.
- **Tipo de problema**: grau de automatização dos processos; abrangência da natureza dos dados.
- **Ciclo do negócio**: tempo para a obtenção de resultados.

De maneira geral, as adaptações do método acontecem em termos da quantidade de etapas, seguida de seus desdobramentos em atividades ou passos com suas ferramentas específicas para a coleta, modelagem do fenômeno e análise dos dados, bem como da investigação das informações para a compreensão, explicação e medição do problema e suas causas. Além disso, o método em si forma alguns aspectos logísticos que podem decorrer também do contexto, como a disponibilidade de recursos tecnológicos e estruturais para a realização de discussões ou reuniões de trabalho.

Dessa forma, o MASP pode ser adaptado para problemas de natureza humana e social, ou seja, vem a ser útil para a área de Recursos Humanos, como também para ambientes de negócio, pois é onde a variável humana está preponderante. Isso porque exige cuidados na abordagem de pessoas ao se tratar de informações que podem ser delicadas.

Outra possibilidade é desenvolver um MASP para a melhoria de produtividade incorporando o estudo de tempos e movimentos — Cronoanálise — como recurso metodológico essencial.

O fomento à inovação também pode ser feito com o MASP. Para isso, a quarta etapa, plano de ação, pode ser incrementada para que a equipe busque uma solução *sui generis* e, ao final do projeto, haja a inclusão dos trâmites necessários para a obtenção do devido reconhecimento por meio do registro de patentes, segundo a categoria específica. Por fim, o MASP pode também ser adaptado para problemas de natureza administrativa, criando um tipo de MASP Office. Na área administrativa são comuns os problemas de processo que desencadeiam atrasos, perdas de documentos, interrupções pela omissão na definição de tarefas e responsabilidades, excesso de materiais ou de recursos, burocracia, enfim, desordens de todo tipo. Em problemas dessa natureza, os fluxogramas, registros e procedimentos escritos deverão, provavelmente, ter um papel de destaque no processo resolutivo e no controle contra reincidências.

Um MASP adaptado para problemas de natureza humana ou social é apresentado na Figura C.7. O modelo inclui uma série de interações humanas essenciais dentro desse contexto. Assim, um MASP adaptado para problemas dessa natureza deve acrescentar atividades de comunicação e convencimento. Isso visa tornar o processo mais participativo. Além de respeitar as partes interessadas ao promover a gestão da mudança.

É importante enfatizar que não há diferenças essenciais entre os métodos. O que distingue um do outro são a quantidade de etapas, os passos e as ferramentas. Além do mais, isso não esgota todas as possibilidades de aplicação.

Portanto, não se encontram diferenças significativas nos métodos, embora existam várias descrições do MASP, e de sua congênere, o *QC-Story*, na literatura e no ambiente profissional. Desse modo, são as definições de maneiras ligeiramente diferentes que levam à afirmação do MASP como essencialmente um.

Essa flexibilidade ajuda no ensino e na compreensão por um determinado público, mas, além de não mudar o método, isso também não altera sua natureza, e promove o mesmo resultado, com a elevada eficácia que caracteriza o melhor método de resolução de problemas complexos, totalmente à disposição das empresas.

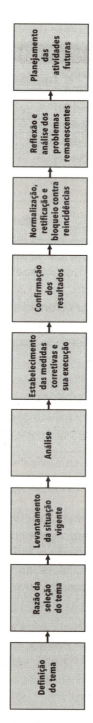

FIGURA C.1. QC-Story de Ishikawa — o Histórico da Qualidade
Fonte: Elaborado pelo autor com base em Ishikawa (1986)

Apêndice C: : Os MASPs de diferentes autores 257

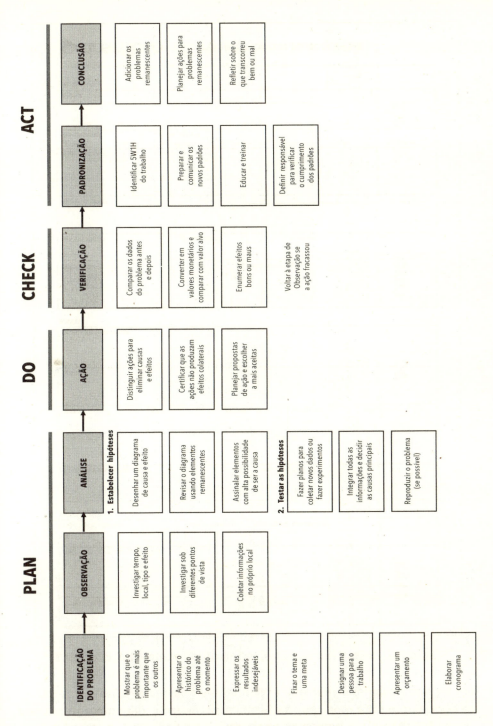

FIGURA C.2. QC-Story de Kume
Fonte: Elaborado pelo autor com base em Kume (1992)

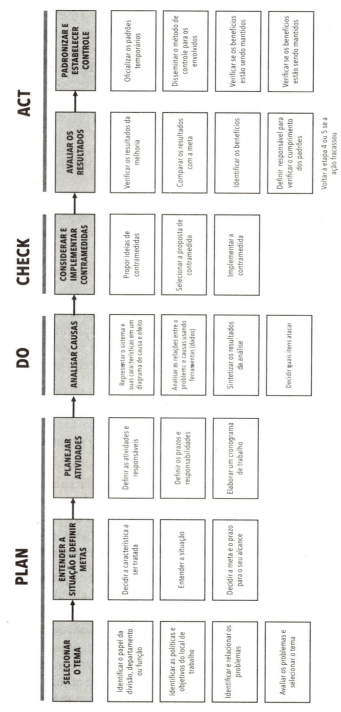

FIGURA C.3. QC 7-Step Problem Solving Formula
Fonte: Elaborado pelo autor com base em Hosotani (1992)

Apêndice C: : Os MASPs de diferentes autores 259

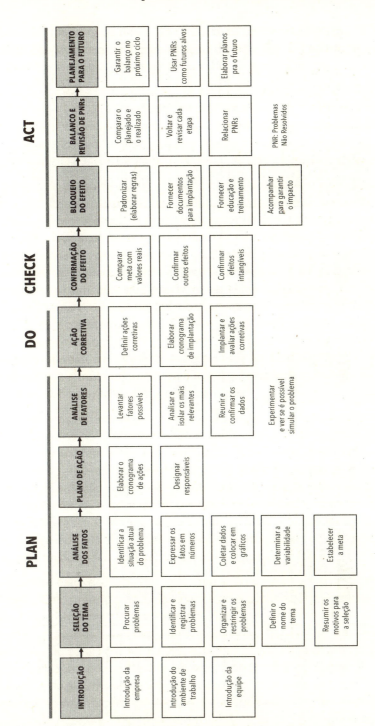

FIGURA C.4. QC-Storyline
Fonte: Elaborado pelo autor com base em Sugiura e Yamada (1995)

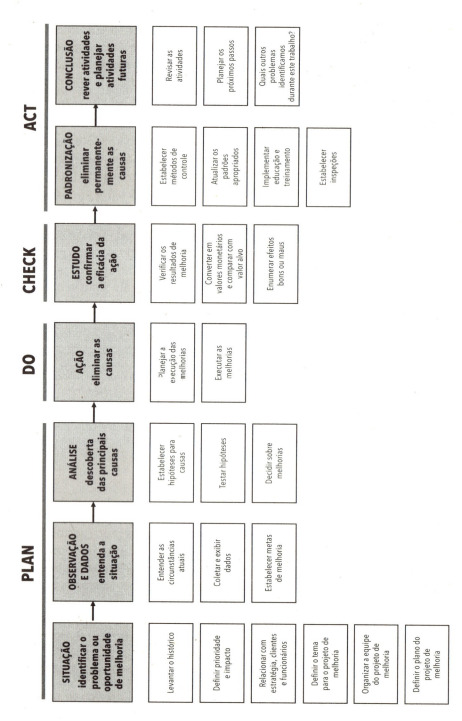

FIGURA C.5. QC-Story, de Langley, Moen e Nolan
Fonte: Elaborado pelo autor com base em QC-Story,
de Langley, Moen e Nolan (2009)

Apêndice C: : Os MASPs de diferentes autores 261

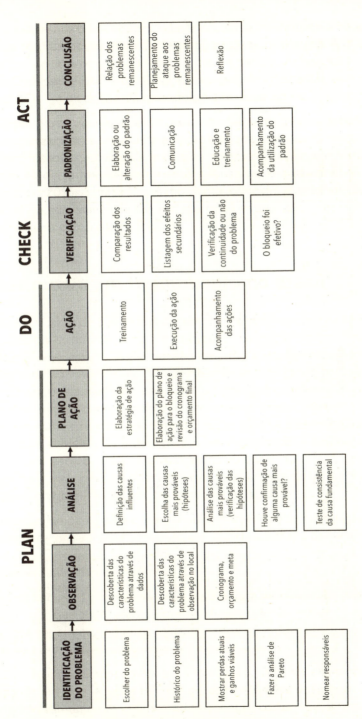

FIGURA C.6. MSP de Campos
Fonte: Elaborado pelo autor com base em Campos (2004)

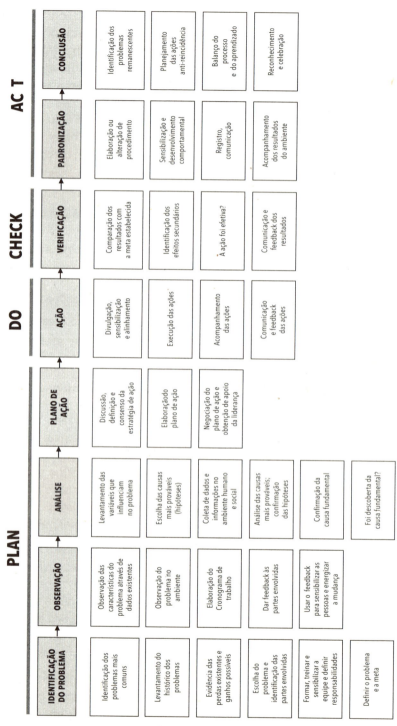

FIGURA C.7. MASP para Problemas de Natureza Humana ou Social

Apêndice D:
FERRAMENTAS DE ANÁLISE E SOLUÇÃO DE PROBLEMAS

Existe uma grande quantidade de ferramentas da qualidade, e cada um serve para um propósito. As ferramentas são indispensáveis na resolução de um problema. Há várias delas porque as necessidades também são diversas.

A denominação *ferramenta* remete aos instrumentos empregados na construção de trabalhos. Podem ser para manutenção e reparos, tais como enxadas, chave de fenda e alicates. Essas são ferramentas físicas muito úteis para nos poupar esforços, além de serem essenciais para que o trabalho seja feito com menos risco e maior produtividade.

Contudo, há outro grupo das ferramentas. São aquelas que nos poupam o esforço mental, e quando usadas na gestão da qualidade, são frequentemente denominadas de ferramentas da qualidade, embora não sejam exclusivas dessa disciplina. Assim, as ferramentas mentais existem para exercer uma função semelhante àquela com a qual nosso cérebro realiza tarefas em nosso dia a dia pessoal ou profissional. Provavelmente a ferramenta mais elementar desse tipo é a representação pictórica. Trata-se do registro da informação por meio de desenhos e símbolos.

Já algumas outras ferramentas são o lembrete, a lista e o calendário, muito úteis para um número infinito de situações. Agora, o formulário é uma ferramenta para a coleta de dados e informações sobre uma determinada temática e permite levantar questões de forma padronizada por meio daquilo que é preciso para compor um conjunto de informações sobre pessoas, fenômenos ou temas.

Por fim, as ferramentas tecnológicas são bastante presentes na atualidade, como os recursos informáticos e de comunicações. Esses mecanismos fazem parte de nossas atividades profissionais e pessoais, e é praticamente impossível viver sem eles. É possível prever que, ao se criar um grupo para conduzir um projeto, uma das primeiras coisas que será feita é a criação de um grupo em um aplicativo de smartphone, como o popular WhatsApp, ou algo mais dedicado para a gestão do projeto, como o Trello. A ação provavelmente será uma das primeiras coisas a serem feitas após a formação do grupo para conduzir um projeto.

As ferramentas tecnológicas não são essenciais para a resolução de problemas, embora sejam altamente desejáveis. Elas propiciam rapidez na comunicação, qualidade estética e um aumento considerável de produtividade em relação ao meios tradicionais de trabalho, como papel e caneta.

Descrição básica das ferramentas

O objetivo aqui não é o de descrever ou ensinar como usar as ferramentas. Isso pode ser encontrado em livros e cursos de formação específica. A intenção é a de possibilitar ao leitor um acesso rápido às ferramentas, apresentar sua natureza, formato e propósito, para ajudar na escolha correta nos passos do MASP e conforme o tipo de problema.

Apêndice D: : Ferramentas de Análise e Solução de Problemas

FERRAMENTA	O QUE É	PARA QUE SERVE	EXEMPLO
Brainstorming	• É uma técnica utilizada para auxiliar um grupo a criar o máximo de ideias possíveis no menor espaço de tempo.	• Identificar os problemas da área. • Identificar as possíveis causas do problema. • Desenvolver uma aplicável solução efetiva.	• Mostrar aos funcionários como funciona; • Treinar os funcionários; • Mostrar ou Ilustrar o valor da Internet; • Tornar o uso agradável; • Aumentar a velocidade de acesso; • Fazer com que seja fácil de usar.
Gráfico de Tendência	• É um gráfico (um plano cartesiano) que demonstra os resultados em uma escala de tempo. • O eixo X normalmente é a escala de tempo, enquanto o eixo Y é a variável que se deseja observar.	• Permitir pesquisar tendências ou outros padrões de comportamento de uma variável nos dados. • Monitorar um sistema com o intuito de observar a existência de alterações na média esperada ao longo do tempo.	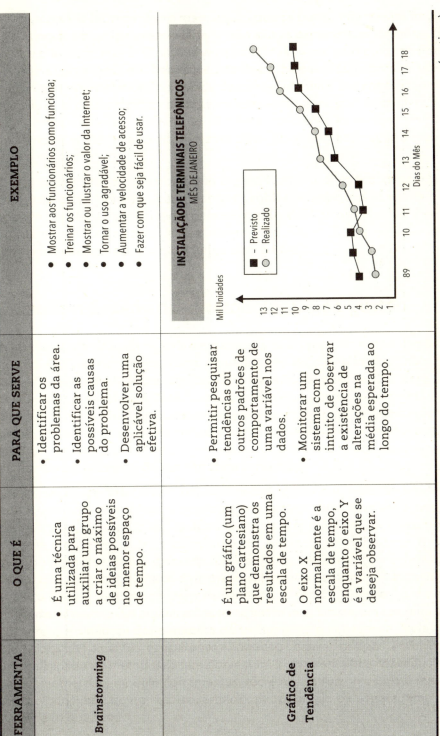 **INSTALAÇÃO DE TERMINAIS TELEFÔNICOS** MÊS DE JANEIRO

(continua)

(continuação)

FERRAMENTA	O QUE É	PARA QUE SERVE	EXEMPLO
Gráfico de Gantt	• É uma representação gráfica de um plano de ação feita por meio de barras horizontais cujos comprimentos são proporcionais ao período que se deseja representar.	• Facilitar a visualização da duração de atividades e etapas definidas no plano de ação.	
Matriz de Decisão GUT (Problema)	• É uma forma de priorizar problemas ou opções possíveis, tendo como critério a gravidade (impacto causado pelo problema), urgência (pressão do tempo) e a tendência (qual o comportamento se nada for feito?).	• Selecionar projetos de melhoria. • Selecionar opções de ataques para um problema.	

Gráfico de Gantt:

O quê	Quem	Duração	Quando	Gráfico de Gantt	
				Agosto	Setembro
Identificar o problema	Coordenador	2 dias	15/8	16/8	
Observar o problema	Qualidade	7 dias	17/8	23/8	
Análise das causas	Grupo GMQ	10 dias	24/8		2/9
Plano de ação	Grupo GMQ	1 dia	3/9		3/9
Ação	Grupo GMQ	6 dias	4/9		9/9
Verificação	Gerente da área	4 dias	10/9		13/9
Padronização	Qualidade	2 dias	14/9		15/9
Conclusão	Grupo GMQ	2 dias	16/9		17/9

Matriz de Decisão GUT:

PROBLEMA	G	U	T
1. Problema dos documentos do setor;	12	10	18
2. Falta de pessoal para edição de desenhos;	14	16	20
3. Computadores com pouca memória;	13	15	22
4. Piso muito liso levando a acidentes;	22	24	22

FERRAMENTA	O QUE É	PARA QUE SERVE	EXEMPLO
5 Porquês	• É uma forma de obter informações a respeito de determinada característica que tem realmente influência no problema.	• Investigar as causas de um problema.	<table><tr><td>**Problema**</td><td>**Soldador acidentou-se soldando a tampa de um tambor vazio de álcool etílico.**</td></tr><tr><td>Por quê?</td><td>O tambor continha vapores de álcool etílico que explodiam ao entrar em contato com faíscas da máquina de solda.</td></tr><tr><td>Por quê?</td><td>Os vapores não foram extintos antes do processo de soldagem.</td></tr><tr><td>Por quê?</td><td>O soldador desconhecia o perigo de explosão de tambores contendo vapores.</td></tr><tr><td>Por quê?</td><td>O soldador não foi orientado quanto ao risco.</td></tr><tr><td>Por quê?</td><td>O curso de segurança em processo de soldagem não incluiu o tema.</td></tr></table>
Diagrama de Causa e Efeito	• É uma forma de representar a relação entre o efeito e as possibilidades de causa que podem contribuir para esse efeito. É essencialmente uma apresentação gráfica de uma lista. • Também chamado de diagrama espinha de peixe ou diagrama de Ishikawa.	• Identificar e organizar as possíveis causas dos problemas de forma a propiciar a obtenção das causas mais influentes.	

(continua)

(continuação)

FERRAMENTA	O QUE É	PARA QUE SERVE	EXEMPLO
Diagrama de Árvore	• É uma forma de compreender como as relações de causa e efeito se relacionam entre diferentes fenômenos e causas. • Consiste em se perguntar "por quê" repetidas vezes e construir a relação ramificada.	• Compreender relações de causa e efeito em fenômenos de média e alta complexidade. • Determinar de modo claro como diferentes causas interferem umas nas outras.	(ver diagrama abaixo)

EXEMPLO

Problema
- Alto índice de defeitos na fabricação de equipamentos — 100%

Causas de 1° nível
- Falha de montagem — 37%
- Defeitos funcionais — 29%
- Configuração nãoconforme — 21%
- Defeitos estéticos — 13%

Causas de 2° nível
- Montagem de conjuntos — 27%
- Montagem de componentes — 10%
- Falha sem substância identificável — 17%
- Falha sem sistemas mecânicos — 12%
- Ordem de fabricação errada — 21%
- Defeitos na pintura — 9%
- Arranhões diversos — 4%

Causas de 3° nível
- Conjunto errado
- Conjunto não pode ser montado
- Fio solto ou mal conectado
- Falta de algum componente
- Defeito na placa eletrônica
- Conjunto moto-redutor engripado
- Defeito nas polias e engrenagens
- Serigrafia borrada
- Arranhão
- Gabinete empenado
- Fração bordes e relevos arranhados

Causas de 4° nível
- Conjuntos misturados
- Controle deficiente
- Folga nas ferramentas de estampagem das bases
- Desatenção
- Teste funcional falho no fornecedor
- Lubrificação insuficiente
- Lubrificação insuficiente
- Proximidade entre peças
- Manuseio sem cuidado
- Piso áspero

FERRAMENTA	O QUE É	PARA QUE SERVE	EXEMPLO
Folha de Verificação	• É um formulário estruturado para a coleta de dados que facilita o registro e a análise de dados.	• Coletar dados pertinentes a um determinado problema.	*(ver tabela "ERROS EM MATERIAL DIDÁTICO" abaixo)*
Survey	• O *survey* é um método de coleta de dados de natureza quantitativa para problemas de natureza social.	• Quantificar fenômenos ou percepções humanas.	*(ver exemplos de questionário abaixo)*

Exemplo — Folha de Verificação:

ERROS EM MATERIAL DIDÁTICO

ASSUNTO: FERRAMENTAS DA QUALIDADE
LOCAL: _____ INSTRUTOR: _____
PERÍODO: DE _____ À _____ DE 2002
RESPONSÁVEL: _____

Conteúdo Gramatical	Erros	Frequência	Sub-total
ORTOGRAFIA	Divisão silábica	⊛ ⊛ ⊛ ⊛ ⊛	5
	"ss" ao invés de "ç"	⊛ ⊛	2
	"g" ao invés de "j"	⊛ ⊛ ⊛	3
PONTUAÇÃO	Ponto e vírgula	⊛ ⊛ ⊛	3
	Vírgula	⊛	1
ACENTUAÇÃO	Grave (`)	⊛ ⊛ ⊛ ⊛	4
	Circunflexo (^)	⊛	1
SINTAXE	Artigo feminino	⊛	1
	Verbo	⊛ ⊛ ⊛	3
	Preposição	⊛ ⊛	2
TOTAL			**25**

Exemplo — Survey:

1. Quando a empresa precisa de esforço extra estou sempre disposto a dar um pouco mais de mim, mesmo que isso implique em alguns sacrifícios.

   Tendo a discordar □ □ □ □ □ Tendo a concordar

2. É importante que cada um de nós trabalhe em prol do benefício e do bem estar de todas as pessoas.

   Tendo a discordar □ □ □ □ □ Tendo a concordar

3. Trabalhar sob pressão é normal de ambientes de trabalho e, por isso, a empresa pode contar comigo sempre que precisar.

   Tendo a discordar □ □ □ □ □ Tendo a concordar

(continua)

(continuação)

FERRAMENTA	O QUE É	PARA QUE SERVE	EXEMPLO
Estratificação	• É um modo de separar os dados em categorias ou classes mais significativas de forma a expor padrões latentes.	• Analisar dados mais profundamente para pesquisar oportunidades de melhoria. • Ajudar na identificação de características e causas de um problema.	
Diagrama de Pareto	• É uma série de barras dispostas em ordem decrescente de altura, da esquerda para a direita, cujas alturas refletem a frequência ou os impacto dos problemas.	• Selecionar projetos de melhoria. • Priorizar temas importantes na observação de um problema. • Delimitar as causas do problema a serem atacados em primeiro lugar.	

FERRAMENTA	O QUE É	PARA QUE SERVE	EXEMPLO			
			Expedição/Entrega	**Produtos**	**Emissão N.F.**	**Atendimento**
Diagrama de Afinidades	• É uma forma de agrupar grandes quantidades de dados (ideias, opiniões, assuntos etc.) baseados na inter-relação naturais entre cada item.	• Organizar os dados quando são muito grandes ou complexos para entender. • Expandir a forma de pensar dos membros da equipe de projeto.	A encomenda chegou com atraso de 2 horas dificultando o recebimento pelo cliente. Cliente pediu que fosse alterados eu pedido de 15 para 32 unidades de Cemkill, porém a alteraçãonão foi processada pela expedição; O cliente pede a troca de todas as 18 unidades do produto Ar-Borit devido à um engano na expedição da encomenda; O material ao chegar encontrava-se com a embalagem danificada; (obs. Saiu em perfeito estado do estoque;	O cliente solicita que seja substituído o produto Ar-Borit; defeito em 3 unidades Cliente solicita substituição em garantia de um lote de Ar-Borit O cliente solicita que seja substituído o produto Ar-Borit; de feito em 3 unidades Cliente solicita substituição em garantia de um lote de Bromalig Defeito em 1 unidade do produto Bromalig; cliente solicita troca.	A nota fiscal mencionava 5 unidades do produto Ar-Borit, quando o cliente solicitou e recebeu apenas 4. Nota fiscal com endereço errado Erro na alíquota de imposto destacada na nota fis cal; enviar carta de correção;	Cliente reclamou do atendimento demorado durante orçamento.
Capabilidade de processo	• É um indicador de variabilidade calculado a partir de dados coletados de processos ou produtos.	• Determinar se o processo é capaz de atender às especificações estabelecidas, com suas variações naturais.	$$Cp = \frac{LSE - LIE}{6\sigma} = \frac{45,35 - 45,00}{6 \times 0,043} = 1,36$$			

(continua)

(continuação)

FERRAMENTA	O QUE É	PARA QUE SERVE	EXEMPLO
Fluxograma	• É uma representação gráfica mostrando todos os passos de um processo.	• Identificar problemas no processo por meio da comparação do fluxograma de como o processo opera, com o fluxograma de como o processo deveria operar se tudo corresse bem. • Verificar como os vários passos do processo estão relacionados entre si	INÍCIO → RECEPÇÃO DO ALMOXARIFADO (RECEBIMENTO) → CQ? → (NÃO) RETRABALHAR O MATERIAL CONFORME DO CN° XXX/YY → APROVAR? → (NÃO) A / (SIM) INSPECIONAR AS PEÇAS CONFORME FI – RCQ – 064 → FIM CQ? → (SIM) INSPECIONAR AS PEÇAS CONFORME FI – RCQ – 064 A → REJEITAR O LOTE NO SISTEMA → EMITIR FICHA DO CQ E ENVIAR PARA COMPRAS → FIM
Análise de Coeficiente de Correlação	• É um coeficiente matemático que determina o grau de correlação entre duas variáveis, normalmente uma causa e o problema.	• Determinar o grau em que uma variável se correlaciona com outra, para identificar o efeito de uma causa que afeta um problema.	$\rho = 0{,}65$

FERRAMENTA	O QUE É	PARA QUE SERVE	EXEMPLO
Histograma	• É um diagrama de barras que representa a distribuição de frequência de uma população.	• Verificar o comportamento de um processo em relação à especificação.	**Histograma** — eixo FREQUÊNCIA (1 a 10); eixo horizontal: 50-59, 60-69, 70-79, 80-89, 90-99
Matriz de Preferência	• É uma ferramenta de priorização para ajudar a escolher as melhores dentre várias alternativas.	• Ordenar ou priorizar projetos de melhoria ou opções de ataque a um problema quando há limitações de tempo e recurso.	(matriz abaixo)

Exemplo — Matriz de Preferência:

	1	2	3	4	5
1. Serviço on-line					
2. Vantagens (ex.: isenção de CPMF)	2				
3. Proximidade do local de trabalho	1	2			
4. Pouca Fila	1	2	3		
5. Número de agências no país	1	2	3	5	

Característica	1	2	3	4	5
Frequência (nº de vezes)	3	4	2	0	1
Prioridade	2º	1º	3º	5º	4º

(continua)

274 Advanced Kaizen

(continuação)

FERRAMENTA	O QUE É	PARA QUE SERVE	EXEMPLO
Carta de Controle	• É um gráfico cronológico com limites de controle que permitem o monitoramento dos processos.	• Identificar o aparecimento de causas especiais nos processos. • Monitorar o processo para ver se ele está sob controle estatístico.	*(ver figura abaixo)*

CARTA DE CONTROLE X – R – "ESTUDO INICIAL"

FÁBRICA XXX	DEPARTAMENTO XXX	OPERAÇÃO DOBRAMENTO DO GRAMPO	DATA DOS LIMITES DE CONTROLE CALCULADOS	ESPECIFICAÇÃO DE ENGENHARIA .50 A .90 MM	PEÇA No. XXX
MÁQUINA No. XXX	DATAS 8/6 A 16/6	CARACTERÍSTICAS ABERTURA, DIMENSÃO "A"		TAMANHO DA AMOSTRA - FREQUÊNCIA 5/2 HORAS	PEÇA NOME XXX

MÉDIAS (CARTA X BARRA) — $\bar{\bar{X}} = \text{Média } \bar{X} =$ $LSC = \bar{\bar{X}} + A_2 \cdot \bar{R} =$ $LIC = \bar{\bar{X}} - A_2 \cdot \bar{R} =$

PASSO A.4.   PASSO A.5.

AMPLITUDES (CARTA R) — $\bar{R} = \text{Média } \bar{R} =$ $LSC = D4 \cdot \bar{R} =$ $LIC = D3 \cdot \bar{R} = \star$

AÇÃO

PARA CAUSAS ESPECIAIS

• PONTO FORA DOS LIMITES DE CONTROLE

• SEQUÊNCIA DE 7 (SETE) PONTOS ACIMA OU ABAIXO DA LINHA MÉDIA

• SEQUÊNCIA DE 7 (SETE) PONTOS CRESCENTE OU DECRESCENTE

• ALGUM OUTRO PADRÃO NÃO ALEATÓRIO

INSTRUÇÕES PARA AÇÃO

1. NÃO FAZER MUDANÇAS DESNECESSÁRIAS NO PROCESSO.

2. ANOTAR QUALQUER MUDANÇA NOS ELEMENTOS DO PROCESSO (PESSOAL, EQUIPAMENTO, MATERIAL, MÉTODOS, AMBIENTE, OU SISTEMAS DE MEDIÇÃO) NO VERSO DESTE FORMULÁRIO.

TAMANHO DO SUBGRUPO	A 2	D3	D4
2	1.88	$\star$	3.27
3	1.02	$\star$	2.57
4	0.73	$\star$	2.28
5	0.58	$\star$	2.11
6	0.48	$\star$	2.00
7	0.42	0.08	1.92
8	0.37	0.14	1.86
9	0.34	0.18	1.82
10	0.31	0.22	1.78

O PROCESSO DEVE ESTAR SOB CONTROLE ANTES DA CAPABILIDADE SER DETERMINADA

DATA		8/6				9/6				10/6				11/6				12/6				15/6				16/6		
HORA		8	10	12	2	8	10	12	2	8	10	12	2	8	10	12	2	8	10	12	2	8	10	12	2	8		
LEITURAS	1	.65	.75	.75	.60	.70	.60	.75	.60	.65	.60	.80	.85	.70	.65	.90	.75	.75	.65	.60	.50	.60	.80	.65	.65			
	2	.70	.85	.80	.70	.75	.75	.80	.70	.80	.70	.75	.75	.70	.70	.80	.80	.70	.70	.65	.60	.55	.80	.65	.80	.70		
	3	.65	.75	.80	.70	.65	.75	.65	.80	.85	.60	.90	.85	.75	.85	.80	.75	.85	.80	.65	.65	.65	.65	.75	.65	.70		
	4	.65	.85	.70	.75	.85	.85	.75	.75	.85	.80	.50	.65	.75	.75	.75	.80	.70	.70	.65	.60	.80	.65	.65	.60	.60		
	5	.85	.65	.75	.65	.80	.70	.70	.75	.75	.85	.80	.70	.70	.60	.85	.65	.80	.60	.70	.65	.85	.75	.65	.70			
SOMA		3.50	3.85	3.80	3.40	3.75	3.65	3.65	3.60	3.90	3.35	3.75	3.80	3.60	3.55	4.10	3.75	3.80	3.35	3.50	3.10	3.30	3.45	3.50	3.20	3.30		
$\bar{X} = \frac{\text{SOMA}}{\text{No. DE LEITURAS}}$		.70	.77	.76	.68	.75	.68	.73	.72	.78	.67	.75	.76	.72	.71	.82	.75	.76	.67	.70	.62	.66	.69	.70	.64	.66		
R = MAIOR − MENOR		.20	.20	.10	.15	.20	.25	.15	.20	.20	.40	.20	.05	.25	.15	.15	.15	.20	.05	.30	.20	.15	.10	.10				

FERRAMENTA	O QUE É	PARA QUE SERVE	EXEMPLO
Diagrama de Dispersão (Correlação)	• É um gráfico cartesiano que mostra a relação entre duas variáveis.	• Verificar a existência ou não da relação entre duas variáveis.	
Matriz de Decisão REI (solução)	• É uma forma de priorizar ou identificar soluções, tendo como critérios o Resultado (resultado esperado da ação), execução (facilidade de execução) e o investimento necessário.	• Selecionar melhores soluções.	

SOLUÇÃO PROPOSTA	R	E	I	Total R × E × I	Prioridade
1. Adquirir um grupo gerador;	4	3	4	48	1º
2. Dividir a produção com outra unidade da mesma empresa;	4	2	3	24	3º
3. Estabelecer o 3º turno de trabalho;	3	3	3	27	2º
4. Construir uma pequena central hidrelétrica nas proximidade	5	2	1	10	4º

(continua)

(continuação)

FERRAMENTA	O QUE É	PARA QUE SERVE	EXEMPLO
Análise de Multicritérios	• É uma ferramenta de priorização para ajudar a escolher as melhores dentre várias alternativas segundo vários critérios. É também chamada de Matriz de Preferência.	• Agrupar um conjunto de informações com o objetivo de tomar decisões sobre a melhor solução a ser adotada. Pode também ser usada para escolher um problema a atuar.	*(tabela abaixo)*

O quê	Por quê	Onde	Quem	Quando	Como	Quanto
Verificar torneiras e mangueiras	Identificar outros pontos de ruptura	Todas as torneiras de tambores de óleo do almoxarifado	Roberto	Até 15/08	Inspeção visual; Verificar data de vencimento das mangueiras	S/ custo
Limpar o local com produto químico	Impedir que acidentes aconteçam	Todo o local afetado	Pessoal limpeza	Imediato (já foi feita limpeza provisória)	Utilizar detergente XYZ	R$ 750,00
Revisar a planilha de Aspectos impactos ambientais	Garantir o controle e inspeção do processo	Arquivo LAIA no Depto. de Meio Ambiente	Ana	Até 30/08	Estudar produto; levantar detalhes e legislação pertinente	R$ 200,00

FERRAMENTA	O QUE É	PARA QUE SERVE	EXEMPLO
5W1H ou 5W2H	• É um quadro que contém as colunas: "O que" fazer, "Quem" deve fazer, "Quando" fazer, "Onde" fazer, "Por que" fazer e "Como" fazer, referentes a uma atividade ou um plano.	• Elaborar planos de ação para a execução de qualquer projeto ou tarefa. • Omitir o *How Much* ou quanto custará a implementação da ação.	*(tabela abaixo)*

Causas / Item de análise	Grau de dificuldade	Contribuição na produtividade	Facilidade de execução	Interesse/motivação do pessoal	Benefício econômico (multiplicar por 2)	TOTAL
Panes elétricas diversas	5	2	2	5	2	14
Desligamento constante do relé de proteção	2	1	1	2	2	8
Perda de gás no circuito de refrigeração	3	4	3	4	6	20
Entupimento da tubulação do condensador	4	5	5	2	8	24
Travamento da bomba ou da válvula de retenção	1	4	3	4	4	16

Sequenciamento de ferramentas

A sequência de aplicação de ferramentas é outra maneira de explicar um método, como visto no Capítulo 3. Portanto, a tabela em seguida fornece uma explicação sobre as ferramentas e também procura mostrar que seu uso não é algo isolado, mas que está ligado a um raciocínio que precisa ser encadeado com outras ferramentas para ser completo.

FINALIDADES / FERRAMENTAS	Finalidade	Quando usar no MASP	Ferramenta ou dados anteriores	Ferramenta posterior
5 Porquês	Identificar potenciais causas raízes.	**Análise**	Registros, fotos e cenas. E informação tácita do processo.	Diagrama de árvore ou de causa e efeito para visualização das relações causais.
5W2H	Caracterizar um problema; planejar ações.	**Identificação e plano de ação**	Informações do problema/ solução.	Gráfico de Gantt para visualização de prazos.
Análise de correlação	Identificar potenciais causas-raízes.	**Análise**	Diagramas de árvore ou de causa e efeito para a identificação da variável suspeita.	Plano de experimentos para validação.
Análise de gargalo	Identificar pontos de baixa produtividade.	**Identificação**	VSM — Mapa de Fluxo de Valor.	VSM — Mapa de Fluxo de Valor.
Balanceamento do processo	Aumentar a capacidade e produtividade.	**Plano de ação e ação**	Análise de gargalos e tempo de ciclo.	Análise de gargalos e tempo de ciclo.

(continua)

278 Advanced Kaizen

(continuação)

FINALIDADES / FERRAMENTAS	Finalidade	Quando usar no MASP	Ferramenta ou dados anteriores	Ferramenta posterior
Brainstorming	Gerar ideias.	**Todas as etapas**	Informação tácita e criatividade.	Votação/ consenso para seleção; diagrama de causa e efeito para a organização.
CEP — Carta de Controle	Identificar tendências em processos.	**Identificação e verificação**	Formulários de coleta.	—
Check-list	Confirmar a realização de tarefas.	**Observação e ação**	*Brainstorming* ou documentos padronizados.	Registros
Critério 3Gs	Garantir uma observação em situação.	**Observação e verificação**	—	Registros para manter informações.
Critério QCAMS	Analisar a qualidade das ações em outros pontos de vista.	**Verificação**	Plano de ação e a solução escolhida.	Plano de ação e a solução revisada.
Critérios SMART	Definir objetivos claros.	**Plano de ação**	5W2H com detalhamento do problema.	Registros para manter informações.
Diagrama de árvore	Modelar e analisar relações de causa e efeito.	**Análise**	5 Porquês para criar as relações causais.	Votação/ consenso para a escolha de causas suspeitas.
Diagrama de causa e efeito	Modelar e analisar relações de causa e efeito.	**Análise**	*Brainstorming* para identificar possíveis causas.	Votação/ consenso para escolha de causas suspeitas.

Apêndice D: : Ferramentas de Análise e Solução de Problemas 279

FINALIDADES / FERRAMENTAS	Finalidade	Quando usar no MASP	Ferramenta ou dados anteriores	Ferramenta posterior
Diagrama de espaguete	Visualizar o deslocamento físico na área.	**Análise**	Leiaute em escala da área.	Plano de ação com mudanças na área.
Documentos padronizados	Estabelecer padrões de trabalho e operação.	**Padronização**	Informação tácita sobre o processo; fluxogramas.	Trabalho padronizado.
Eficiência geral do equipamento (OEE)	Determinar a confiabilidade de um processo.	**Identificação e verificação**	Registros das variáveis do equipamento.	Depois: gráfico de tendência (visualização).
Estratificação	Encontrar concentrações de dados em categorias.	**Análise**	Antes: formulários de coleta.	Depois: Gráfico de Pareto.
Fluxograma	Visualizar ou analisar sequência de etapas.	**Análise**	Informação tácita sobre o processo.	Depois: focumentos padronizados.
Folha de verificação	Ver *Checklist*.	**Análise**	Ver *Checklist*.	Ver *Checklist*.
Formulário de coleta	Coletar dados.	**Observação e análise**	Diagramas de árvore ou de causa e efeito; votação/ consenso das variáveis suspeitas.	Gráfico de tendência; cartas de CEP; gráfico de Pareto.
Gemba Walk	Identificar problemas e/ou dar pequenas soluções.	**Observação e análise**	—	Registros.
Genchi Gembutsu	Identificar problemas e/ou dar pequenas soluções.	**Observação e análise**	Gráficos diversos.	Documentos Padronizados.

(continua)

280 Advanced Kaizen

(continuação)

FINALIDADES / FERRAMENTAS	Finalidade	Quando usar no MASP	Ferramenta ou dados anteriores	Ferramenta posterior
Gráfico de *Gantt*	Visualizar a duração das etapas de um projeto; monitorar os prazos.	**Observação, plano de ação e verificação**	5W2H; Critério SMART e prazo para conclusão.	—
Gráfico de Pareto	Visualizar as variáveis e os dados de maior relevância.	**Identificação, análise e verificação**	Estratificação dos dados.	Gráfico de tendência com frequência acumulada de causas.
Gráfico de tendência	Visualizar o comportamento de uma variável.	**Identificação, análise e verificação**	Formulário de coleta com dados.	—
Mapeamento do Fluxo de Valor — VSM	Visualizar e avaliar sistemicamente a cadeia de valor.	**Identificação e verificação**	*Gemba Walk* e registros.	—
Matriz GUT	Escolher problemas prioritários.	**Identificação**	*Brainstorming* de problemas.	5W2H para detalhamento do problema.
Matriz REI	Escolher soluções prioritárias.	**Plano de ação**	*Brainstorming* de soluções possíveis.	5W2H para detalhamento da solução.
Organização do posto de trabalho	Aumentar a capacidade e reduzir fadiga do operador.	**Plano de ação e ação**	Análise de gargalo.	Balanceamento do processo.
Plano de experimentos	Comprovar a causalidade de potenciais causadores do problema.	**Análise**	Análise de correlação ou gráfico de tendência com a causa suspeita.	—

Apêndice D: : Ferramentas de Análise e Solução de Problemas 281

FINALIDADES \ FERRAMENTAS	Finalidade	Quando usar no MASP	Ferramenta ou dados anteriores	Ferramenta posterior
Registros	Evitar a perda de dados e informações de qualquer natureza.	**Todas as etapas**	Evidências do local.	Formulários de coletas.
Relatórios	Apresentar resultados de maneira formal, estruturada, descritiva.	**Observação, verificação e padronização**	Registros, gráficos e diagramas diversos.	—
Takt Time	Evidenciar o ritmo de produção de um componente.	**Identificação**	Dados da demanda.	Análise de gargalo.
Tempo de ciclo	Verificar a capacidade; calcular o custo de produção.	**Identificação e análise**	Fluxograma.	Estratificação por posto de trabalho; análise de gargalo; balanceamento do processo para melhorias.
Teste de hipóteses	Verificar significância da causalidade.	**Análise**	Formulários de coleta.	Histograma.
Trabalho padronizado	Definir uma forma única e otimizada de realizar uma atividade.	**Padronização**	Documentos padronizados; organização do posto de trabalho.	Balanceamento de processo para verificação.

QUADRO D.1. Ferramentas e Suas Relações Antes e Depois

BIBLIOGRAFIA

ANDER-EGG, Ezequiel. *Introducción a las Técnicas de Investigación Social: para trabajadores sociales*. 7.ed. Buenos Aires: Humanitas, 1978.

ARGYRIS, Chris R. *Enfrentando defesas empresariais: facilitando o aprendizado organizacional*. São Paulo: Campus, 1992.

BAZERMAN, Max H. *Processo decisório: para cursos de Administração e Economia*. Rio de Janeiro: Elsevier, 2004.

BHOTE, Keki R. *Qualidade classe mundial: usando o projeto para experimentos para melhoria*. Rio de Janeiro: Qualitymark, 1992.

BRANSFORD, John D.; SHERWOOD, Robert D.; STURDEVANT, Tom. *Teaching Thinking and Problem Solving*. In: BARON, Joan Boykoff; STERNBERG, Robert J. (ed.) *Teaching Thinking Skills: Theory and Pratice*. New York: W.H. Freeman, 1987.

BROSE, Markus (Org.). *Metodologia participativa: uma introdução a 29 instrumentos*. Porto Alegre: Tomo Editorial, 2001.

CAMPOS, Vicente Falconi. *TQC: Controle da Qualidade Total (no estilo japonês)*. 8. ed. Belo Horizonte: INDG, 2004.

CERQUEIRA, Jorge Pedreira. *A metodologia de análise e solução de problemas*. São Paulo: Pioneira, 1995.

CHAVES, Neuza Maria Dias. *Caderno de campo das equipes de melhoria contínua*. 4. ed. Nova Lima: INDG, 2006.

CORRÊA, Henrique L.; Carlos A. CORRÊA. *Administração de produção e operações — manufatura e serviços: uma abordagem estratégica*. São Paulo: Atlas, 2006.

DEMING, William Edwards. *Qualidade: a revolução da administração*. Rio de Janeiro: Marques-Saraiva, 1990.

DENIS, Pascal. *Produção Lean simplificada*. 2. ed. Porto Alegre: Bookman, 2008.

DESCARTES, René. *Discurso do método*. São Paulo: Martins Fontes, 1996.

DORNELAS, José. *Empreendedorismo Corporativo: como ser um empreendedor, inovar e se diferenciar na sua empresa*. 3. ed. Rio de Janeiro: LTC, 2017.

EDGAR, Andrew; SEDWICK, Peter. *Teoria Cultural de A a Z: conceitos-chave para entender o mundo contemporâneo*. São Paulo: Contexto, 2003.

ELLEGAARD, Chris. Joint Problem Solving in Buyer-Supplier Relationships — Motivational and Perceptual Challenges. *OpenArchive@CBS*. Centre for Applied Market Science. Disponível em: <https://openarchive.cbs.dk>. Acesso em: 23 de fevereiro de 2019.

GARVIN, David A. *A aprendizagem em ação: um guia para transformar sua empresa em uma learning organization*. Rio de Janeiro: Qualitymark, 2002.

_____. Construindo a organização que aprende. *In: Gestão do conhecimento: on knowledge management*. Série Harward Business Review. Rio de Janeiro: Campus, 2000.

GHOSH, Manimay; Durward K. SOBEK II. *Effective Metaroutines for Organizational Problem Solving*. Disponível em: <http://www.montana.edu/dsobek/a3/ioc-grant/documents/Metaroutines_workingpaper.pdf>.

GOMES, Jorge. *Cyberpreview: cibernética aplicada à prevenção de erros e falhas*. São Paulo: Nelpa, 2011.

_____. *A terceira competência: um convite a revisão do seu modelo de gestão*. Rio de Janeiro: Qualitymark, 2004.

HOEFT, Steve. *Histórias do meu sensei: duas décadas de aprendizado implementando os princípios do Sistema Toyota de Produção*. Porto Alegre: Bookman, 2013.

284 Advanced Kaizen

HOSOTANI, Katsuya. *The QC Problem Solving Approach: Solving Workspace Problems the Japanese Way*. Tokio: 3A Corporation, 1992.

IMAI, Masaaki. *KAIZEN: a estratégia para o sucesso competitivo*. São Paulo: IMAN, 1990.

_____. *Gemba Kaizen: estratégias e técnicas do Kaizen no piso de fábrica*. São Paulo: IMAN, 1996.

INPI, Instituto Nacional da Propriedade Industrial. *Perguntas frequentes — Patente*. Disponível em: <http://www.inpi.gov.br/servicos/perguntas-frequentes-paginas-internas/perguntas-frequentes-patente#tipos>. Acesso em: 24 de janeiro de 2019

_____. *Propriedade Industrial*. 2019. Disponível em: <http://www.inpi.gov.br/servicos/perguntas-frequentes-paginas-internas/perguntas-frequentes-patente#tipos>. Acesso em: 24 de janeiro de 2019.

ISHIKAWA, Kaoru. *TQC — Total Quality Control: Estratégia e administração da qualidade*. São Paulo: IMC, 1986.

JURAN, Joseph M. *Juran na liderança pela qualidade: um guia para executivos*. São Paulo: Pioneira, 1990.

KATO, Isao; Art SMALLEY. *Toyota Kaizen Methods; Six Steps to Improvement*. Edição do Kindle. CRC Press: Boca Raton, 2010.

KIRKPATRICK, Donald L. *Evaluating Training Programs: The Four Levels*. 2. Oakland: BerretKoehler, 1998.

KONDO, Yoshio. *Companywide Quality Control: It's Background and Development*. Tokio: 3A Corporation, 1995.

KUME, Hitoshi. *Métodos estatísticos para a melhoria da qualidade*. São Paulo: Editora Gente, 1992.

LAKATOS, Eva Maria; MARCONI, Marina de A. *Metodologia científica*. 4 ed. São Paulo: Atlas, 2004.

LANGLEY, Gerald J., Ronald D. MOEN, Kevin M. NOLAN. *The Improvement Guide: A Practical Approach to Enhancing Organizational Performance*. San Francisco: Jossey-Bass, 2009.

LIKER, Jeffrey K. *O Modelo Toyota: 14 princípios de gestão do maior fabricante do mundo*. Porto Alegre: Bookman, 2005.

LIKER, Jeffrey K.; James K. FRANZ. *The Toyota Way to Continous Improvement*. New York: McGraw-Hill, 2011.

LOWY, Alex; Phil HOOD. *The Power of the 2x2 Matrix: Using 2x2 Thinking to Solve Business Problems and Make Better Decisions*. San Francisco: Jossey-Bass, 204.

LUZ, Ricardo. *Programas de estágio e de trainee: como montar e implantar*. São Paulo: LTR Editora, 1999.

MANN, David. *Creating a Lean Culture: Tools to Sustain Lean Conversions*. Boca Raton: CRC Press, 2015.

MOEN, Ron; Cliff. NORMAN. *Evolution of the PDSA Cycle*. Disponível em: <http://deming.ces.clemson.edu>.

MONDEN, Yasuhiro. *Sistema Toyota de Produção: uma abordagem integrada ao just-in-time*. 4. ed. Porto Alegre: Bookman, 2015.

NEMOTO, Masao. *Total Quality Control for Management: Strategies and Techniques from Toyota and Toyota Gosei*. Tradução de: David LU. Englewood Cliffs: Prentice-Hall, 1987.

NONAKA, Ikujiro; Hirotaka TAKEUCHI. *Criação de conhecimento na empresa: como as empresas japonesas geram a dinâmica da inovação*. 17. ed. Rio de Janeiro: Campus, 1997.

OHNO, Taiichi. *O Sistema Toyota de Produção: além da produção em larga escala*. Porto Alegre: Bookman, 1997.

_____. *Gestão dos postos de trabalho*. Porto Alegre: Bookman, 2015.

ORIBE, Claudemir Y. PDCA — origem, conceitos e variantes dessa ideia de 70 anos. *Banas Qualidade*, Editora EPSE, ano XVIII, n. 209, outubro 2009, p. 20-25.

_____. Muita gente usa, mas poucos conhecem a história do mais popular e consagrado método de solução de problemas de qualidade — o MASP. *Revista Banas Qualidade*, São Paulo: Editora EPSE, n. 231, agosto 2011. p. 50.

_____. "Afinal, qual é mesmo o problema?" *Revista Banas Qualidade*, São Paulo: Editora EPSE, n. 276, junho 2015b. p. 20.

_____. Problemas com fornecedores? MASP neles! *Revista Banas Qualidade*, São Paulo: Editora EPSE, n. 286, maio de 2016. p. 46.

ORTIZ, Chris A. *Kaizen e implementação de eventos Kaizen*. Porto Alegre: Bookman, 2010.

PARKER, Graham W. *Structured Problem Solving: a Parsec Guide*. Hampshire: Gower, 1995.

PFEFFER, Jeffrey; Robert I. SUTTON. *The Knowing-doing gap: How Smart Companies Turn Knowledge into Action*. Boston: Harvard Business School Press, 1999.

_____. *A verdade dos fatos: gerenciamento baseado em evidências*. Rio de Janeiro: Elsevier, 2006.

PHILLIPS, Jack. *The Handbook of Training Evaluation and Measurement Methods*. 2. ed. Houston: Gulf, 1991.

PMI — Project Management Institute, Inc. *Guia PMBok — Guia do Conhecimento em Gerenciamento de Projetos*. Newtown Square, PA: Project Management Institute, Inc., 2017.

Qualidade, UBQ — União Brasileira para a. *UBQ*. Disponível em: <https://ubq.org.br/>. Acesso em 2019 de fevereiro de 2019.

RITTNER, Carmem Lúcia Arruda. Estagiários e trainees. In: Gustavo et al. *Manual de Treinamento e Desenvolvimento*. São Paulo: Makron Books, 1999, p. 447-471.

SADLER-SMITH, Eugene. *Mente intuitiva: o poder do sexto sentido no dia a dia e nos negócios*. São Paulo: Évora, 2011.

SAS. *Big Data: o que é e por que é importante?* Disponível em: <https://www.sas.com>. Acesso em 9 de abril de 2017.

SENGE, Peter. M. *A quinta disciplina: arte e prática da organização que aprende. 22. ed.* Rio de Janeiro: Best Seller, 2006.

SHIMOKAWA, Koichi; Takahiro FUJIMOTO. *O nascimento do Lean*. Porto Alegre: Bookman, 2011.

SHINGO, Shigeo. *O Sistema Toyota de Produção: do ponto de vista da Engenharia de Produção*. Porto Alegre: Bookman, 1996.

_____. *Fundamental Principles of Lean Manufacturing*. Bellingham: Enna, 2009.

_____. *Kaizen e a Arte do Pensamento Criativo: o mecanismo do pensamento científico*. Porto Alegre: Bookman, 2010. Edição japonesa publicada com Idea wo Nigasuna. Tokio: Hakuto Shobo

SHOLTES, Peter. *Times da qualidade: como usar equipes para melhorar a qualidade. 2. ed.* Rio de Janeiro: Qualitymark, 2002.

SIMON, Herbert. A. *Comportamento administrativo: estudo dos processos decisórios nas organizações administrativas. 2. ed.* Tradução de: Aluízio Loureiro Neto. São Paulo: FGV, 1965.

SOBEK II; Durwald K.; SMALLEY, Art. *Undestanding A3 Thinking: a Critical Component of Toyota´s*

PDCA Management System. New York: CRC Press, 2008.

STEINER, Stefan H.; MACKAY, R. Jock; RAMBERG, John S. *An Overview of the Shainin SystemTM for Quality Improvement*. Disponível em: <https://uwaterloo.ca/business-and-industrial-statistics-research-group>. Acesso em: 25 de julho de 2016.

SUGIURA, Tadashi; YAMADA, Yoshiaki. *The QC-Storyline: A Guide to Solving Problems and Communication the Results*. Tokio: APD, 1995.

Systems, Adaptavive Management. *CAPA-Software*. Disponível em: <https://www.adaptivebms.com/CAPA-Software/>. Acesso em: 09 de abril de 2017.

TAGUE, Nancy R. *The Quality Tool Box. 2. ed.* Milwaukee: ASQ Quality Press, 2005.

TRUJILLO FERRARI, Alfonso. *Metodologia da Ciência. 2. ed.* Rio de Janeiro: Kennedy, 1974.

TYRE, Marcie J.; Steven D. EPPINGER; Eva M. H. CSIZINSZKY. Systematic versus Intuitive Problem Solving on The Shop Floor: does it matter? *Massachusetts Institute of Technology"* November, 1995. Disponível em: <http://web.mit.edu/eppinger/www/pdf/Tyre_SloanWP3716_Nov1995.pdf>. Acesso em: 4 de fevereiro de 2019.

UBQ, UNIÃO BRASILEIRA PARA A QUALIDADE. *CCQ*. Disponível em: <www.ubq.org.br>.

_____. *Regulamento para inscrição de trabalhos: Convenção Mineira de Grupo de Melhoria*. Disponível em: <www.ubq.org.br>.

WOMACK, James P.; Daniel T. JONES; Daniel ROOS. *A máquina que mudou o mundo*. Rio de Janeiro: Campus, 1992.

_____; _____. *Lean Thinking: Banishing Waste and Create Wealth in Your Corporation*. 2. ed. New York: Free Press, 2003.

WOMACK, Jim. *Caminhadas pelo Gemba: Gemba Walks*. São Paulo: Lean Institute, 2011.

NOTAS

Capítulo 1

1. As expressões *Lean Manufacturing*, manufatura enxuta e Sistema Toyota de Produção — STP são consideradas sinônimas e, por isso, são empregados neste livro sem qualquer distinção entre elas.

2. Womack e Jones, para quem o *lean* é fazer "mais e mais com menos e menos", consideram a busca pela perfeição como um de seus pilares (WOMACK e JONES, 2003, p. 90-98). Pascal Denis detalha esse pensamento explicando: "[...] menos tempo, mesmo espaço, menos esforço humano, menos maquinária, menos material e, ao mesmo tempo, dar aos clientes o que eles querem" (DENIS, 2008, p. 31).

3. Segundo autores, a expressão *lean* foi criada pelo pesquisador John Krafcik, que trabalhou no Internacional Motor Vehicle Program — IMVP, programa que investigou as práticas da indústria japonesa na década de 1980. Ver Womack, Jones e Roos (1992, p. 3).

4. Dados do Auto Sales do Market Data Center, *Wall Street Journal*. Disponível em: <http://online.wsj.com/mdc/public/page/2_3022-autosales.html>. Acesso em: 19 de julho de 2016.

5. <https://en.wikipedia.org/wiki/Hybrid_electric_vehicle#American_market>.

6. Segundo a Statista — Most valuable brands within the automotive sector worldwide as of May 2016, by brand value (in billion U.S. dollars). Disponível em: <http://www.statista.com/statistics/267830/brand-values-of-the-top-10-most-valuable-car-brands/>. Acesso em: 19 de julho de 2016.

7. Ver J.D.Power — 2016-Vehicle-Dependability-Study. Disponível em: <http://www.jdpower.com/cars/study/2016-Vehicle-Dependability-Study>. Acesso em: 19 de julho de 2016.

8. Conforme Focus2move, World Best Selling Car Ranking. The Best 100 in 2018. Disponível em: <https://focus2move.com/world-best-selling-car/>. Acesso em: 3 de setembro 2018.

9. Uma analogia entre a cultura da produção em massa e da enxuta pode ser vista na obra *Creating a Lean Culture*, de David Mann (MANN, 2015, p. 12).

10. Segundo Shingo: "[...] o desenvolvimento do sistema de TRF (troca rápida de ferramentas) tornou obsoleto o conceito de lote econômico (SHINGO, 1996, p. 233). Para Shingo, o crime é o transporte (SHINGO, 2009, p. 193).

11. Imai sugere que o excesso de produção é o pior dos desperdícios e que deveria ser considerado um crime produzir mais do que o necessário (IMAI, 1996, p. 80).

12. Ver Ohno (1997, p. 11).

13. Masao Nemoto, que foi o responsável pela implantação do Total *Quality Control* — *TQC* na Toyota, justifica os esforços de criação e implantação do Sistema Toyota de Produção dizendo que tudo foi feito "[...] porque não tínhamos dinheiro" (SHIMOKAWA e FUJIMOTO, 2011, p. 231). Pascal Denis acrescenta as restrições legais que, ao invés de restringirem a agilidade da Toyota, criaram um ambiente favorável "[...] para que o funcionário se envolvesse de forma intensa e solucionasse problemas" (DENIS, 2008, p. 30).

14. Conforme relata Ohno: "[...] Até mesmo meus próprios esforços para construir o Sistema Toyota de Produção, bloco por bloco, também se baseavam na forte necessidade de descobrir um novo método de produção que eliminasse o desperdício e nos ajudasse a alcançar os Estados Unidos em três anos." (OHNO, 1997, p. 12).

15. Conforme afirma Shingo, "[...]A eliminação total da perda requer uma revolução na forma de pensar a produção" (SHINGO, 2009, p. 246).

16. Uma descrição sucinta e objetiva sobre o histórico da evolução dos sistemas de gestão, dos produtos artesanais até o *lean*, passando por Taylor, Ford e Sloan, é feita por Pascal Denis, ex-funcionário da Toyota do Canadá (DENIS, 2008, p. 19-30).

288 Advanced Kaizen

17. Ver Ohno (2015, p. 20-21).

18. Ver Ohno (2015, p. 137)

19. Considerações sobre o Sistema Toyota de Produção e o MRP são feitas por Shingo (1996, p. 232) e também por Mann (2015, p. 24).

20. Ohno explica que é provável que isso tenha origem em um antigo ditado japonês que diz que "aquele que não tem maus hábitos tem pelo menos sete", significando que, mesmo as organizações que acreditam não terem desperdícios têm ao menos sete (OHNO, 2015, p. 135).

21. Ver Liker (2005, p. 47).

22. Jeffey K. Liker vai além nessa questão. Ele afirma que "[...] De todas as instituições que já estudei ou com que trabalhei, incluindo empresas de renome internacional e grandes universidades, acredito que a Toyota é (sic) a melhor organização de aprendizagem". Ver Liker (2005, p. 245).

23. Ver Denis (2008, p. 42).

24. Ver Womack e Jones (2003, p. 355).

25. Ver Ohno (1997, p. 13 e p. 49).

26. Ver Imai (1990, p. 213).

27. Womack e Jones lembram que "[...] Embora Ohno originalmente tenha formulado essa lista de muda (n.a.: desperdício) para a produção física, essa tipologia se aplica igualmente ao desenvolvimento do produto e processamento de pedidos, que são duas outras atividades básicas de qualquer negócio". Ver Womack e Jones (2003, p. 355).

28. Ver Kume (1992, p. 192).

29. Ver Hosotani (1992, p. 15).

30. Ver Ohno (2015, p. 115).

31. O Toyopet é um automóvel sedã de pequeno porte que a Toyota começou a produzir em 1947 e tentou vender no mercado norte-americano a partir de 1957. O veículo teve baixo nível de aceitação, tendo sido retirado do mercado no ano seguinte.

32. Masao Nemoto fez um desabafo em que se mostra desapontado com a omissão do TQC nos relatos do sucesso do lean, feita pelos norte-americanos, sobretudo no livro A máquina que mudou o mundo. Ele acredita que os norte-americanos tenham feito isso de propósito (sic) para ressaltar algo diferente daquilo que já conheciam e, com isso, ganhar a atenção dos empresários do setor automotivo. Ver Nemoto apud Shimokawa e Fugimoto (2011, p. 197).

33. Em entrevista a Koichi Shimokawa e Takahiro Fugimoto em 1984, Taiichi Ohno afirma que "[...] os termos são nomes diferentes para uma mesma abordagem básica". Ver Shimokawa e Fugimoto (2011, p. 25).

34. Essa história é relatada por Liker (2005, p. 34).

35. Ver Womack e Jones (1992).

36. Ver Womack e Jones (2003, p. 242).

37. A Toyota prega o uso de ferramentas e pensamentos simples para a resolução de problemas (ver LIKER, 2005, p. 141 e 246); Jeffrey Liker demonstra suas reservas quando afirma que: "[...] Não acredito que ferramentas enxutas, o Seis Sigma ou uma combinação de ambos transformarão uma empresa em uma organização de aprendizagem enxuta" (LIKER, 2005, p. 285).

38. Mann relata que os líderes acharam a implantação do lean difícil e confusa, em quase todas as empresas em que teve contato (MANN, 2015, p. 38).

39. Segundo Womack e Jones "[...] Todos os relatos de implantação, mesmo na Toyota, indicam que esse movimento foi feito não sem muito ceticismo, resistência, conflitos e muitas broncas." (WOMACK e JONES, 2003, p. 220)

Capítulo 2

1. Liker emprega a metáfora do coração no título do Capítulo 3 de sua obra O coração do Sistema Toyota de Produção: eliminação de perdas. Ver Liker (2005, p. 46).

2. Essa era a crença de Masao Nemoto, um dos precursores do TQC na Toyota. Ver Nemoto (1987, p. 4).

Notas 289

3. O relato sobre como, ao mesmo tempo, a Toyota satisfez os desejos de crescimento das pessoas e a necessidade de dar continuidade ao esforço de melhoria é particularmente didática e valiosa. Ver Monden (2015, p. 420-426).

4. Segundo Imai *"[...] A maioria das práticas gerenciais 'singularmente japonesas', como TQC (Controle da Qualidade Total) ou controle da qualidade na empresa como um todo, círculos de controle da qualidade e o estilo de relações de trabalho, podem ser reduzidas a uma palavra: kaizen"*. Ver Imai (1996, p. 9).

5. Essa observação é corroborada pelo comentário de Masao Nemoto, para quem "[...] muitas questões relativas à qualidade no setor automotivo não são visíveis aos olhos dos trabalhadores de linha", o que incluiria aspectos relativos a "[...] desempenho em alta velocidade, ruído, vibração, durabilidade e confiabilidade". Ver Shimokawa e Fugimoto (2011, p. 198).

6. Michikazu Tanaka, ex-executivo da Daihatsu Motors, relata que, certa vez, encontrou Ohno muito irritado apenas por que havia sido convidado para comparecer em um encontro para apresentar estudos de caso. O encontro era, para ele, um desperdício em si. Isso talvez explique a pouca disposição da Toyota em disseminar seu sistema, o que acabou dando espaço a autores americanos. Ver Shimokawa e Fugimoto (2011, p. 67).

7. Tal qual acontecera com Taylor, Ohno também foi criticado por funcionários, sindicatos e fornecedores, chegando a receber a alcunha de "inimigo do trabalhador". Ver Shimokawa e Fugimoto (2011, p. 57).

8. A iniciativa de melhoria contém objetivos, recursos, pessoas e um prazo determinado, por isso será tratada usando o termo projeto, tal qual utilizado por Juran. Ver Juran (1990, p. 37).

9. Segundo Masao Nemoto "[...] a qualidade melhora com o Sistema Toyota de Produção, mas ele não oferece os meios para melhorar todos os aspectos da qualidade". Ver Shimokawa e Fugimoto (2011, p. 198).

10. Masao Nemoto afirma que nem sempre é possível atingir melhorias no desempenho de uma fábrica, como a diminuição de índices de defeito, sem uma abordagem de resolução de problemas sistemática, o que parece reforçar a adoção do MASP. Ver Shimokawa e Fugimoto (2011, p. 213).

11. Ver Liker, (2005, p. 43-44).

12. Segundo Imai "[...] os executivos japoneses refizeram o ciclo de Deming e o chamaram de ciclo PDCA" (IMAI, 1888, p. 52); mais detalhes sobre a origem do PDCA podem ser lidos em Oribe (2009).

13. Ishikawa cita e recomenda um QC-Story de 9 etapas, porém sem descrevê-lo mais detalhadamente. Ver Ishikawa (1986, p. 146).

14. Em nota, Imai reconhece a denominação QC-Story, que foi traduzida na versão em português de sua obra para *Histórias de CQ*, mas informa que, naquela época, a denominação "Histórias de Kaizen" estava em ascensão em empresas do exterior. Ver Imai (1996, p. 63).

15. O tradutor da obra de Kume, Dario Miyake, a quem tive o prazer de conhecer no Japão em 1996, esclarece em nota que preferiu usar o nome original em inglês. Porém, na versão em português, ele sugereao leitor interessado que use "Estória de CQ" ou "Processo de Resolução de Problemas de CQ". Ver Kume (1993, p. 201 e p. 217).

16. Campos afirma que o Método de Solução de Problemas – MSP apresentado por ele "[...] é o método japonês da JUSE (Union of Japanese Scientists and Engineers) chamado 'QC-Story'". O autor credita a ideia da construção de tabelas para facilitar a difusão ao Eng. Luis Goulart de Siqueira Gaspar e sua execução pelos facilitadores Eduardo Caramori, Carlos Augusto P. de Melo, Ulysses M. Moreira Filho, Alfredo Carlos V. Almeida, José Carlos Marques e Edison Luiz Mauri, funcionários da Companhia Siderúrgica Paulista - Cosipa em 1988. Ver Campos (2004, p. 238).

17. A estruturação de um método é o que atribui a ele um caráter de cientificidade, o que denota consistência, reprodutibilidade, aprendizado e confiança. Esses atributos vão se perdendo à medida em que os métodos se desestruturam devido, sobretudo, à pressão do tempo para obtenção de um resultado.

290 Advanced Kaizen

18. A título de exemplo, um autor que adota o termo "estruturado" e "sistemático" para definir e descrever seu método é Graham W. Parker, em sua obra intitulada *Structured Problem Solving*, que significa literalmente Resolução Estruturada de Problemas (tradução do autor). Ver Parker (1995).

19. Algumas metodologias chegam a demandar treinamentos que chegam a 160 horas.

20. Não se deseja afirmar que não existam métodos bem definidos para processos de resolução orgânica. Eles existem e estão disponíveis na literatura que aborda processos participativos. Como os problemas envolvem questões humanas, o rigor metodológico é secundário, levando muitas vezes o condutor a mudança a realizar mudanças conforme se percebe no grupo. Para isso, a habilidade desse condutor tem importância muito superior àquela do método que decidiu empregar. Conforme afirma Brose, "[...] a caixa de ferramentas é importante, mas não suficiente!". Ver Brose (2001, p. 15).

21. Apenas a título de exemplo, no livro *Toyota Way to Continuous Improvement*, os autores desdobram o PDCA em 7 etapas na página 19, 14 etapas na página 27, e em 9 etapas na página 36. Ver Liker e Franz (2011).

22. Ohno não cita a complexidade do problema, mas a sequência parece indicar isso. Ver Ohno (2015, p. 96)

23. A tendência à supervalorização dos recursos e esforços empreendidos, e a consequente insistência em continuar em algo que não está dando certo, são um fenômeno comportamental denominado escalada do comprometimento. Ver Bazerman (2004).

24. O custo da não qualidade, também denominado custo da não conformidade, é a soma de todos os custos e despesas gerados a partir da existência de um problema. Esse custo quase nunca é mensurado, e seu montante costuma ser bastante significativo (entre 30% e 50% do custo final de um produto).

25. Tague explica esse fenômeno como uma sequência alternada entre processos de expansão e foco, em que mecanismos de análise e síntese se alternam durante a resolução de problemas. Ver Tague (2005, p. 3).

26. Esse tipo de representação, com os extremos de uma variável contínua, é denominado *continuum*.

27. A distinção entre o ser pensante — o sujeito — e o pensamento em si — o objeto — foi feita por René Descartes, um dos maiores pensadores da história. Embora criada inicialmente na forma de dualismo, hoje se entende que existem posições intermediárias, uma vez que os extremos nem existam de fato.

28. Lowy e Hood ressaltam que o que está por detrás da matriz é a mentalidade 2x2 (dois por dois), que tem diversas características positivas para o desenho de modelos de decisão de negócios. Ver Lowy e Hood (2004).

29. Se, por exemplo, em um jogo de basquete, o placar estiver empatado e restarem apenas poucos segundos para o jogo acabar, o jogador que estiver com a bola deve arremessar de onde estiver, mesmo que esteja na defesa, para tentar acertar e vencer a partida. Essa é uma jogada que ninguém realizaria em uma situação que não fosse essa.

30. Hosotani denomina essa abordagem de "convencional", sendo seus elementos a "experiência, intuição, nervos e inspiração". Ver Hosotani (1992, p. 73).

31. Herbet Simon, ganhador do prêmio Nobel de Economia em 1978, afirmava que o comportamento humano real não alcança a racionalidade objetiva, pois: (a) a racionalidade requer um conhecimento completo e antecipado das consequências resultantes de cada opção; na prática, porém, o conhecimento dessas consequências é sempre fragmentário; (b) como as consequências pertencem ao futuro, a imaginação acaba por suprir a falta de experiência em atribuir-lhes valores, embora estes só possam ser antecipados de maneira imperfeita; e (c) a racionalidade pressupõe uma opção entre todos os possíveis comportamentos alternativos mas, na vida real, apenas uma fração de todas estas possíveis alternativas é lavada em consideração.

32.

33. Uma experiência realizada nos Estados Unidos demonstrou que as pessoas que mais confiam em sua intuição são também aquelas que mais acreditam em OVNIs e aparições de fantasmas. Ver King, L.A. *et al.* (2007) *apud* Sadler-Smith (2011, p. 33).

34. Ver Hoeft (2013, p. 73).

35. Infelizmente, o método Shainin, desenvolvido pelo norte-americano Dorian Shainin, foi muito pouco documentado e, devido a isso, é pouco discutido e tem um uso limitado nas empresas. Ver Steiner, MacKay e Ramberg (2006).

36. Ver IMAI (1990, p. 99).

37. Ver Chaves (2006).

38. Os relatos disso estão em toda a literatura do Sistema Toyota de Produção. Ver, por exemplo, a entrevista a Koichi Shimokawa e Takahiro Fujimoto, quando o sistema estava nascendo, e *kaizens* básicos foram feitos em uma oficina de usinagem na Planta Honsha ainda em meados da década de 1940. Ver Shimokawa e Fugimoto (2011, p. 30).

39. Ver Shimokawa e Fugimoto (2011, p. 64).

40. Traduzido em português como "Caminhadas pelo *Gemba*". Ver Womack (2011).

41. Conforme afirmam os *autores* "[...] A Toyota usa um documento, simples, semiestruturado de apenas uma página como seu principal instrumento para implementar a gestão pelo PDCA". Tradução do autor. Ver Sobek II e Smalley (2008, p. 29).

42. Ver Tague (2005, p. 225-233)

43. Ver Bhothe (1992).

44. Ortiz diz que um evento Kaizen pode durar de algumas horas até quatro semanas (ORTIZ, 2010, p. 56). O planejamento prévio pode levar quatro semanas ou mais (ORTIZ, 2010, p. 83). As atividades devem ser encerradas em trinta dias, podendo ser maior em poucos casos (ORTIZ, 2010, p. 138).

45. O termo em japonês para melhoria radical é *kaikaku*, que é um termo pouco conhecido no ocidente. Ver Tyre, Eppinger e Csizinszky (1995).

46. Ver Womack e Jones (2003, p. 23).

47. Ver Tyre, Eppinger, Csizinszky (1995).

48. Conforme afirma Ohno "[...] *devemos nos preparar antecipadamente para trabalhar em épocas de economia fraca. Essa é a verdadeira maneira de fazer kaizen.*" Ver Ohno (2015, p. 43 e 44)

49. Ver Imai (1990, p. XXI e p. 4).

50. *Gemba* significa ir ao verdadeiro local, enquanto *Genchi Genbutsu* seria ir ao local para ver a verdadeira situação e compreendê-la. Assim, embora o *Genchi Genbutsu* seja mais abrangente do que o conceito de *Gemba*, está implícito que quem vai ao local também observará a mesma situação para entender como o fato analisado se passa. Ver Imai (1996, p.19) e Liker (2005, p. 222).

51. Conforme descreve Liker, "[...] *Seria relativamente fácil ... ...exigir que, de agora em diante, todos os engenheiros e administradores passem meia hora observando as atividades da fábrica para entender a situação*". Porém uma versão aprofundada de *genchi gembutsu* pode levar anos para ser dominada. Ver Liker (2005, p. 222).

52. Ver Womack e Jones (2003, p. 247; p. 265).

53. Alguns autores e adeptos da metodologia de manufatura enxuta parecem atribuir certa exclusividade, tanto ao termo Kaizen, quanto a forma simples do Kaizen básico, como sendo "a única" maneira de fazer Kaizen. O *QC Storyline* é um método muito mais estruturado do que o MASP apresentado neste livro, e sua aplicação é voltada ao Kaizen. Ver Sugiura e Yamada (1995, p. 4).

54. Ver Ohno *apud* Shimokawa e Fugimoto (2011, p. 30).

55. Ver Shimokawa e Fugimoto (2011, p. 213).

56. Conforme relata Nemoto "[...] Houve muitos projetos de melhoria que tiveram que ser completados em seis meses ou um ano", em tradução livre (NEMOTO, 1987, p. 4).

57. Essa lacuna foi provavelmente percebida pelos especialistas norte-americanos, ao introduzir o *Lean Six Sigma*. Entretanto, existem alertas sobre eventuais conflitos culturais e restrições com relação a essa metodologia, tanto no TQC quando no sistema TPS. Ver Liker e Franz (2011, p. 17 e 18) e Pfeffer e Sutton (2006, p. 49).

292 Advanced Kaizen

58. Monden cita que a redução do tempo de preparação de máquinas é tratada pelos grupos de Defeito Zero (DZ), além dos Círculos de Controle da Qualidade. Ver Monden (2015, p. 185).

59. Desde os primórdios da revolução científica, nos idos do século XVII, Descartes já constatava que *"[...] O bom senso é a coisa mais bem distribuída do mundo: pois cada um pensa estar tão bem provido dela, que mesmo aqueles mais difíceis de se satisfazerem com qualquer coisa não costumam desejar mais bom senso do que têm."* Ver Descartes (1996, p. 3). Talvez essa característica não tenha melhorado, pois, conforme menciona Tyre *et al.*, as pessoas continuam sendo fracas e intuitivas solucionadoras de problemas. Ver Tyre, Eppinger e Csizinszky (1995, p. 3).

60. Ao citar a adoção do Seis Sigma em detrimento da Gestão da Qualidade Total na Ford, cujo resultado havia sido excepcional, Jeffrey Peffer e Robert Sutton afirmam ironicamente que *"[...] Fixar-se em velhas ideias é chato"* e que *"[...] Gestores, bem como acadêmicos e a imprensa de negócios, costumam ir atrás de novidades em benefício próprio".* Ver Peffer e Sutton (2006, p. 49).

61. Imai recomenda *"[...] Usar a história do CCQ para persuadir"*, o que parece significar usar o *QC-Story* para convencer (IMAI, 1990, p. 56). O termo *"story"* foi traduzido em sentido quase literal para o português — estória e história — nos primeiros livros sobre gestão da qualidade total, provavelmente por falta de um termo mais adequado.

62. Gomes reafirma com convicção essa crença ao lembrar que *"[...] Muitos de nós tivemos alguma experiência em programas de análise de valor, pesquisa operacional e organização e métodos, mas foi o Método de Análise e Solução de Problemas – MASP que sobreviveu e continuou sendo aplicado nas empresas em questões de gestão mais amplas."* (GOMES, 2004, p. 178).

63. Trabalhos de aplicação do MASP podem ser consultados nos anais da Convenção Mineira de Círculos de Controle da Qualidade, disponíveis na União Brasileira da Qualidade — UBQ. Ver UBQ (s.d.).

Capítulo 3

1. Campos credita a ideia da construção de tabelas para facilitar a difusão do método ao engenheiro Luis Goulart de Siqueira Gaspar, e a realização aos facilitadores Eduardo Caramori, Carlos Augusto P. de Melo, Ulysses M. Moreira Filho, Alfredo Carlos V. Almeida, José Carlos Marques e Edison Luiz Mauri, funcionários da Companhia Siderúrgica Paulista — Cosipa em 1988. Ver Campos (1992, p. 238).

2. A história do desenvolvimento do ciclo PDCA é descrita por Moen e Norman (s.d.). Imai também relata que *"[...] os executivos japoneses refizeram o círculo de Deming e o chamaram de ciclo PDCA...".* Ver Imai (1990, p. 52).

3. Ver Ishikawa (1986, p. 146).

4. Ver Imai (1990, p. 67).

5. O QC Storyline — literalmente "Enredo do Controle da Qualidade", em tradução livre, é o título de um dos livros mais raros e valorizados do TQC japonês. Na data em que esta publicação estava sendo escrita, um exemplar novo era anunciado por cerca de US$95 no site Amazon.com.

6. Ver Juran (1990, p. 61).

7. Ver Campos (1992, p. 207).

8. Mais detalhes sobre a origem e história do ciclo PDCA podem também serem vistos em Oribe (2009).

9. Essa assertiva é compartilhada por Ghosh e Sobek. Para eles, o O PDCA pode ser visto como uma metarrotina que conduz o uso de ferramentas estatísticas para a concretização da filosofia TQM, tal qual acontece com o DMAIC na filosofia Six Sigma. Ver Ghosh e Sobek (s.d., p. 7).

10. A norma internacional ISO 9001 já adota a estrutura do PDCA desde a sua versão 2000.

11. Em nota de rodapé, Imai esclarece que "histórias de kaizen" é o mesmo que "histórias de QC", que é uma tradução

literal de *QC-Story*. Como o MASP é a denominação brasileira de QC-Story, a frase poderia ser traduzida como "o MASP segue o ciclo PDCA", significando que o MASP foi desdobrado do PDCA; Imai relaciona oito etapas como resultado desse desdobramento. Ver Imai (1996, p. 63-64).

12. Segundo Hosotani, no passado a mesma estruturação apareceu em vários "trajes", e os seminários e literaturas de descreveram um leque de diferentes passos para a resolução de problemas, posteriormente padronizado. Ver Hosotani (1992, p. 73).

13. Embora seja muito comum expressar o desdobramento do MASP a partir do *Plan*, isso não é uma unanimidade. Para Yoshio Kondo, que foi professor emérito da Universidade de Kyoto, o MASP (*QC-Story*) começa no Check, gira um ciclo completo e para no *Act*. Dessa forma, conceitualmente o MASP teria dois ciclos PDCA — CA-PDCA-P — por isso ele prefere assumir que é girado um ciclo CAPD. Ele defende essa ideia argumentando que a escolha do problema é, na verdade, um *check* no processo. O planejamento/*plan*, começaria, segundo o autor, com a definição da meta. Ver Kondo (1995, p. 28).

14. Apliquei esse exercício dezenas de vezes em cursos de formação em MASP. Na média, os grupos trocam 3 a 4 posições dos 39 cartões. Alguns grupos conseguem montar o método todo, sem consultar o material didático, sem erro algum. Alguns poucos erram além disso e precisam de estudo complementar.

15. Nemoto adota ideia semelhante, a de indagações, para justificar a estrutura metodológica e inclui três *check-lists* para avaliar o grau de atendimento a cada uma dessas indagações. Ver Nemoto (1987, p. 77).

16. Shingo afirma que "[...] O maior obstáculo na descoberta dos problemas e na melhoria do status quo é a crença cega de que sabemos tudo e de que nada precisa ser modificado". Ver Shingo (2010, p.37).

17. Esse é um argumento partilhado por Chris Argyris — Professor Emérito da Harvard Business School — para quem "[...] A equipe pode funcionar muito bem com os problemas da rotina. Porém, quando enfrenta problemas complexos que podem ser embaraçosos ou ameaçadores,

o "espírito de equipe" parece ir para o buraco." Argyris denomina esse fenômeno de mito da equipe gerencial (ARGYRIS *apud* SENGE, 2006, p. 58).

18. Isso já vem sendo denunciado por estudiosos da administração há décadas. David A. Garvin, por exemplo, afirma que "[...] A maioria dos gerentes passa, imediatamente após identificar uma oportunidade ou problema, a desenvolver um plano de ação; gerentes raramente param para se perguntar o que é necessário aprender para prosseguir de maneira bem informada". Ver Garvin (2002, p. 17).

19. Ver Ohno (2015, p 44).

20. Essa atitude é chamada de "atitude kaizen", em tradução livre. Ver Kato e Smalley (2010, p. 32).

21. Ohno reconhece que o *gemba* não muda com facilidade (OHNO, 2015, p. 1) e que lutou por muito tempo com um sistema de produção que não era facilmente compreendido pelos outros (OHNO, 1997, p. 47). E, ao contrário do que diz o senso comum, Ohno defendia que as repreensões aos líderes em público eram mais eficazes do que a repreensão feita de maneira discreta, mesmo que o líder não estivesse entendendo muito bem a mensagem de vido ao barulho do ambiente. A repreensão em público parecia ter um efeito simbólico sobre a equipe que, no final, fortalecia o sentimento comum e o desejo de colaborar. Ver Ohno (2015, p. 87).

22. Cada pessoa precisa ser treinada para ter "[...] olhos para o desperdício". Ver Hoeft (2013, p. 24).

23. Kato e Smalley enfatizam "[...] a mentalidade e a atitude necessárias para que as pessoas tenham sucesso nesse tipo de processo de melhoria." Ver Kato e Smalley (2010, p. 27).

24. Para Bransford, Sherwood e Sturdevant (1987, p. 163) "[...] a habilidade para identificar a existência de problemas é uma das características mais importantes dos bem-sucedidos solucionadores de problemas".

25. Comentário proferido por Yoshio Kondo — professor emérito da Universidade de Kyoto e ouvido pelo autor no Seminário *Latin América Quality Management — LAQM* — realizado no Japão entre janeiro e fevereiro de 1996.

26. Para mais detalhes sobre a redefinição de problemas, ver ORIBE (2015b, p. 20).

27. A questão da duração de uma ação de melhoria em um problema complexo — não se conhece causa e nem solução — Hosotani infere que "[...] uma vez que todos trabalharão juntos no projeto por 3 a 6 meses, é importante selecionar um tópico desafiador e motivador" (Hosotani, 1992, p. 75).

28. Isso não parece ser uma unanimidade. Para Kato e Smalley, "[...] devemos evitar a prática de usar informações antigas, conhecimento de segunda mão", o que pressupõe considerar apenas novas evidências. Ver Kato e Smalley (2010, p. 33).

29. O aforismo "[...] aqueles que não podem lembrar o passado, estão condenados a repeti-lo", de autoria do filósofo George Santayana, é marcante para justificar essa atividade. Ver Juran (1990, p. 140).

30. Embora votações e escolhas por consenso sejam normalmente condenáveis em um processo objetivo, eles se justificam quando existir atividades de confirmações posteriores.

31. Kume enfatiza a ideia de que as ferramentas não resolvem problemas sozinhos e conclama as pessoas a deixarem "os fatos falarem por si". Ver Kume (1992, p. 208).

32. Para Deming, mesmo que cada um soubesse o que fazer e fizesse o melhor que pode, o resultado só poderia ser um só: "[...] dispersão do conhecimento e de esforços; resultados muito aquém do desejável". Ver Deming (1990, p. 14-15).

33. Ver Parker (1995, p. 44-45).

34. De acordo com o PMI® — Project Management Institute, o *Sponsor* é: "Uma pessoa ou grupo de pessoas que fornece os recursos e suporte para o projeto, programa ou portfólio, sendo responsável pelo sucesso do mesmo". Ver PMI (2017, p. 754).

35. Adaptado de Parker (1995, p. 50).

36. Jeffrey Pffefer e Robert Sutton são bastante críticos sobre esse tipo de atitude ao afirmar que "[...] existem egos inflados mesmo em empresas de alta tecnologia e os fatos costumam reduzir osególatras ao seu verdadeiro tamanho". Ver Pfeffer e Sutton (2006, p. 36).

37. Ver Kume (1992, p. 213).

38. Ver Campos (2004, p. 239).

39. Kume recomenda certificar-se "[...] de que todas as ações planejadas foram implantadas precisamente conforme decidido" para, apenas então, retornar à etapa de Observação (1992, p. 214). Em seu método, Hosotani instrui retornar na etapa 4 — Análise, e etapa 5, que corresponde às atividades de "considerar e implantar contramedidas" (Kume, 1992, p. 102).

40. Para David Garvin, professor da *Harvard Business School*, a aprendizagem organizacional acontece por meio de algumas formas, dentre elas a resolução de problemas de maneira sistemática, o que inclui a aplicação do ciclo PDCA. Ver Garvin (2000, p. 56).

41. Juran denomina esse processo de clonagem. (ver Juran (1990, p. 68).

42. Disponível em: <https://www.hrzone.com/business-and-hr-glossary>. Acesso em: 30 de março de 2020.

43. *Yokoten* é uma expressão japonesa que significa o processo de compartilhamento das melhores práticas pela organização. Mesmo as melhores ideias, se não forem bem absorvidas, não serão adotadas e incorporadas. Segundo Liker e Franz, o *yokoten* presume que as ideias não podem ser copiadas sem eventuais modificações para adaptá-las a novos contextos (Liker e Franz, 2011, p. 31).

44. Ver Juran (1990, p. 68).

45. Ver Parker (1995, p. 13).

46. Lista elaborada a partir das obras de Hosotani (1992), Garvin (2001), Parker (1995) e Scholtes (2002) e Tague (2005).

Notas 295

47. Tague observou que um processo de resolução de problemas é feito de momentos alternados em que a mente abre e fecha, o que corresponde às atividades de análise — pensamento criativo — e síntese, que são as tomadas de decisão. Ver Tague (2005).

48. Diferenças entre a ação corretiva e um método estruturado foram ressaltadas por Juran (1990, p. 172).

49. A primeira vez que ouvi a expressão miniPDCA foi por meio dos empregados da Fiat Automóveis, membros de equipes de CCQs, treinados pelo excelente *sensei* Emílio Yasuo Sakai.

Capítulo 4

1. O *sponsor* é o patrocinador da melhoria contínua, papel que é normalmente desempenhado por um gerente ou diretor de alto nível e com certo poder e influência política.

2. *Tête-à-tête*, que pode se traduzir literalmente cara a cara ou frente a frente, significa uma conversa franca com uma pessoa.

3. Uma explanação sobre o que pode ser feito, bem como as atividades entre as reuniões, é feita por JUSE (1985).

4. O autor deste livro coordenou um projeto de melhoria para resolver um sério problema em um produto eletrônico. Os participantes foram convocados para levar dados e se reunir por 3 dias em uma sala reservada. Esse esforço concentrado resultou na redução de 50% da duração típica de um projeto de melhoria, que é em torno de 6 meses.

5. Um relato da história do MASP pode ser visto em Oribe (2011).

6. Ver Campos (1992, p. 219; p. 237); Kondo (1995, p. 28); Kume (1992, p. 8); Hosotani (1992, p. 48); Ishikawa (1986, p. 100); Parker (1995, p. 35); JUSE (1985, p. 149); JUSE (1980, p. 85) e Juran (1990, p. 173).

7. Ver Ishikawa (1986, p. 146).

8. Várias denominações são empregadas para definir a causa que se descobre ser a origem do problema; entre elas, a causa-raiz é a mais comum. Outras denominações incluem causa fundamental, causa principal, causa real, causa verdadeira, causa básica ou, no plural, causas críticas. Uma denominação apropriada, embora não utilizada seria causa seminal.

9.

10. Segundo Jorge Gomes, em sua obra *Cyberpreview*, foram Turner e Pidgeon (1997) que introduziram a noção de incubação da ocorrência do acidente. O autor afirma que *"[...] segundo essa noção, o sistema emite avisos, sinais de perigo prévios que, se não identificados e adequadamente interpretados, irão resultar em contínua deterioração dos processos técnicos e sociais em catástrofes."* Ver Gomes (2011, p. 80).

11. Ver Corrêa e Corrêa (2006).

12. Ortiz afirma que podem ser feitos eventos ainda mais rápidos, com duração de horas, usando a mesma sistemática. Ver Ortiz(2010).

13. Masaaki Imai cita dois "MASPs" em suas obras, um com sete etapas, denominado como Ciclo de Resolução de Problemas (IMAI, 1990, p. 67), e outro com oito etapas, denominado História de Kaizen (IMAI, 1996), que se assemelha mais com o MSP de Campos (Campos, 2004). História de Kaizen é uma tradução literal de Kaizen-Story e uma adaptação de QC-Story, que é como o MASP é denominado no Japão.

14. Imai ressalta que o entendimento da situação atual deve ser feita "antes de dar início ao projeto". Ver Imai (1996, p. 64).

15. Ver Ellegaard (2019).

16. Ellegaard cita várias formas de operacionalizar essa participação: resolução conjunta, resolução interativa, resolução compartilhada, resolução mútua, resolução interdependente e responsabilidade conjunta.

17. Ver Oribe (2016).

18. Segundo Pfeffer e Sutton "[...] aprender lendo, fazendo treinamentos.e na universidade levará você e sua organização apenas a uma ilusão de conhecimento. Embora ler e aprender com os outros seja importante, nenhum aprendizado é melhor do que aquele obtido pela ação." Em tradução livre feita pelo autor. Ver Pfeffer e Sutton (1999).

19. Para Luz, as principais vantagens da adoção de um programa de *trainees*, são: a) mão de obra qualificada, com alto potencial e sem vícios; b) garantia de continuidade da cultura da empresa; c) profissionais disponíveis para as necessidades de expansão dos negócios; d) independência do mercado para o preenchimento de seus principais cargos ou para a escolha de seus sucessores; e) profissionais polivalentes, em condições de assumir postos em diversas áreas; f) possibilidade de renovação dos quadros da empresa e até mesmo do seu perfil gerencial. Ver Luz (1999).

20. O desenvolvimento de um projeto, de amplitude e complexidade adequada, é uma possibilidade concreta para o processo de formação dos *trainees*. Ver Rittner (1999, p. 462).

21. Uma organização desafia os *trainees* a desenvolverem projetos de melhoria com o emprego do MASP, e com bastante sucesso, é a Líder Aviação, empresa líder no mercado de aviação executiva e operações de helicópteros *offshore* no Brasil.

22. A criação de mudança está entre as sete perspectivas para a natureza do empreendedorismo. Ver Dornelas (2017).

23. O conceito de forças restritivas e forças impulsoras foi definido na teoria do Campo de forças, desenvolvida pelo psicólogo alemão Kurt Lewin.

24. Casos como esse podem ser encontrados nos anais das Convenções mineira e nacional de Círculos de Controle da Qualidade, promovidos pela União Brasileira da Qualidade — UBQ.

25. Katsuya Hosotani se refere a esses problemas como aqueles que "[...] realmente merecem solução", em tradução livre. Ver Hosotani (1992, p. 16).

26. Conforme o INPI, os tipos de patente são; (a) Patente de Invenção (PI) — Produtos ou processos que atendam aos requisitos de atividade inventiva, novidade e aplicação industrial; (b) Modelo de Utilidade (MU) — objeto de uso prático, ou parte deste, suscetível de aplicação industrial, que apresente nova forma ou disposição, envolvendo ato inventivo, que resulte em melhoria funcional no seu uso ou em sua fabricação; (c) Certificado de Adição de Invenção (C) — Aperfeiçoamento ou desenvolvimento introduzido no objeto da invenção, mesmo que destituído de atividade inventiva, porém ainda dentro do mesmo conceito inventivo. Ver INPI (2019).

27. Devido à extensa variedade de ofertas de produtos de natureza tecnológica, seria impossível citar todas as alternativas existentes, e mesmo que isso fosse feito, a relação acabaria ficando obsoleta rapidamente devido ao dinamismo desse segmento. A relação apresentada serve apenas como ideias temporárias para estimular o leitor a procurar as alternativas mais adequadas a sua situação.

28. Embora o termo *big data* seja relativamente novo, o ato de recolher e armazenar grandes quantidades de informações para eventual análise de dados é bem antigo. O conceito ganhou força no início dos anos 2000, quando um analista famoso desse setor, Doug Laney, articulou a definição de *big data* como os três Vs: (a) Volume. Organizações coletam dados de uma grande variedade de fontes, incluindo transações comerciais, redes sociais e informações de sensores ou dados transmitidos de máquina a máquina. No passado, armazenar tamanha quantidade de informações teria sido um problema — mas novas tecnologias (como o Hadoop) têm aliviado a carga. (b) Velocidade. Os dados fluem em uma velocidade sem precedentes e devem ser tratados em tempo hábil. Tags de RFID, sensores, celulares e contadores inteligentes estão impulsionando a necessidade de lidar com imensas quantidades de dados em tempo real, ou quase real; (c) Variedade. Os dados são gerados em todos os tipos de formatos — de dados estruturados, dados numéricos em bancos de dados tradicionais, até documentos de texto não estruturados, e-mail, vídeo,

áudio, dados de cotações da bolsa e transações financeiras. Determinar a causa-raiz de falhas, problemas e defeitos em tempo quase real é um dos propósitos do Big Data. Ver SAS (2017).

Capítulo 5

1. O potencial de insucesso deve ser identificado quando a necessidade do treinamento é definida e especificada. Ver Meneses e Zerbini (2005).

2. Algumas dessas reações são positivas, e outras, negativas. Segundo Kirkpatrick, a reação neutra esconde, na verdade, uma objeção velada. Ver Kirkpatrick (1998, p. 21).

3. Taylor (1970) já afirmava, desde os primórdios da ciência da administração, que o desconhecimento pela gerência das rotinas de trabalho e do tempo necessário para sua realização, bem como a falta de uniformidade das técnicas e dos métodos de trabalho, eram males que precisavam ser erradicados por meio do saber científico.

4. Isso é comumente denominado de Gestão do Conhecimento, que faz parte da Gestão do Aprendizado Organizacional.

5. Ver Juran (1990, p. 59).

6. Embora o conceito de objetivo SMART seja comumente atribuído a Peter Drucker, ele apareceu pela primeira vez em 1981 na *Management Review* em artigo publicado por George T. Doran.

7. Ver Dennis (2008, p. 124).

8. Juran faz uma distinção semelhante ao caracterizar CCQs e o que ele denomina de Equipes de Projeto. Enquanto a primeira tem a missão primária de aumentar a participação do trabalhador, a segunda tem a missão de melhorar a qualidade. Ver Juran (1990, p. 60).

9. Masao Nemoto considera que "seria ridículo", por exemplo, esperar que os CCQs neutralizassem o prejuízo da empresa no ano fiscal atual. Esse tipo de problema deveria ser entregue aos líderes de grupo. Para ele, "[...] líderes que de grupo que não conseguem cumprir essa responsabilidade são essencialmente inúteis". Ver Shimokawa e Fujimoto (2011, p. 219-222).

29. Ver Quality Manager (2017).

30. Ver Adaptative Business Management Systems (2019).

31. Ver Phillips (1991, p. 62).

10. Ver Shimokawa e Fugimoto (2011, p. 230-231).

11. Nancy Tague, em sua obra *The Quality Tool Box*, relaciona e descreve cerca de 150 ferramentas e suas variantes. Ver Tague (2005).

12. Ver Hoeft (2013, p. 16).

13. Morfeu é o nome do deus grego dos sonhos. As expressões *"cair nos braços de Morfeu"* ou *"estar nos braços de Morfeu"* são utilizadas para desejar ou indicar que alguém está em sono profundo, tendo bons sonhos (SIGNIFICADOS, 2019).

14. Apresentações de projetos de melhoria, elaborados de diversas formas artísticas, são uma tradição nos encontros promovidos pela União Brasileira da Qualidade — UBQ, e algumas podem ser encontradas no site YouTube.

15. A competência pode ser definida como uma combinação de conhecimentos, habilidades e atitudes (CHA) para a produção de algum resultado. O CHA é conhecido como taxonomia dos objetivos educacionais ou, simplesmente, taxonomia de Bloom, em homenagem ao pesquisador norte-americano Benjamin S. Bloom.

16. A competência de entrada ou de acesso é uma das categorias da Gestão de Competências. Nessa modalidade, a competência é comprovada com o fornecimento de um documento que ateste que o profissional fez um determinado curso exigido, independentemente de sua proficiência.

17. Hosotani ressalta as vantagens da resolução de problemas no ambiente organizacional. Hosotani (1992, Cap. 1).

18. Ver Lean Enterprise Institute. Disponível em: <https://www.lean.org/common/display/?o=1595>. Acesso em: junho de 2020.

19. Os sete passos são: (1) Percepção inicial do problema, (2) Esclarecimento do problema, (3) Localização da área/ponto de causa,

(4) 5 porquês — investigação da raiz do problema, (5) Solução, (6) Avaliação e (7) Padronização. Ver Liker (2005, p. 248-249).

20. Sobre essa tendência, Jeffrey Pfeffer e Robert Sutton tentam explicá-la afirmando que "[...] Gestores, bom como acadêmicos e a imprensa de negócios, costumam ir atrás de novidades em benefício próprio" além do que parece que "fixar-se em ideias velhas é chato". Ver Pfeffer e Sutton (2006, p. 49).

21. Esse fato é reforçado por Liker e Franz, que afirmam que a leitura "[...] pode orientá-lo, ensinar-lhe alguns conceitos básicos e ajudá-lo a traçar seu caminho, mas você ainda precisa de um professor com experiência, conhecimento e capacidade de desenvolver a habilidade real. O sensei pode ser interno ou externo. Traduzido pelo autor. Ver Liker e Franz (2011, p. 379).

22. Ver Sobek II e Smalley (2008).

23. Fonte: Sixsigma Institute. Disponível em: <https://www.sixsigma-institute.org/Six_Sigma_Roles_And_Responsibilities.php>. Acesso em: novembro de 2019.

24. Fonte: Six Sigma. Disponível em: <https://www.6sigma.us/six-sigma-training.php>. Acesso em: novembro de 2019.

25. Para os estudiosos mais tradicionais do TPS, essa associação soa oportunista. No entanto, independente desse julgamento conceitual ou ontológico, a criação do Lean Seis Sigma foi uma estratégia aparentemente bem-sucedida, que propiciou uma sobrevida ao Seis Sigma, que, com o advento do lean, talvez já estivesse com seus dias contados. Ver Liker e Franz (2011, p. 17).

26. Liker e Franz abordam o papel do sensei, suas características e requisitos típicos. O sensei, segundo os autores, é um "professor altamente respeitado" e que tem no mínimo dez anos de experiência em *lean*. Ver Liker e Franz (2011, p. 382).

27. Apresentação feita pelo Lean Management Office Manager Vagner Agostinho, no evento "Como aumentar a produtividade de sua empresa com Kaizen e 5S — o Lean Manufacturing como ferramenta de aumento de produtividade e competitividade", realizado pela ABJICA–SP — Associação dos Bolsistas JICA (Japan International Cooperation Agency), na Universidade Federal do ABC, no dia 10 de outubro de 2019.

28. Denominada o *World Class Manufacturing* — *WCM* e desenvolvida pelo Dr. Hajime Yamashina, professor emérito da Universidade de Kyoto.

29. As figuras foram elaboradas pelo autor com base em visualizações e explicações reais fornecidas pela organização pesquisada. Embora autorizadas para a publicação, as figuras originais da empresa não puderam ser apresentadas devido ao prazo de finalização desta obra.

30. O modelo foi desenvolvido por H. Dreyfus e S. Dreyfus, no livro *Mind over Machine*. Ver Liker e Franz (2011, p. 384). A descrição foi traduzida pelo próprio autor deste livro.

Apêndice B

1. Ver Bunge (1980, p. 19) *apud* Lakatos e Marconi (2004, p. 45).

2. Ver Ander-Egg (1978).

3. Ver Trujillo (1974).

4. Epistemologia: termo filosófico que significa "teoria do conhecimento". Ver Edgar e Sedgwick (2003, p. 97).

Apêndice C

1. Cerqueira afirma que o MASP é flexível e que cada organização pode desenvolver sua própria sequência, porém recomendando que nunca se não queime etapas. Ver Cerqueira (1995, p. 61).

ÍNDICE

SÍMBOLOS

"4 Ps" do Modelo Toyota, 34

8D, 63–64, 192

A

abordagem

bottom-up, 205

resolutivas, 65

top-down, 205

administração, 26

científica, 26

humanista, 26

por objetivos, 26

alvos prioritários, 167

análise

de fluxo de valor, 36

impositiva, 249

atividades de pequenos grupos, 210

B

Benefício Total do Programa, 196

Big Data, 191

Brainstorming, 105

C

cálculo do retorno do investimento, 168

Camry, 7

causa de alta complexidade, 165

ciclo de Shewhart, 42, 79–80

Círculo de Controle da Qualidade

(CCQ), 28, 41, 184, 211

Social, 189

comportamentos, 28

Computer Aided Design (CAD), 193

controles visuais, 29, 37

crise dos recalls, 7

cronoanálise, 167–168, 169–170, 255

Custo Total do Programa, 196

D

definição errada do problema, 92

Deming, 42, 226

Descartes, filósofo, 290

desperdício da criatividade humana, 17

desperdícios, 21–24, 36, 61, 74

secundários, 20–21

diagrama

de espaguete, 168

de Ishikawa, 103

DMAIC, 44, 63, 233, 292

E

Einstein, Albert, 225

empreendedorismo interno, 184

empresa cidadã, 189

engenharia de produção, 26–27

erros gerenciais, 87

300 Advanced Kaizen

espírito de equipe, 86

estímulos sensoriais, 54

estruturação orgânica, 46–47

estudo
  das hipóteses causais, 103
  de micromovimentos, 172
  de tempos, 169–170
etapa de observação, 93

evento Kaizen, 63

F

ferramentas da qualidade, 217, 263

Fiat Chrysler Automobiles, 234, 239

filosofias, 8, 26, 28

Ford, 17

fordismo, 8

formulário A3, 236

Fórum Econômico Mundial, 231

Frank B. Gilbretht, 37

Frederick W. Taylor, 26

Frederick W. Taylor, pai da
  administração, 16

G

gargalos nos processos, 13

Gemba Walks, 29, 37, 62

Genchi Gembutsu, 37

General Motors, 17

gerenciamento
  da mudança, 117
  da rotina, 70
  das equipes de melhoria, 215–216

gestão
  da estratégia e custos, 230
  da qualidade, 214
  total, 27, 29, 229
gráfico de Gantt, 192

Grupo de Melhoria Contínua (GMC), 211

H

Honda Accord, 7

I

impactos, 162

iniciativa, 183–184

insegurança com as dúvidas técnicas, 219

Instituto Nacional de Propriedade
  Industrial (INPI), 184

inteligência
  artificial, 231
  corporativa, 203

J

Jeffrey K. Liker, 17

Jidoka, 28

Juran, 36, 123, 284, 289–293

Just-in-time, 37

K

kaikaku, 24, 31, 291

Kaizen
  orientado para a pessoa, 62
  Story, 42
Kanban, 15, 29, 37

Katsuya Hosotani, 22

Kiinichi Toyoda, 8

L

Lean Six Sigma, 30

lote econômico, 8

M

mal planejamento do posto de trabalho, 15–16

manufatura enxuta, 69–71, 166

mapa de fluxo de valor, 170

Masaaki Imai, 18–19

melhoria radical, 71

Mercedes-Benz do Brasil, 239

método

A3, 72

de Análise e Solução de Problemas (MASP), 42, 51, 73

estruturado, 43–44, 210

não estruturado, 43–44

semiestruturado, 44

Shainin de resolução de problemas, 58

metodologia

científica, 158

Seis Sigma, 236–237

métodos estatísticos, 160

modelo

da espiral do conhecimento, 187

dos 4Ps, 35

movimentação desnecessária, 15

N

NVAA, 14

O

objetividade, 88

Ohno, Taiichi, 11–13, 87, 287–291

P

pandemia de Covid-19, 191

parada automática de máquina, 28

passos metodológicos, 85

Payback, 197, 199

PDCA, 42, 289

perdas em processos, 14

planejamento de produção, 13

plano

de ação definitivo, 168

de controle, 224

Poka-yoke, 28

potencial das pessoas, 10

Prius, 7

problema

de comunicação, 17

reincidentes, 66

processo de mudança de mentalidade coletiva, 10

produção puxada, 15

programa

5S, 28

de melhoria contínua, 205–206

de trainees, 181

Q

QC-Story

descritivo, 79

método, 42, 73, 289

302 Advanced Kaizen

Qualidade, Custo, Meio Ambiente, Moral, Segurança e Produtividade (QCAMSP), 169

quarta revolução industrial, 231–232

R

raciocínio analítico e objetivo, 215

racionalidade objetiva, 57

realidade aumentada, 193

redução do estoque, 15

reduzir desperdícios, 86

Relação B/C, 196, 199

S

Sakichi Toyoda, fundador da Toyota, 28

Seis Sigma, 30

sete

desperdícios de Ohno, 167

ferramentas da qualidade, 134

Shainin, 44, 58, 285, 291

Shewhart, 42

Shigueo Shingo, 37

simbolismo

gramatical, 252

lógico, 252

Single Minute Exchange of Die (SMED), 37

sintomas, 162

sistema

de produção just-in-time, 68

Toyota de Produção, 8–10, 87, 287–290

solução inovadora, 186

sponsors, 216

Stele Hoeft, 221

supermercado, 12, 29

superprocessamento, 14

superprodução, 11

system changeover, 126–127

T

técnica do 5W2H, 89, 161

tempo de espera, 12

tentativa e erro, 217

teoria

da aprendizagem organizacional, 148

das restrições, 63

terceirização, 177–178

tomada de decisão, 52, 54–55

Total Quality Control (TQC), 27, 38

Toyopet, 27

Toyota, 6, 24, 28

toyotismo, 26

transporte, 13

excessivo, 13

Troca Rápida de Ferramentas, 37

U

União Japonesa de Cientistas e Engenheiros, 254

V

Value Stream Mapping (VSM), 29, 37

vício na resolução de problemas, 60

videoconferência, 192

Projetos corporativos e edições personalizadas
dentro da sua estratégia de negócio. Já pensou nisso?

Coordenação de Eventos
Viviane Paiva
viviane@altabooks.com.br

Assistente Comercial
Fillipe Amorim
vendas.corporativas@altabooks.com.br

A Alta Books tem criado experiências incríveis no meio corporativo. Com a crescente implementação da educação corporativa nas empresas, o livro entra como uma importante fonte de conhecimento. Com atendimento personalizado, conseguimos identificar as principais necessidades, e criar uma seleção de livros que podem ser utilizados de diversas maneiras, como por exemplo, para fortalecer relacionamento com suas equipes/ seus clientes. Você já utilizou o livro para alguma ação estratégica na sua empresa?

Entre em contato com nosso time para entender melhor as possibilidades de personalização e incentivo ao desenvolvimento pessoal e profissional.

PUBLIQUE SEU LIVRO

Publique seu livro com a Alta Books.
Para mais informações envie um e-mail para: autoria@altabooks.com.br

 /altabooks   /alta-books   /altabooks  /altabooks

CONHEÇA OUTROS LIVROS DA **ALTA BOOKS**

Todas as imagens são meramente ilustrativas.

Este livro foi impresso nas oficinas gráficas da Editora Vozes Ltda.,
Rua Frei Luís, 100 – Petrópolis, RJ.